鮫河橋の社会史
近代東京と都市下層

TAKEDA Naoko
武田尚子

日本評論社

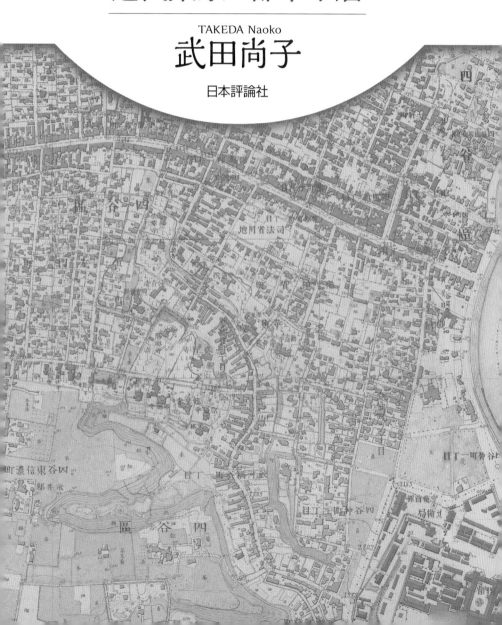

目　次

凡例………*xii*

──序章──
都市化と貧困層────────────────1

1 都市化と再都市化 ……………………………………1
　　21世紀東京：再都市化の社会的地層　　1
　　明治東京の「三大貧民窟」　　3
　　近代東京：都市化と貧困層　　3
2 本書の出発点：都市化と貧困地域 ………………6
　　貧困地域への着眼　　6
　　三大貧民窟の顕在化　　6
　　貧困地域の遷移　　7
　　低廉な労働力　　8
　　踏査記録の意義と限界　　9

Ｉ部　近世から近代への移行：鮫河橋谷町

──1章──
移行期の先行研究と分析視角────────13

1-1 家賃と地価 ……………………………………13
1-2 近世からの移行と土地制度 ………………13
　　武家地転用と連続性　　13
　　武家地としての「鮫河橋谷町」　　14
　　旧武家地と地価　　15
　　土地所有者の社会的構成　　15
1-3 武家地の多様化 …………………………………16
　　武家と町人の混在　　16
　　拝領地の転貸　　17
　　混在地域の特徴　　18

1-4　近世江戸の救済制度 ……………………………………………19
　　　七分積金と救済　19
　　　町会所と貸付金　20
　　　鮫河橋の居住層　21
1-5　近世「鮫河橋谷町」の分析視角 ………………………………22

——2章————
近世の鮫河橋：伊賀者の拝領地————————————23

2-1　台地のなかの谷間 ……………………………………………23
　　　土地の系譜　23
　　　江戸初期の鮫河橋　24
2-2　伊賀者の系譜 …………………………………………………26
　　　徳川直参　26
　　　伊賀者の職分：直轄軍の番方　28
　　　御殿・諸屋敷の番方　28
　　　拝領屋敷地の移転　30
2-3　鮫河橋谷町の武家屋敷 ………………………………………30
　　　武家屋敷の地割　30
　　　武家地と町地の併存　32
　　　近世「鮫河橋谷町」の地域特性　34
2-4　武家地の転貸 …………………………………………………34
　　　拝領地の転貸　34
　　　武家拝領人と町運営　36
　　　武家拝領人の家族史・地域移動歴　37
2-5　維新期の鮫河橋谷町 …………………………………………38
　　　幕末の救恤措置　38
　　　維新直後の救恤対策　40
　　　維新期の町会所　40
　　　鮫河橋谷町の社会的構成　41
　　　近世「郭外」武家地・町地の社会層　44

目次　*iii*

──3章──
明治初期の鮫河橋─────────────47

3-1 明治初年の鮫河橋 ················47
新政府の町地管理　47
鮫河橋への影響　48

3-2 第三大区十一小区の社会層 ················49
大区小区制と基本資料　49
十一小区の概況　52
士族の社会移動　53
職分の構成　56

3-3 鮫河橋谷町の地価算定 ················58
旧武家地の地価　58
地価確定と地租　59

3-4 近世救恤制度の解体 ················60
会議所附属地　60
町会所の廃止　60
東京会議所の設立　63
会議所と養育院　64

3-5 鮫河橋谷町の土地所有者 ················64
鮫河橋谷町の地権者　64
鮫河橋谷町の定住層　66

II部　近代東京と救貧：分析枠組

──4章──
貧困層と救貧─────────────71

4-1 貧困層とミクロな生活世界 ················71
貧困層の可視化　71
都市下層と生活構造　72
生活構造分析　72
生活構造と地域特性　75

4-2 貧困層とマクロ行政 ················75
国費救済の基本方針　75

制限主義の貫徹　76

領域別の困窮者救済　79

治安と救済事業　80

4-3　内務行政と困窮者対策 ………………………………………………81

内務省地方局の体制構築　81

自治力の核　82

内務省と団体育成　84

自治の基本方針　85

地方改良運動と財源強化　86

4-4　内務省と大逆事件 ……………………………………………………87

内務省と大逆事件　87

治安と貧困対策　88

内務省の細民調査　90

5章
近代東京と社会政策————————————————93

5-1　東京府の救済体制 ……………………………………………………93

東京府と民間救済団体　93

救護対象と実務体制の拡大　95

物価騰貴と家計圧迫　95

貧困地区と救済体制　102

5-2　米騒動と物価対策 ……………………………………………………103

米騒動と臨時救済　103

食糧問題と応急対策　104

物価騰貴と恒久対策　105

東京府「細民地区改善事業」　105

5-3　内務省社会局と労働問題 …………………………………………107

救済事業調査会の設置　107

内務省と社会政策　108

労働問題とILO発足　109

内務省社会局の開設　111

5-4　東京の社会行政と貧困調査 ………………………………………112

東京市政の停滞　112

東京市社会局の発足　113

東京府慈善協会と貧困調査　114

東京市社会局と貧困調査　115

目次　v

6章
貧困層と教育政策 —————————————117

6-1 近代東京と初等教育 ·······················117
貧困地域と初等教育　117
公立小学校の財源　118
初等教育と階層分化　119

6-2 初等教育と低就学率 ·······················120
低就学率と就学督促　120
就学障壁と就学猶予　121
脆弱な教育基盤　122
第一次小学校令の貧困層対策　124

6-3 教育問題の顕在化 ·························124
第二次小学校令の課題　124
貧困層への教育対策　125
問題点の顕在化　126

6-4 初等教育の複線化 ·························128
文部省の指導強化　128
義務教育無償化　129
東京市直営小学校の設置　130

7章
本書の分析枠組 ———————————————133

7-1 福祉国家と「福祉の複合体」 ·················133
救済アクター　133
福祉国家アプローチ　134
福祉の複合体アプローチ　134

7-2 救済資源 ·······························135
多様な救済アクター　135
生存維持の資源　136

7-3 分析枠組：近代社会と困窮者 ·················136

Ⅲ部　鮫河橋と都市下層

―8章―
明治前期の鮫河橋―――――――――141

8-1　明治10年代の教育問題 ……………………………141
公立小学校の運営　141
貧困地域の小学校　143
格差と教育　145

8-2　都市空間的特徴 ……………………………146
皇室と貧困層の隣接　146
空間的懸隔　147
転地と伝染病　149

8-3　明治20年代前半：不就学問題 ……………………149
小学簡易科の導入　149
鮫河橋と不就学者　150
救済アクターと教育的対応　150

8-4　明治20年代後半の鮫河橋 ……………………152
貧民窟踏査記録　152
高野岩三郎の貧困調査レポート　154
高野の調査手順　155
鮫河橋の居住環境　156
生業・就学　158
残飯摂食　160
明治20年代後半：生存維持の資源　162

―9章―
残飯業の社会構造―――――――――163

9-1　残飯の供給アクター：軍隊と残飯処理 …………………163
東京における軍施設　163
陸軍と残飯処理　164
歩兵の食事と残飯　164
廃棄物と会計　165

目次　*vii*

9-2 残飯の販売アクター：残飯業者 ……………………………167

残飯屋：情報交換の結節点　167

残飯の販売アクター　168

残飯業の利権集団　169

9-3 残飯業の変化 ………………………………………………171

残飯業者の移転　171

残飯と「生存維持の資源」　173

——10章——
明治後期の鮫河橋：就学対策————————————177

10-1 公的財源と就学対策 ………………………………………177

貧困地域と教育　177

初等教育の課題　178

東京市の低就学対策　178

就学意欲の涵養　181

10-2 鮫河橋の直営小学校 ………………………………………181

鮫橋尋常小学校の教育課程　181

教育機能の補完手段　183

生活支援機能の付加　184

生活環境の整備　184

10-3 児童労働者の就学対策 ……………………………………186

夜学部の併設　186

就労と就学の調整　187

就学者数の推移　188

労働者の質向上　188

10-4 自主財源による教育・生活支援 …………………………190

緊急救援の臨時対応　190

社団の組織化　190

持続的な教育・生活支援　192

生活支援の拡大　192

生活環境の改善　193

10-5 生活支援基盤の形成 ………………………………………195

自主財源の随時流入　195

多様な救済資源の集積　196

教育行政における「定式対応」　196

―11章―
貧困地域と幼児教育―――――――――――――――――199

11-1 社会改良と幼児教育 ・・・・・・・・・・・・・・・・・・・・・・・・・・・・・199
貧困地域の子ども　199
設立者　200
アメリカの無償幼稚園　201
専門的知識と実践力　204

11-2 ミッションの追究 ・・・・・・・・・・・・・・・・・・・・・・・・・・・・・・・204
身近なロールモデル　204
ミッションの探究　205
ミッション追究の道程　206
契機と推進力　207

11-3 社会改良の活動基盤 ・・・・・・・・・・・・・・・・・・・・・・・・・・・・・208
アメリカン・ボードと女性宣教師　208
「会衆派（Congregationalism）」の日本伝道　209
番町教会の社会階層　210
社会改良の潮流　211

11-4 女性と社会的活動 ・・・・・・・・・・・・・・・・・・・・・・・・・・・・・・・212
ウーマンズ・ボードと社会的活動　212
女子高等教育と社会改良　213
社会的活動の萌芽　214

―12章―
貧困の生活様式と生活支援―――――――――――――――217

12-1 私立二葉幼稚園の運営体制 ・・・・・・・・・・・・・・・・・・・・・・217
開園　217
救済アクター　218
運営資金源　219
救済アクターの特徴　222

12-2 運営の基本体制 ・・・・・・・・・・・・・・・・・・・・・・・・・・・・・・・・・222
麹町時代　222
基本体制　224
貧困生活の緊張緩和　225
園地の模索　226

目次　ix

12-3　鮫河橋と二葉幼稚園 ……………………………………………227
　　　鮫河橋への移転　227
　　　園舎新築　228
　　　貧困地域の生活様式　229

12-4　運営基盤の確立 ………………………………………………231
　　　教育と生活支援　231
　　　緊密な関係の構築　232
　　　運営の中軸　233
　　　運営基盤の確立　235

12-5　生活支援の拡充 ………………………………………………237
　　　救済資源の集積　237
　　　貧困地域と救済事業　239
　　　最貧困地域の遷移　240
　　　セツルメント的展開　241

12-6　社会事業への展開 ……………………………………………242
　　　救済事業者との連係　242
　　　子どもと都市貧困　243
　　　生活環境の改善　244
　　　救済資源の受容アクター　245
　　　就業機会の拡大　249

──13章──
大正期の鮫河橋 ─────────────────────251

13-1　鮫河橋の定住者 ………………………………………………251
　　　鮫河橋の生活記録　251
　　　住居移動歴　251
　　　学校中退歴　253

13-2　自営業と職工の町 ……………………………………………255
　　　零細自営業主と商売　255
　　　零細工場と労働者　256

13-3　若年層の社会移動 ……………………………………………257
　　　職工への入職　257
　　　居住景観の変化　258

──14章──
昭和戦前期の鮫河橋と社会事業 ─────────────261

14-1 東京市社会局の社会事業 ··························261

社会事業の段階的整備　261

要保護世帯の把握　262

救済資源の分配　263

14-2 鮫河橋と社会事業 ····························265

四谷区の方面事業　265

社会局の失業保護事業　265

鮫河橋の授産場　267

公的機関の「随時・一時的」救済体制　268

14-3 昭和戦前期の土地所有者 ·····················269

昭和戦前期の土地所有者　269

鮫河橋の社会的上位層　269

鮫河橋の金融・不動産業　277

町内組織と有力者　277

都市環境の変化　279

──終章──
救済資源と地域社会 ────────────────281

鮫河橋の地域特性　281

「生存維持の資源」供給アクター　282

教育系「救済資源」供給と救済アクター　282

「公的救済アクター」と都市下層　284

注·················286

参考文献·········309

凡例

◆資料や原文の引用について、読みやすさを考慮して、以下の作業を行った。
・原則として、旧字体・旧かなづかいを新字体・新かなづかいに改めた。
・副詞・代名詞等に用いられている漢字、難読漢字、カタカナを適宜、ひらがなに改めた。
・句読点、濁点、改行、ルビを適宜、補った。
・明白な誤記、誤植は訂正した。

◆年次の記載について
・資料や原文の多くが元号を用いて表記されているため、本文中でも元号を用い、適宜、西暦年を付した。

◆依拠した資料名、出典等について
・巻末の「注」「参考文献」に記載した。

◆次のアーカイブの所蔵資料については、次のように略称表記する。
・国立国会図書館所蔵資料　→国立国会図書館資料
・国立公文書館所蔵資料　→国立公文書館資料
・東京都公文書館所蔵資料　→東京都公文書館資料
・防衛省防衛研究所所蔵資料　→防衛研究所資料

◆『渋沢栄一伝記資料』の出典記載について
・渋沢青淵記念財団竜門社編『渋沢栄一伝記資料　第一巻〜第五十七巻』渋沢栄一伝記資料刊行会（刊行年 1955〜1971）に依拠した。
・刊行年が巻数によって異なることから、本書での出典記載は次のように統一する。
『渋沢栄一伝記資料』巻数、頁数。

◆歴代天皇の実記、実録について、出典は参考文献参照。
　出典表記は、該当内容が記載されている元号月日を記載する。
・明治天皇　→『明治天皇紀』年月日

xii

——序章——

都市化と貧困層

1 都市化と再都市化

21世紀東京：再都市化の社会的地層

　21世紀の現在、東京中心部には超高層ビルが林立している。新宿副都心の超高層階から港区・千代田区方面を眺めると、山脈のように超高層ビル群が連なっている光景が目に入る。都心再開発が進行中で、「再都市化」とは如何なるものであるかを目の前に突きつけている。

　「再都市化」とは、文字通り「都市化」された区域が再編されることである。新たに出現した超高層ビル群が注目を集めがちであるが、その足元の社会ではどのような変化が起きているのだろうか。東京圏のなかは「再都市化」が進行している区域と、従前の社会構造が存続している地域が併存している。多様な地域が混在して、21世紀の都市社会が成立している。多様な地域とその変化を注視することは「格差社会」を生きる我々にとって重要である。

　「再都市化」では「都市化」期に形成された空間編成や社会構造が組み替えられる。都市化期に形成された社会的地層の上に、現前の再都市化が進行している。「前時代」の都市化期に形成された地域社会について理解を深めることによって、再都市化現象を深い射程でとらえることができるようになる。

　「格差社会」を念頭におくと、とくに再都市化によって負の影響を受ける

序章　都市化と貧困層　　1

地域、マイナス要因が累積する地域が気に懸かる。都市化期に好条件に恵まれた地域は再都市化でも有利かもしれない。他方、都市化期になんらかの不良条件をかかえていた地域は、再都市化の対象になりにくく、負の要因が累積することが懸念される。

かつての貧困層集積地域に関心を払い、貧困層が集積した要因、集積が解消したプロセスなど当該地域の特徴や、負になりがちな要因について考察することは、再都市化の読み解きを深めるであろう。

本書はこのような関心に基づき、都市化期に出現した貧困地域の社会的変化を明らかにする。東京は地形的特徴が明確な都市である。東部は「低地」、西部はおおむね「台地」である。「山の手」「下町」という言い方で、地形の違いを話題にすることはよくある。「台地」や「低地」など、地形的特徴は時代を経てもあまり変わらない。地形は貧困地域の形成とどのように関連しているのだろうか。

他方、近世から近代への移行期（近代移行期と表記する）に、政治体制は江戸幕府から明治政府へと抜本的に変わった。都市の管理・運営方法は変化した。東京の空間構成、社会構造は変わり、貧困層が集積している地域が顕在化した。近代化の動きから取り残されたかのような劣悪な生活環境に、多くの人々が暮らしている事実は驚きをもって受けとめられた。貧困地域が探訪され、生活実態を記した踏査記録が発表された。明治20年代には貧困層の存在が社会的に認識されるようになった。

本書は近代移行期、すなわち都市化の初期に貧困層の集積が顕在化した地域を分析対象とする。当該地域について、近世から近代にわたる期間を対象に、貧困層の集積および変化のプロセスを明らかにする。近世と近代では政治体制や社会構造は大きく変わった。同一の分析枠組で、近世と近代を分析することは難しい。本書では歴史的時間を適切に区切り、該当時期に即した分析枠組や分析視角を設定する方法を採りたい。

近世、近代いずれの時期においても、貧困地域に住む当事者が遺した文書資料は多くない。当該地域に関心をもった外部のアクターや機関が作成した歴史資料をおもに活用することになる。貧困地域の研究・分析は資料的制約が大きいが、適切に時代を区分し、貧困地域の変遷プロセスを掘り起こすことに臨みたい。

明治東京の「三大貧民窟」

　明治 20 年代、新聞や雑誌に東京の貧困地域を踏査した記事や探訪記が発表された。「東京の三大貧民窟」として四谷区鮫河橋、下谷区万年町、芝区新網町が世間に知られるようになった。「三大貧民窟」と称されたこれらの地域は、東京のどこに位置していたのだろうか。

　江戸開城後、慶応 4 年（1868）7 月 17 日に東京府が設置された。明治 4 年（1871）7 月に廃藩置県が行われ、11 月 13 日に改めて東京府が設置された。11 月末に東京府内の大区小区制が画定した。明治 11 年（1878）、大区小区制は廃止され、郡区町村編制法に基づいて、11 月に東京府に十五区が設置された。明治 22 年（1889）5 月、十五区全域は「東京市」となり、市制特例が適用された。

　図表 0-1 は東京府十五区内にあった三大貧民窟の場所である。いずれも皇居外濠よりも外側に位置し、江戸期の主要街道や脇道に近接した場所にある。また、近くに寺院があり、明治になってから設置された大規模な公共・公的施設がある[1]。

　主要街道・脇道の沿道は近世からの町場である。商業地であり、多くの人々が行き交う。寺院に近い場所は施し物が期待できる。つまり、「三大貧民窟」は東京周辺部、かつ旧街道沿いの賑やかな場所、近世と近代の社会的諸資源が混合している地域にあったといえよう。

近代東京：都市化と貧困層

　本書は三大貧民窟のうち、十五区西部に位置していた四谷区鮫河橋に焦点を当てる。東京の都市化の特徴一つは、西部の「山の手」台地を開発して、近代都市が拡大していったことである。台地は起伏が大きく、水は少ない。近世に使いこなすことは容易ではなかった。しかし、近代になると軍用地として開発が進められ、徐々に都市基盤が整備されていった。

　軍用地の拡大は近代東京の代表的な開発事業の一つである。東京西部には軍用地が集積した。四谷区鮫河橋は軍用地集積地域に近いという特徴があった。軍備拡大というマクロ的動向がローカル社会に与えた影響、貧困地域との関連について考察を深めることができる。

　本書は、四谷区鮫河橋について各種資料を読み解き、変遷のプロセスを明らかにする。十五区設置当時の町名は四谷区鮫河橋谷町 1 丁目・2 丁目であ

図表 0-1 明治の三大貧民窟と称された地域

出典：東京都公文書館所蔵：「明治十三年統計表付録　東京府管内全図」明治13年、
　　　東京府記録掛をもとに筆者作成。

共通点：皇居外堀の外、主要街道または脇道に近接。近接地に寺院、明治期の
　　　　大規模公共建築物がある。

芝区新網町：東海道に近い。芝増上寺に近い。新橋停車場に近い。

4

四谷区鮫河橋：甲州街道に近い。南寺町に隣接。仮皇居（明治6〜22年）に隣接。

→ 拡大

下谷区万年町：奥州裏街道（上野広小路→三ノ輪）に近い。奥州裏街道から浅草寺へ行く道沿い。上野山には博物館がある。

→ 拡大

この先に浅草寺

序章　都市化と貧困層　　5

る（現在は新宿区の一部である）。適宜、当該町丁目の隣接地域を含めて分析を進める。

2　本書の出発点：都市化と貧困地域

貧困地域への着眼

　明治期の貧民窟探訪記としてよく知られているものに、横山源之助の『日本之下層社会』、松原岩五郎の『最暗黒之東京』などがある[2]。「貧民窟」踏査者のなかでも、横山源之助は卓越した観察者・記録者と評価されている[3]。横山の記述を本書の出発点にしよう。

　横山が同時代の他の踏査者と異なっていたのは、貧困地域への関心を長期間持続したことである。横山は富山県に生まれ、明治19年（1886）2月に上京した[4]。上京当時の東京について、横山は次のように述べている[5]。

> 「貧街十五年間の移動」今日の東京市を以て、三十年前に泝（さかのぼ）れば、異常の変化である。（中略）余が初めて東京の地に接したのは今より二十五年前で、即ち十九年二月であった。まもなく神田三河町附近の職人部落に入った。皇居御造営起工当時であったから、四方の職人は東京を目掛けて入り込んだ真っ最中であった。三河町または雉子町附近の往還は、軒を列ねて、木賃宿が立っていたのは、今にまざまざと眼に映っている[6]。

当時、皇居造営の土木工事が行われ、多数の労働者が建設現場で働いていた。日雇いの労働者は安い木賃宿に泊まり、大部屋に雑居していた。木賃宿は都市下層の集積を意味する。木賃宿が集積していた地域は、皇居外壕より内側の神田三河町、雉子町などであった。

　明治20年（1887）10月13日、警察令により、東京府内の木賃宿は指定区域内での営業に限定された。既存の木賃宿は3年以内に指定区域内へ移転することが義務づけられた[7]。明治22年1月11日、天皇・皇后は赤坂仮皇居から皇居の新宮殿に移った。皇居造営工事が終了し、神田の木賃宿街は明治23年頃までに消滅したという。

三大貧民窟の顕在化

　神田の木賃宿街に替わって、明治20年代後半に目立つようになったのが三大貧民窟である。横山は毎日新聞の求めに応じて、明治28年（1895）1

月2日に鮫河橋谷町2丁目を踏査した[8]。本格的な執筆のため、明治31年（1898）2月に三大貧民窟で貧民の生活実態を詳細に観察した[9]。

「第一編 第一 都会の半面」東京の最下層とはいずこぞ、曰く、四谷鮫ヶ橋、曰く、下谷万年町、曰く、芝新網、東京の三大貧窟すなわちこれなり。僅かに外観を見れば、荒物屋、質屋、古道具屋、米屋、焼芋屋、紙屑屋、残飯屋、枡酒屋、古下駄屋、青物屋、損料貸、土方請負、水油出売、煮豆屋、ムキミ屋、納豆売、豆腐屋、酒小売、塩物屋、煮染屋、醤油屋、乾物屋を見るに過ぎずといえども、ひとたび足を路地に入れば、見る限り襤褸を以て満ち（中略）。ついてその稼業を見れば人足、日傭取最も多く、次いで車夫、車力、土方、続いて屑拾、人相見、らおのすげかえ、下駄の歯入れ、水撒き、蛙取、井掘、便所探し、棒ふりとり、溝小便所掃除、古下駄買、按摩、大道講釈、かっぽれ、ちょぼくれ、かどつけ、盲乞食、盲人の手引等、世界あらゆる稼業は鮫ヶ橋・万年町・新網の三カ所に集まれり[10]。

表通りは商店が軒を連ねていた。しかし、路地に入れば、老朽家屋が密集し、雑業の貧困層が集積していた。

「第一編 第十 貧民と家賃」貧民に最も負担となるは家賃なるべし。神田三河町・雉子町の如き路地の家賃は、二、三年前八十銭ないし一円を普通とせしが、今日、大抵一円五十銭ないし二円に昂り、万年町の家賃は少しく劣りて表に店を張れるは一円二、三十銭、路地の家賃は七十銭を程度とし、あるいは六十五銭というもあり。新網は大抵万年町と等しく、鮫ヶ橋は少しく劣りて二丁目に三十八銭というはあり、恐くは東京市中かくの如き家賃の低廉なるはあらざらん[11]。

家賃と食費が貧困層の生計を圧迫していた。鮫河橋谷町2丁目の家賃がとりわけ低廉であると横山は述べている。

貧困地域の遷移

横山は明治45年（1912）執筆の「貧街十五年間の移動」という雑誌記事で、貧困地域が都市のなかで遷移したことを次のように述べている。

「貧街十五年間の移動」十数年前では、東京の貧民窟といえば、「万年町」「鮫ヶ橋」「新網」の三ケ処にトドメを指したものだが、今はそうでない。比較的、市の中央を離れて、本所、深川の場末に移った。豊島、葛飾、荏原等の郡部に襤褸の世界は形作られている[12]。

序章　都市化と貧困層　　7

明治 31 年の貧民窟踏査の後、横山は貧困地域に関心を持ち続けた。貧民窟踏査・記録者のなかでこのような長期的視点で変化の様相を追究したのは横山のみである[13]。

　　「共同長屋探見記：市中の新開地と市外の新開地」芝新網、四谷鮫ヶ橋、下谷万年町は都下の三大貧民窟だとは、貧民研究者間の常套語であった。ところが、近頃は市外の新殖民地に漸次、巣を変えてゆくように見える。千住、日暮里、巣鴨、大塚等の新開地は、それである。小石川大原町付近の百軒長屋の如きも、貧民界の新現象である[14]。

貧困層の集積は十五区の周辺部、東京府郡部など外周部で顕著になっていた。外周部に遷移した要因の一つとして、横山は「共同長屋」という住居形態を挙げている。

　　「共同長屋探見記：木賃宿と共同長屋との比較」共同長屋は木賃宿の変形であることは、ちょっと前に掲げた。東京市に共同長屋が出来たのは、日清戦役後で、続出したのは日露戦役前後であった。三十一年以来、地方人は潮の如く東京市に推し寄せて来た。当時東京市における簡易な居住所は、独り木賃宿のみであった。が、木賃宿の数に限りがある。警視庁指定以外に増築することが出来ない所から、本所花町の木賃宿某が、智恵を振るって考え出したのは、この共同長屋である[15]。

木賃宿の営業は指定区域内に限定されていた。指定区域外に建造可能な改造型として考案されたのが共同長屋である。大部屋を板で仕切り、個室にした。利用者は占有空間を確保することができ、家族で暮らすことが可能になった。竈など諸設備は共用であった。

低廉な労働力

　共同長屋が外周部に増加した要因として、横山は「近代工業の勃興」を挙げる。

　　「貧街十五年間の移動」かくて日清戦役を経て、東京市は工業的色彩を帯びて来たのであった。余が社会最下級の探究に着手したのは、実にこの日清戦役前後で、在来の手工業を以て掩われていた東京市が、やや新工業を迎えて来た時であった。即ち旧工業の東京市が新工業に入らんとする過渡の時であった[16]。

　横山の観察は次のように要約できる。日清戦争後、東京では近代工業が成長し、零細工場が増加した。労働力需要が高まり、労働市場が拡大した。労

働内容は雑業から工場労働へ変化した。必要な労働力は質的、量的に変化し、資本蓄積に適する低廉な労働力が求められるようになった。

労働者を低賃金で雇用するには、家賃、食費を抑制するしくみが必要であった。共同長屋は低家賃である。家族をかかえ移動は抑制される。共同長屋という住居形態は、資本家が低廉な労働力を持続的に確保することに有益であった。

零細工場の立地は、工業用水や動力源など産業資源の利便性と、低廉な労働力確保のバランスで選択された。明治中期、東京では零細工場の稼働に水力・水車が依然として使われていた。都市内の河川沿いがこの条件に一致した。また、外周部には共同長屋の集積を可能にする空間的余裕があった。

以上のように横山は、明治30年代以降、貧困層集積の要因が変化し、低廉な労働力が東京外周部に集積するようになったことを述べている[17]。新たな産業である「工業」に着目し、「労働力」需要の変化をとらえた。必要とされる「労働力」は急速に変化し、東京外周部が低廉な労働力の集積地域として顕在化したのである。

踏査記録の意義と限界

横山の踏査記録の意義は、長期的視点で「貧困層集積地域」の遷移をとらえた点にある。一方で時代的限界もあり、三大貧民窟すなわち「雑業層」集積地域の明治末の状況について言及していない。横山の関心は近代産業と労働者にあったといえよう。

このような貧民窟踏査記録の時代的限界を念頭におき、本書は踏査記録以外の諸資料も活用して、四谷区鮫河橋の変化を多面的に掘り起こすことに努めたい。

近世の江戸には救恤のしくみがあったが、徳川幕府から明治政府へと統治体制が変わり、そのしくみは解体した。同時期、東京では三大貧民窟が顕在化した。流動性が高い都市部において近代の救済方法が模索されたプロセスを歴史的モノグラフとして記すことにしたい。

序章　都市化と貧困層　　9

I部

近世から近代への移行
：鮫河橋谷町

---1章---

移行期の先行研究と
分析視角

1-1 家賃と地価

　明治20年代、貧困地域の探訪・踏査記事に記されたのは劣悪な生活環境、すなわち「衣食住」をめぐる状況である。「住」と「食」は貧困層の家計に占める割合が大きい。家賃と食費は貧困層の家計を圧迫する。貧困層は廉価な家賃、切り詰めた食費で生活できる場所に集積した。

　廉価な家賃は地価が安いことの反映である。歴史的視点から鮫河橋の土地空間、地価、居住層の特徴について探った先行研究の分析方法と知見を概観しておこう。

1-2 近世からの移行と土地制度

武家地転用と連続性

　近代移行期の地価について、建築学分野から考察したのが松山恵の研究である[1]。松山は江戸期の「身分制（士農工商）」と連動した「土地空間（武家地、町地、寺社地）」が近代的な都市空間に改編されるプロセスを探究した[2]。

　近世江戸の土地空間では、武家地が7割近くを占めていた[3]。維新による武士政権崩壊で、武家地拝領層の存立基盤は解体した。近代東京研究の主要テーマの一つは、武家地の用途変更プロセスの解明である。

松山は武家地の転用事例を「郭内」「郭外」の2類型に分類した。皇居（江戸城）外濠を基本線とし、その内側が「郭内」、外側が「郭外」である[4]。新政府は「郭内」の武家地について地面（土地）と屋敷・建屋（建築物）の両方を収公した。他方、「郭外」の武家地は地面（土地）を収公し、建屋（建築物）は従前からの利用者が継続使用することを認めた。武家地の用途変更は「郭内」と「郭外」では異なる方針で処理された[5]。

「郭内」武家地には、旧藩の上屋敷、旧幕臣の旗本屋敷が多かった。皇居（江戸城）に近く、土地空間の規模が大きかった。新政府は土地・建物を収公して、行政機関の庁舎や政府高官の邸宅に転用した。郭内武家地は新政府による業務遂行の中枢拠点になった。

一方、「郭外」武家地は、旧藩中屋敷・下屋敷、下級幕臣の拝領地・居宅などが多かった。武家は幕府から土地を拝領し、表向きの土地利用者は武家に限定されていた。しかし、実態として、町人の土地利用が一定程度進んでいた。明治政府は旧来の利用者が建物を継続使用することを認めたので、民間利用も継続した。

従来の武家地転用の研究は、大名屋敷など大規模面積の転用例を分析することが多かったが、松山は郭外武家地に着目し、武家地転用は二元化していたこと、そのため郭外武家地では民間利用が継続・進展し、利用形態が多様化していったことを明らかにした[6]。

本書が分析対象とする鮫河橋谷町1丁目・2丁目は郭外武家地に該当する。松山の知見に基づくと、利用形態が多様化する傾向があった土地である。

武家地としての「鮫河橋谷町」

松山は郭外武家地の分析対象地の一つに「四谷鮫河橋」を取り上げ、近世期、明治期の状況を2本の論文にまとめている[7]。近世期を分析した論文（[松山・伊藤1999a]）には次のような難点がある。

分析対象にした武家地は『諸向地面取調書』に記載された「小普請組」屋敷地である。該当資料には「鮫河橋」以外の武家地が多く含まれている。松山は鮫河橋「周辺武家地」と曖昧に表記している。同論文で用いている他資料と対象地が一致しない。そのため論旨は一貫していない。本書はこの論文（[松山・伊藤1999a]）を参照対象から除く。

「鮫河橋谷町」の武家地に関する基本資料は、『町方書上』（文政8〜11＝

1825～28 年編纂）である（国立国会図書館資料：「町方書上 [25] 鮫河橋并
ニ権田原町方書上」（写）10.11501/2571506）。『町方書上』には「鮫河橋谷
町」について詳細に記述されている。松山は『町方書上』に言及しているが、
内容分析はしていない。本書は『町方書上』を近世期「鮫河橋谷町」分析の
基本資料とし、近世期の状況を明らかにする。

旧武家地と地価

　松山の明治期「四谷鮫河橋」を分析した論文（[松山・伊藤 1999b]）は、
地価について次のように言及している。武家地は幕府から拝領した土地で、
幕政期に売買の対象ではないため、地価はなかった。明治初期、地券発行の
際に参考とすべき地価がない武家地は一律、隣接区域の約 10 分の 1 の価格
が付けられた。このため鮫河橋谷町の地価は隣接の旧町地より低価格になっ
た[8]。これが鮫河橋谷町の家賃を抑え、貧困層の流入を促す要因の一つにな
ったと松山は述べている。しかし、鮫河橋谷町の周辺に同様に地価がない旧
武家地は多くあった。周辺の旧武家地と比較した場合、鮫河橋谷町の地価を
どのように評価すべきかについては言及がない。

　松山の「四谷鮫河橋」の近世期、明治期に関する 2 本の論文は、文献資
料の精査・読解が全体的に不十分である。複数の資料を用いて検証すること
は行われていない。

土地所有者の社会的構成

　松山は明治期に関する論文で「鮫河橋谷町 1 丁目・2 丁目」の地券所有者
について、明治 7 年（1874）、明治 45 年（大正元年）、昭和 7 年（1932）の
3 時点の資料を整理し、明治期（明治 7～45 年）と大正・昭和戦前期（大正
元年～昭和 7 年）の土地所有者を比較している。これらのデータに基づく
と、変動が大きかったのは明治期である[9]。これは明治 20 年代に三大貧民
窟が顕在化したこと、横山源之助が明治末期に貧困層集積地は東京外周部に
遷移したと述べていることと一致する。本書では「鮫河橋谷町 1 丁目・2 丁
目」の土地所有者の基本的構成はおおよそ明治末までに形成され、昭和戦前
期まで大きな変動はなかったという前提で分析を進めたい。

　明治 4～11 年（1871～1878）は大区小区制が施行されていた時期である。
東京府が編纂した『東京府志料』に大区小区制施行期の各町の統計が掲載さ

1 章　移行期の先行研究と分析視角　　15

れている。本書は『東京府志料』を基本資料とし、近代移行期における「鮫河橋谷町1丁目・2丁目」の居住層を分析する（後述）。

1-3　武家地の多様化

武家と町人の混在

北原糸子は近世末の「鮫河橋谷町」居住層について、次の資料に基づいて分析・考察している[10]。江戸開城後の慶応4年（1868）7月、江戸の町会所が「臨時御救」実施を予定した。このとき「鮫河橋谷町」の名主が救米支給の対象者名を書き上げた文書が「其日稼之者人別書上」である。中央大学図書館に所蔵されている[11]。

北原は幕政期「鮫河橋谷町」の土地空間の特徴を考察し、明治期に三大貧民窟と称されるようになった地域は、いずれも近世に「御家人拝領屋敷地」だった土地を含んでいると指摘している[12]。

「御家人」の「拝領屋敷地」とは、どのような土地空間だったのだろうか。近世史の先行研究を参照すると、御家人拝領地には次のような特徴があった。

近世江戸すなわち御府内の土地は、身分制に対応して武家地、寺社地、町地に区分されていた。

町地には地価が付けられ取引された。売買価格が記された証文を沽券（売買の証書）という。武家地は2種類に大別される。幕府が大名に与えた拝領地（大名屋敷すなわち上屋敷、中屋敷、下屋敷、蔵屋敷などの藩邸用地）と、幕臣（旗本、御家人）に与えた拝領地である。

幕臣の拝領地はさらに2種類に大別される。「屋敷地（居宅用の土地と家屋）」と「知行地」である。幕臣の家禄の拝領方法には「知行取り」と「蔵米取り」があった。知行取りには、「屋敷地」と「知行地」が与えられた。

幕臣は「組」単位で職務を行うことが多かった。「組」単位で一括して拝領した土地のことを「大縄地」という。拝領後に組内で大縄地を分割した。通常は所属の「組」が変わっても先祖伝来の拝領地を維持した。また、「召し上げ（上地）」すなわち幕府への返還や、「替え地」は頻繁に発生した。拝領地は幕府から与えられたもので、売買の対象ではない。つまり武家地に地価や沽券（売買の証書）はない。

幕府は本来、武家地に町人が居住することを認めていない。しかし、特例

16　　I部　近世から近代への移行：鮫河橋谷町

で認めることがあった（後述）。武家地に居住する町人が増加すると、武家地のまま「町立て」した。武家地でありながら「町」が併存した。武家と町人が居住する土地空間は同一であっても、居住者は身分制で支配された。武家は所属する「組」の支配下にあった。他方、町人は町奉行の支配下に組み込まれた。

　町人は、町奉行所─町年寄─名主─五人組という秩序で管理された。一般の町地では、末端の五人組に該当するのは「地主」「家持」「家主」である。「地主」は土地所有者、「家持」は家屋所有者、「家主」は家持の代理人として家屋を管理する者（大家）である。ここまでが町人層に該当する。家屋や部屋を借りている者は「店借」（店子）といい、五人組の構成員ではない。家主が店子から家賃（店賃）を集めた。

　「町」は「町法」に基づいて運営された。「自身番屋」を設け、道路・橋梁の補修、防火や消火、塵芥処理などに当たった。「町」の運営に要する費用を「町入用」という。町入用を負担するのは町人層である。

　元来が武家地であるところに町立てされた場合、「地主」「家持」はいない。拝領人（武家）が幕府から土地（拝領地）・家屋（拝領屋敷）を拝領している。

　特例が認められた武家地の場合、一定数の町人・店借が混在した。近世江戸では身分制に基づく厳格な住み分けが貫徹していたわけではない。「鮫河橋谷町」は武家地であるが、武家と町人・店借が混在していた町の一つであった（後述）。

拝領地の転貸

　武家地に混在していた町人・店借の居住形態について、先行研究で次のような諸点が明らかにされている。武家地の拝領人が、拝領地の一部を割いて、他人に地面を貸して地代収入を得ることがあった。これを拝領地の「転貸」という。幕府は本来、拝領地の転貸を認めていない。しかし、歴代将軍が出身藩の家臣を幕臣に登用することが重なり、下位の幕臣（御家人）が増加して、職分数が不足するようになった。職分がなく、生計維持に苦労する御家人がいた。経済的に余裕がない御家人が副業に励んだことはよく知られている[13]。禄高不足を補う措置の一つとして、転貸が認められた[14]。

　武家地における具体的な転貸状況について、中村静夫は日本橋に近い八丁

1章　移行期の先行研究と分析視角　　17

堀を対象に次のように分析している[15]。「八丁堀組屋敷」と通称されていた町奉行所の与力・同心の大縄地があった。与力のほうが職位が上である。「八丁堀組屋敷」では与力、同心ともに転貸を行っていた[16]。

与力の場合、一軒あたりの拝領屋敷地の面積はおおよそ300坪である。与力自身は拝領地に居住し、余地を分割して数家に貸していた。貸す相手は儒者、医者、検校、手跡指南（書道）などである。武家ではないが一定水準以上の文化・武術の技能者である[17]。与力として一定の格式を保てるように相手を選んで転貸していたのである。

同心の場合、一軒あたりの拝領屋敷地の面積は90坪程度であった。同心の転貸は2種類あった。第一の類型は同心自身は拝領地に居住し、余地を地借に転貸する。第二の類型は拝領地すべてを地借に転貸し、同心自身は別地面に居住する。この場合、拝領人は不在化し、転貸した拝領地は主に貸長屋の用地となっていた。当該拝領人は与力拝領地や、同格の同心拝領地に居住していた。同心約200名中、約3割が第二の類型に該当した[18]。

以上のように拝領地は地借に転貸され、貸長屋が造作され、「店借」（店子）が居住した。拝領地「100坪あたり居住戸数」を与力拝領地と同心拝領地で比較すると、与力拝領地は3.8戸、同心拝領地は9.2戸で、下位の幕臣の拝領地のほうが人口集積、混在が進んでいた[19]。

幕末の拝領屋敷地を分析した大賀妙子も同様に、下位の幕臣（御家人）が別地面に借地居住していた例が多くあることを指摘している[20]。

以上のように、特例が認められた御家人拝領地の土地利用は多様化し、人口集積・混在傾向があったことを先行研究は明らかにしている。

混在地域の特徴

松本四郎によれば、武家地（拝領地）に町人・店借が居住していた具体的町名は以下の通りである。寛永年間に特例が認められたのは、御簞笥町上町（簞笥奉行組同心、寛永9年＝1632）、御簞笥町仲町（具足奉行組同心、寛永9年）、牛込山伏町（二の丸御番同心、寛永11年＝1634）などである。元禄期にはさらに増加し、浅草阿部川町（御小人）、下谷御具足町（具足奉行同心）、下谷山崎町（黒鍬之者）、下谷御切手町（御切手御門番同心）、湯島妻恋町（御陸尺方）、湯島三組町（御中間、御小人、御駕籠之者）、本郷元町（御中間）、本郷金助町（御小人）、本郷春木町、菊坂台町、菊坂町、菊坂

田町（御中間）、牛込御簞笥町（具足奉行同心、弓矢奉行同心）、牛込御納戸町（御納戸同心）、牛込払方町（払方御納戸同心）、青山御掃除町（御掃除之者）、飯倉神谷町（御中間、御小人）、鮫河橋谷町（伊賀者）などである[21]。

　これらの町に共通しているのは、小給（扶持が少ない）の御家人の拝領地だったことである。御家人には「五役」（黒鍬之者、御中間、御小人、御駕籠之者、御掃除之者）という江戸城内の雑役に従事する職分があった。特例対象には「五役」拝領地が多く含まれている。家禄だけで生活することが難しい下位の御家人の拝領地に貸長屋が造られ、店借が居住していたのである[22]。

　元来は武家地であるため、土地利用には制約があり、営業規模が大きい商人はこのような土地に店を持ったり、居住することはない。集積したのは零細商人、職人、奉公人など「其日稼（そのひかせぎ）」に該当するような店借層であった[23]。

　生活が不安定な店借層を、経済的支えにする貸長屋経営は脆弱である。店借は流動性が高いので、地代収入、店賃収入は安定しない。拝領人自身が「町会所」の救済対象になる例が散見され、経済的に脆弱だった[24]。

　北原が「鮫河橋谷町」居住層の分析に用いた資料は江戸「町会所」の救済対象を書き上げたものである。ここで「町会所（社倉）」とその機能について概観しておこう。

1-4　近世江戸の救済制度

七分積金と救済

　寛永年間、老中松平定信によって幕藩体制の建て直し、諸改革が進められた。江戸の窮民対策の一つとして「七分積金」を財源とする「町会所（社倉）」が開設された。「七分積金」とは、町入用のうち節約可能な金額を洗い出して、その7割を拠出して積み立てる制度である。

　寛政の改革の一環として、松平定信は江戸の町人層が負担していた「町」運営費の軽減を図った。まず、各町に町入用支出の5年間平均額を算出させた。次に節約可能な金額を書き出させた。それを江戸市中で合算すると、およそ3万7千両であった。そこでおよそ7割に当たる2万2千両を毎年の積み立て金額の目標とし、寛政4年（1792）から積み立てが始まった。幕府も2回にわたり、1万両ずつ付加した（合計2万両）。

七分積金を財源にして、非常用・救恤用の救米が備蓄された。浅草の向柳原に米穀貯蔵庫として、「囲籾」蔵が建造された。備荒貯蓄の事務を行い、「七分積金」を管理する役所の建屋も同地に建設された。町入用節減金を基金にした金穀積立制度であることから、役所は「町会所」と命名された。町会所は幕府の「公儀御役所」ではない。町奉行や勘定奉行は監察などに関与したが、町会所の運営を担ったは、町方の商人（勘定方御用達）10名と年番名主（任期制の町会所担当の名主）である[25]。

　町会所がはたした機能について、先行研究では次のような諸点が指摘されている[26]。町会所の積金は主に3種類の事業に利用された。「囲籾」「窮民救済」「貸付」である。既述したように「囲籾」は非常用・救恤用の米穀の貯蔵である。

　「窮民救済」は「非常時の救済」と「日常的な救済」に大別される。「非常時の救済」には2種類あった。1つは災害（地震、風水害、大火など）発生時における「被災困窮者」救済である。被災範囲は明確で、対象者は一定範囲に限定される。もう1つは「臨時救済」である。物価高騰などの諸要因により、江戸の町方全体が困窮した場合、町居住の「其日稼之者」を対象に救米措置が実施された。窮乏して打ち壊しが拡大し、江戸市中が混乱に陥るのを防ぐためであった。「其日稼之者」に該当する対象者は明確に規定されていた[27]。「臨時御救」実施が決まると、各町の名主が規定に即して対象者を書き上げ、救米を願い出た。北原が「鮫河橋谷町」居住層の分析に用いたのは、「臨時御救」対象者を書き上げた資料である。本書も中央大学図書館所蔵「其日稼之者人別書上」を参照し、この資料を基本資料の一つとして用いた（後述）。

町会所と貸付金

　このほか町会所は積金を財源に、「貸付」として地主などに低金利融資を行った。火事、風水害など天災・人災で被災し、家屋・長屋が焼失・損壊した地主などを対象に、修繕・再建費用を貸付けた。地主・家持が没落することを防ぎ、長屋経営を支援するための「御救」である[28]。

　「貸付」方法は、通常は地主が所有する「地面」を担保に貸付けた。しかし、地面を所有していない武家拝領人も貸付の対象にした（拝領地貸付）。「町」が併存していた武家地の拝領人は町会所の積金を負担・拠出していた

からである。

　拝領人は幕府から「屋敷地（居宅用の土地と家屋）」を拝領しており、自己所有の地面ではない。貸付の際に土地を担保にできないので、修繕後の地代収入・店賃収入を担保にした。返済不能に陥った場合は「預地」という処置がされた。町会所が該当地面を預かり、貸長屋経営を代行した。貸付金の元利合計を回収した後、元の拝領人に地面を返却した[29]。

　「拝領地貸付」の大半は下位の御家人が対象であった。該当地域は「場末」、すなわち「郭外」に集中していた。返済不能も相当数あった。文政3年（1820）の風害による損壊修繕費用の貸付を願い出た文書には、御家人拝領町屋敷にある貸長屋の屋根に瓦葺きは稀であること、屋根の柿葺らしい箇所は手入れが行き届かず、風で破損し、大破している家屋があること、自力で修繕するのは難しい等、御家人拝領屋敷地の貸長屋は粗末な造りであったことが記されている[30]。

　先行研究に基づくと、江戸後期の「郭外」御家人拝領地に関して、次のような特徴を列挙できる。相当数の御家人が拝領地を転貸して、地代収入を得ていた。町会所の貸付を受けた御家人のなかには返済不能に陥る者もいた。拝領地の貸長屋は粗末な造りで、修繕が行き届かないこともあった。そのような貸長屋に流動性が高い店借層が居住していた。本書の分析対象である「鮫河橋谷町」にも貸付金の返済不能者がいた（後述）。

鮫河橋の居住層

　「鮫河橋谷町」居住層について、北原は江戸開城後の慶応4年（1868）7月作成の「其日稼之者人別書上」（中央大学図書館所蔵）に基づき、次のような知見を述べている[31]。

　「其日稼之者人別書上」には鮫河橋谷町を含め、8カ町の「臨時御救」対象者が書き上げられている。名主は鮫河橋谷町以外の町も支配していたからである。北原が主に分析したのは、鮫河橋谷町以外の町を含めた8カ町の世帯規模、世帯構成である。

　8カ町全体では零細な生業に従事する店借層が多かった。これは当時の江戸に広くみられた傾向と同様である。零細な生業従事者は近世江戸に多く存在していたので、8カ町に最下層がとくに多かったとは言えない、というのが北原の見解である[32]。

1章　移行期の先行研究と分析視角　　21

本書はこの見解を参考にする。「其日稼之者人別書上」（中央大学図書館所蔵）に記載されている鮫河橋谷町の対象者については後の章で分析・考察する（後述）。

1-5　近世「鮫河橋谷町」の分析視角

　先行研究の知見に基づくと、近世期の鮫河橋谷町の地域特性は次のようにまとめることができる。近世江戸の「郭外」武家地は土地利用の多様化が進んでいた。その一類型として「武家地・町地」併存型があった。下位の幕臣は幕府から土地を拝領したが、生計は安定しない。生計補塡の手段も限られていた。可能な補塡手段の一つが拝領地の転貸であった。

　武家地・町地併存型は土地利用に制限があるので、資本力がある商人は流入しない。転貸相手は零細な営業者で、貸長屋を修繕する費用は乏しい。手入れは行き届かない。粗末で廉価な長屋に生計が不安定な店借層が流入した。上位の町人層は流入せず、結果的に経済的に脆弱な層、すなわち中下層の町人層・店借層が集積する状況になった。

　このように武家地・町地併存型には、多様な「生業不安定な社会層」が集積した。次章では近世の文献資料に基づき、「鮫河橋谷町」に生業不安定な社会層が集積するようになったプロセスについて探る。

---2章---

近世の鮫河橋
：伊賀者の拝領地

2-1　台地のなかの谷間

土地の系譜

　「鮫河橋谷町」を幕府から拝領したのは「伊賀者」とよばれる武士集団である。近世の文献資料に基づいて、「鮫河橋谷町」の地形的特徴、伊賀者による拝領地の使用状況、多様な「生業不安定な社会層」が集積したプロセスについて考察する。

　本章で典拠にする文献資料は「町方書上」である（国立国会図書館資料：「町方書上［25］鮫河橋幷ニ権田原町方書上」（写）10.11501/2571506）。江戸後期の各町の状況、町立ての由来が記された地誌である。「町方書上」は次のようないきさつで編纂された。幕府は享和3年（1803）、昌平坂学問所に地誌調所を設置した。大学頭林述斎の建議により、文化7年（1810）に官撰地誌「新編武蔵風土記」の編纂が始まった。編纂中、江戸については別途作成することになり、「御府内風土記」編纂が始まった。文政8〜11年（1825〜28）、江戸の各町々に地誌を提出させた（文政町方書上）。町奉行支配下の「町」に関する基本資料で、各町について書上者（名主）、書上年月が明記されている。正編145巻、続編147巻である。

　本書では「町方書上」のほか、伊賀出身の幕臣の拝領地について記述している「伊賀者由緒書」を補足的に参照する（国立公文書館資料：157-0196、「伊賀者由緒書」）[1]。

また、「鮫河橋谷町」に屋敷地を拝領した伊賀者の子孫の家に個人文書が所蔵され（本書では「松下家文書」と表記する）、詳細な解説を付して公刊されている[2]。本書は「松下家文書」に記載された内容についても補足的に参照する。幕臣（旗本、御家人）の任官に関しては『柳営補任』（巻1〜18）に基づいて記した。

江戸初期の鮫河橋

武蔵野台地を構成する台地の一つに「淀橋台」がある（図表2-1）。かつて、その東端は海に面していた。「町方書上」の「元鮫河橋仲町」には、土地の由来について次のような内容が記されている。

【町方書上「元鮫河橋仲町」】当地往古之儀者、一円潮入ニ而、豊嶋之入江与申、渡船も有之、古歌にも御座候場所之由、年来相立、自然与洲ニ相成

そこは豊島の入江とよばれていた。年を経て、潮水が引いて干上がり陸地になった。徳川家康が江戸に入府した頃、葭が生える沼地があり、村方の百姓が住む土地であった[3]。

家康に「鮫馬」という名の愛馬があった。鮫馬が死んで千駄ヶ谷に葬ることになった。屍体を千駄ヶ谷へ運ぶ途中、この付近の川を渡っていたときのことである。

【町方書上「元鮫河橋仲町」】権現様御秘蔵之鮫馬斃候を、御厩ゟ千駄ケ谷村江埋メ候とて、通行之砌、村内之河江落し候処、其霊此河に止リ利生有之候由ニ而、諸人願望相掛ケ、殊之外群集仕、夫より鮫馬河与申、橋も同様ニ相唱候より、地名に相成候由、尤後年馬之字相略し唱来り候由申伝候

鮫馬の屍体が重くて川に落としてしまった。馬の霊がここに止まろうとしていると人々は解釈し、川を「鮫馬河」、橋を「鮫馬河橋」と呼ぶようになったという。のちに「馬」の字が省略されて、この一帯は「鮫河橋」と呼ばれるようになったという。

図表2-2は正保年間（元年または2年＝1644、45）、郭外西方を示した地図である（正保年中江戸絵図）。外濠から西郊へ向かう道として、甲州街道と大山道がある。その中間に千駄ヶ谷へむかう道があり、道沿いに鮫河橋があった（図表2-3）。鮫河橋付近は土地の起伏が大きいことが読みとれる。

図表 2-1　武蔵野台地（東側）と鮫河橋

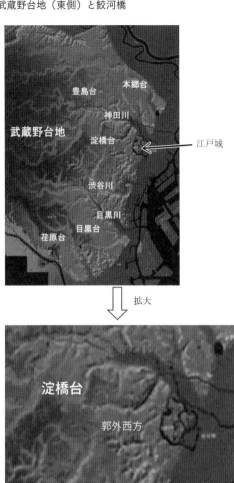

2 章　近世の鮫河橋：伊賀者の拝領地　　25

図表 2-2　江戸郭外　西方：正保年間（1644 or 45）

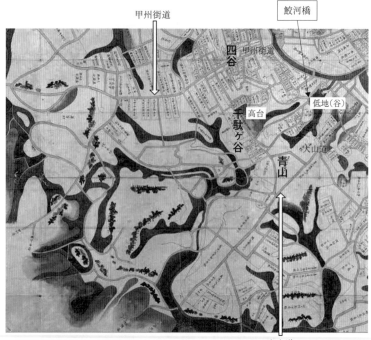

出典：国立公文書館資料：「正保年中江戸絵図」（嘉永 6 年写本）
　　　正保年間（元年または 2 年＝1644、45）の江戸

2-2　伊賀者の系譜

徳川直参

　「鮫河橋」一帯を徳川家康から拝領したのは「伊賀者」とよばれる武士集団であった。伊賀者とは伊賀国（現在の三重県伊賀）を出自とする地侍と子孫である。伊賀国の地侍は鈴鹿山系で鍛えた奇襲戦法を得意とし、戦国時代に斥候や間諜として有力武将に重用された。徳川家康の直参になった由来について「伊賀者由緒書」に次のような内容が記されている。
　天正 10 年（1582）、本能寺の変がおきたとき、徳川家康は大坂の堺にいた。鈴鹿山中の間道を抜けて伊勢から三河へもどる方法をとった。伊賀越え

図表2-4　江戸における直轄軍の構成

統率体系	番方の組織		組数	構成					備考		
				大名（番頭）	旗本	番士（各組○人）	与力	御家人	初代組頭	着任年	組屋敷所在地
将軍	老中	大番	12組	大番頭		番士（各組50人）	与力10騎	同心20人			
	若年寄（五番方）	書院番	10組		書院番頭	番士（各組50人）	与力10騎	同心20人			
		小姓組番	10組		小姓組番頭	番士（各組50人）					
		新番	本丸6組・西丸2組		新番頭	番士（各組20人）					
		小十人番方	7組		小十人頭	番士（各組20人）					
	若年寄（百人組　合計4組）	根来組			組頭		与力20騎	同心100人	成瀬正成	不明	牛込根来町
		甲賀組			組頭		与力20騎	同心100人	山岡景次	慶長5年	青山甲賀町
		二十騎組			組頭		与力20騎	同心100人	青山忠成	慶長7年	青山百人町
		二十五騎組			組頭		与力20騎	同心100人	内藤清成	慶長13年	内藤新宿
	若年寄（先手組　合計10組）	先手鉄砲組　6組			鉄砲頭		与力10騎	同心50人	坪内家定	慶長15	覚永9
					鉄砲頭		与力6騎	同心30人	日向正成	→	
					鉄砲頭		与力10騎	同心50人	近藤秀用	元和9	渡辺助光
					鉄砲頭		与力5騎	同心30人	加藤正次	慶長5	
					鉄砲頭		与力10騎	同心30人	森川金右衛門	慶長9	
					鉄砲頭（網掛け）		与力7騎	同心30人	大久保忠為	→	服部半蔵正成
		先手弓組　4組			弓頭	詳細は省略					
	若年寄（持組　合計7組）	持筒組（大筒）　4組			持筒頭		与力20騎	同心55人		元和9年～慶応2（覚永8～19：高木九助が御目付より異動し組頭）	
					持筒頭		与力10騎	同心55人		元和元年～慶応2	
					持筒頭		与力10騎	同心55人		元和9年～慶応2	
					持筒頭（網掛け）		与力10騎	同心55人		天正12～慶応2（天正12～覚永10：服部中保正が組頭）	
		持弓組　3組				詳細は省略					

出典：『柳営補任』巻1～18、『慶政私記上』（『日本財政史料』巻8官制之部二：894）、『読史備用』［藤井編 1991：103-110］を修正・加筆。
※上記のほか、若年寄の管轄下に、鉄砲御用役（旗本）などがいる。

拝領屋敷地の移転

　寛永年間、江戸城の総構築造が行われた。半蔵門近くにあった伊賀者の拝領屋敷地は大半が築造の用地になった。移転が必要になり、替地を甲州街道沿いの四谷に拝領した。築造用地にならなかった伊賀者は移転せずに残り、それ以外の伊賀者は寛永12年（1635）、替地に移転した。移転先はのち「四谷伊賀町（南伊賀町、北伊賀町）」とよばれるようになった[16]。

　移転先は、伊賀者が西郊に拝領した知行地（一木村）に近かった。図表2-5に示したように、四谷付近に伊賀者の拝領地（知行地、屋敷地）が集積した。服部半蔵の菩提寺の西念寺、服部仲の拝領屋敷、伊賀者と関連が深い高木九助の拝領屋敷など、四谷の台地上に武家地、寺社地が広がっていた。

　その周辺に持筒組の組屋敷、鉄炮稽古場があり、付近の坂は「鉄炮坂」とよばれた。番方の諸役を努めていた伊賀者は、四谷門から甲州街道一帯の外濠近辺を守る役割も担っていたと言えよう。

　総構築造によって移転を余儀なくされた寺院もこの一帯の台地に多数転入してきた。また、外濠築造で残土が出たので、付近の名主はこれを貰い受け、ぬかるむ土地を埋めて水田に造り替えた。鮫河橋付近の道沿いに家屋が増えていった[17]。

2-3　鮫河橋谷町の武家屋敷

武家屋敷の地割

　明暦大火（1657年）後、江戸城の内濠修築がさらに進められることになった。寛永年間の総構築造の際に移転対象にならなかった伊賀者がいたが、この築造では移転の対象になった。替地として示されたのは江戸東方の本所である。

　先に移転した伊賀者の大半は江戸西方の四谷に住んでいた。東方への移転は仲間の拝領屋敷地から遠く離れることになる。不便になることを懸念した移転対象の伊賀者31家は「山之手筋」に替地を希望した。

　【町方書上「鮫河橋谷町」】山之手筋之内ニ而、拝領仕度相願候処、願之通場所
　　　見立可申旨被仰渡候得共、仲間三拾壱人一所ニ拝領可仕場無之候付、給地一ツ
　　　木村之内、鮫河橋之田地を屋敷ニ相願候処、

伊賀者は御留守居役の支配下にあった。御留守居役は伊賀者に希望の替地を

図表 2-5 伊賀者 拝領屋敷地

四谷伊賀町
鮫河橋
西念寺：服部半蔵正成の菩提寺

出典：国立公文書館資料「正保年中江戸絵図」(嘉永6年写本)
正保年間（元年または2年＝1644、45）の江戸

2章 近世の鮫河橋：伊賀者の拝領地 31

願い出るように指示した。しかし、31家一括で拝領可能な代替地は見つからなかった。そこで伊賀者は知行地の一木村の一部である鮫河橋の田地を屋敷地にすることを願い出た。

【町方書上「鮫河橋谷町」】分限高も減し可申趣ニ而、支配御留守居差留候得共、押而相願、寛文四辰四月、願之通、当所ニ而三拾壱人居屋敷被下置旨、御留守居伊沢隼人正殿被申渡、地割衆城半左衛門殿、北見五郎左衛門殿、本郷庄三郎殿、御立合之上、大縄地ニ而被下置候、

知行地を割いて屋敷地にすると、知行高が減る。御留守居役は渋ったが、重ねて願い出た結果、許可が出た。このようないきさつで、知行地を割いて鮫河橋に屋敷地を造り移転することになった。寛文4年（1664）4月、幕府の地割衆が立ち会って、大縄地として31家分の屋敷地が造られた（図表2-6）。

武家地と町地の併存

知行地を割いて屋敷地にしたので、伊賀者の石高は減少した。減少分について、別の土地に代替の足地が支給された。また、知行地に住んでいた百姓は耕作できなくなるので、伊賀者の拝領屋敷地の一部を借地することが認められ、商いに転じた。

【町方書上「鮫河橋谷町」】其節高減し候分、他所ニ而足地被下候由。其頃より居来候百姓共、田地無之ニ付、右拝領地之内、借地いたし、商売仕罷在候処、

このようないきさつで、拝領屋敷地の転貸は公認となり、伊賀者は転貸によって地代収入を得ることが可能になった。武家以外の居住者が増え、元禄9年（1696）1月、武家地に町が立てられ、「鮫河橋谷町」と名付けられた。武家以外の居住者は町奉行の支配下に入った。

【町方書上「鮫河橋谷町」】元禄九子年四月、町御奉行御支配ニ相成、町屋敷地ニ罷成候節、四方地高之中場所故、前書之通町名相唱候哉ニ奉存候。

「鮫河橋谷町」の名称は、周囲が高台で、この区域が落ち窪んだ谷間であったことによる。

鮫河橋の道沿いの一帯（図表2-6）は従前から開けており、同年に町立てされた[18]。これらの町には「元鮫河橋」と冠した町名がつけられた（元鮫河橋仲町、元鮫河橋表町、元鮫河橋南町、元鮫河橋八軒町、元鮫河橋北町）。これらは武家地ではなく、町奉行支配下の町地であった。「鮫河橋谷町」の名主とは異なる人物が「元鮫河橋」5ヵ町の名主を務めていた。

32　　I部　近世から近代への移行：鮫河橋谷町

図表 2-6　鮫河橋の武家地と町地

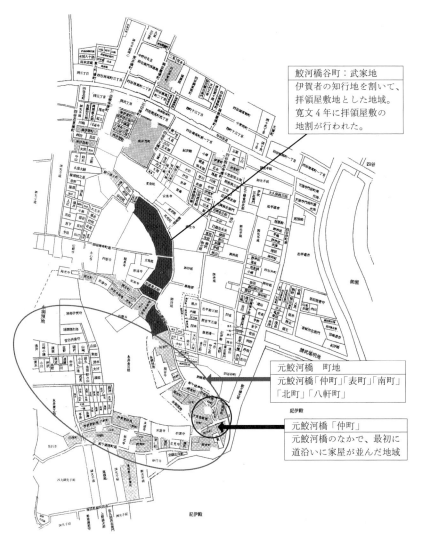

鮫河橋谷町：武家地
伊賀者の知行地を割いて、拝領屋敷地とした地域。寛文4年に拝領屋敷の地割が行われた。

元鮫河橋　町地
元鮫河橋「仲町」「表町」「南町」「北町」「八軒町」

元鮫河橋「仲町」
元鮫河橋のなかで、最初に道沿いに家屋が並んだ地域

出典：［新宿近世文書研究会 2003：233 所収地図］、［新宿区教育委員会 1983］、「町方書上」（国立国会図書館資料）をもとに筆者が加工。

2章　近世の鮫河橋：伊賀者の拝領地　　33

図表 2-7 「町方書上」名主

町名	書上年		書上者	
鮫河橋谷町	文政 10 年閏 6 月	1827	名主	次右衛門
元鮫河橋仲町、元鮫河橋表町、元鮫河橋南町 元鮫河橋八軒町、元鮫河橋北町	文政 10 年閏 6 月	1827	名主 名主	又太郎 作兵衛

出典：「町方書上」国立国会図書館資料より筆者作成。

近世「鮫河橋谷町」の地域特性

　近世の「鮫河橋谷町」の地域特性をまとめておこう。江戸西郊の甲州街道と大山道にはさまれた起伏の大きい土地であった。地付の百姓によって徐々に水田や道が造られていった。17 世紀、江戸城の総構築造や、明暦大火後の江戸改造などによる移転で、郭外西方の高台に上層幕臣の拝領屋敷地や寺社地が増えた。

　郭外への移転が増えて大縄地を確保することは以前より難しくなっていた。谷間は低湿地で土地はぬかるみ、居住には適していなかった。しかし、条件不良であっても下層御家人の屋敷地が造られた。武家以外の居住者は、町立て後、町奉行の支配下に入った。17 世紀末までに「鮫河橋谷町」は、武家と町人が併存する地域になっていた。

2-4　武家地の転貸

拝領地の転貸

　町立て後の鮫河橋谷町の状況を知ることができる資料は、「町方書上」の「鮫河橋谷町」である。文政 10 年（1827）閏 6 月に、名主の次右衛門が鮫河橋谷町について書き上げたものである（図表 2-7）。武家地と併存しているため、武家地拝領人についても詳細に記している。その内容を一覧表にしたものが図表 2-8 である。

　伊賀者 31 家が屋敷地を拝領したのは寛文 4 年（1664）である。文政 10 年（1827）まで 163 年が経過している。18 家は拝領地の継承が存続している。13 家は継承不可（嗣子断絶、その他）になった。途絶えた武家の屋敷地は、新規拝領人が拝領している。

　文政 10 年時点における拝領人の職分は、いずれも御家人に該当する。鮫

図表 2-8　鮫河橋谷町　武家屋敷　拝領人

区分	坪数	間口	寛文4年（1664）拝領人	拝領途絶理由	新規	拝領年	文政10年（1827）拝領人	文政10年拝領人の職分
伊賀者の家系	194.5	9間2尺5寸	平井八兵衛		継承		平井勝四郎	小普請
	179	7間4尺	左右田五兵衛		継承		左右田喜三郎	小普請
	156.8	6間5尺5寸	杉内喜右衛門		継承		杉内宇兵衛（拝領地居住）	御廣敷伊賀者
	175.5	7間	最上彧右衛門		継承		最上哲三	明屋敷番伊賀者
	163	7間2尺	矢部庄右衛門		継承		矢部金作	明屋敷伊賀者
	140	9間3尺	鈴木伝兵衛		継承		鈴木常右衛門	御持筒同頭
	132.5	9間2尺	深沢助兵衛		継承		深沢大助	御用屋敷定番伊賀者
	136.2	7間2尺5寸	三浦茂兵衛		継承		三浦金十郎	御本丸添番
	141.5	7間5尺5寸	松下十郎右衛門		継承		松下五郎吉（拝領地居住）	小普請
	136.9	6間5尺5寸	遠藤市郎兵衛		継承		遠藤平蔵	明屋敷番伊賀者
	167	8間3尺	近藤彦左衛門		継承		近藤原左衛門	富士見御宝蔵番
	143.4	7間	中根市郎右衛門		継承		中根長十郎	御廣敷伊賀者
	161.1	7間	荻野作左衛門		継承		荻野彦八	小普請
	161	7間	池原六兵衛		継承		池原文助	奥火之番
	149.7	6間3尺	久野八兵衛		継承		久野俊藤大	進物取次上番
	139.5	7間5寸	山中惣右衛門		継承		山中権平	二ノ御丸火之番
	179.1	7間4尺	小平孫右衛門		継承		小平庄三郎	明屋敷番伊賀者
新規拝領者	188.7	8間3尺8寸	永井八郎兵衛	断絶	新規拝領	延宝7	永井源五兵衛	奥火之番
	188.4	8間	磯貝久右衛門	甲府勤番	新規拝領	天明9	岩崎定六郎・上田源右衛門	御花畑方・御大工
	144	6間3尺5寸	大竹平兵衛	遠島	新規拝領	寛政4	堀小兵衛・高木友十郎	小普請・御大工
	176	9間1尺	吉村武兵衛	追放	新規拝領	寛政6	榊原鎌太郎	小普請
	159.8	7間3尺	新見源左衛門	召上	新規拝領	文政8	日比野勘兵衛	御細工所同心
	172.9	7間	松下金左衛門	断絶	年月不詳	年月不詳	鷲谷奏佐兵衛・新井権之助	黒鍬・御廣敷御小人
	187.2	8間1尺	不詳	不詳	新規拝領	元禄13	渡辺幸次郎	明屋敷番伊賀者
	154.1	8間3尺5寸	不詳	不詳	新規拝領	寛保3	矢島八十吉	御細工所同心
	167.1	7間	不詳	不詳	新規拝領	延享元	山口安次郎	表陸尺
	154.1	8間5尺	不詳	不詳	新規拝領	宝暦年間	（拝領地居住）	御作事方御故官
	148	8間4尺	不詳	不詳	新規拝領	宝暦年間	鈴木安左郎・小林佐左衛門	御留守居番同心・西御丸奥火之番
	188.5	8間4尺	不詳	不詳	新規拝領	寛政3	大塚栄太郎	表御台所同心
	174	7間2尺余	不詳	不詳	年月不詳	年月不詳	佐野彦六・柴山仁平次・石田勝之助	御代官手附・黒鍬・御留守居同心

出典：国立国会図書館資料：「町方書上」[25]「鮫河橋井ニ権田原町方書上」[写] 10.11501/2571506 より筆者作成。
参考：[高尾 2017：106-109]
※水溜場を転用して屋敷を造り、文政10年に山岡栄次郎家（小普請組）が使用していたが、幕府からの拝領屋敷とは認められず、町屋の扱いになっている。

図表 2-9 文政 10 年（1827）における各町の家数の構成

| 町名 | 名主 | 拝領屋敷数 | 町内総家数 | | | | | | 店借／合計数 |
			家持	地借	家守	店借	明店	合計	
鮫河橋谷町	次右衛門	31		23	31	334	39	427	78.2%
元鮫河橋仲町	又太郎、作兵衛		11	1	14	119		145	82.0%
元鮫河橋表町	又太郎、作兵衛		38	1	37	168		244*	68.9%
元鮫河橋南町	又太郎、作兵衛		15	6	9	123		153	80.3%
元鮫河橋八軒町	又太郎、作兵衛		9	1	8	114		130	87.7%
元鮫河橋北町	又太郎、作兵衛		4	2	5	100		111	90.1%

出典：国立公文書館所蔵資料『町方書上』より筆者作成。
＊：筆者修正

河橋谷町に居住している拝領人は「地内居住」と注記されており、わずか 4
家のみである。他家は鮫河橋谷町外に居住していたことがわかる。鮫河橋谷
町の拝領地を転貸し、地代収入を得ていたのだろう。

　それを裏付けるのが図表 2-9 である。「町方書上」に記された文政 10 年
における各町の家数構成である。鮫河橋谷町は幕府から拝領した武家地で、
土地・屋敷は幕府のものであるから、屋敷所有者（家持）はいない。拝領屋
敷地 31 件のところ、地借が 23 家ある。武家が地借に拝領地を転貸してい
たことが示されている。地借は貸長屋を建て、家守が管理（店賃徴収）して
いたのだろう。家守 31 家、店借 334 家、明店が 39 である。明店を含める
と町方の家数は 427 であった。

　まとめると、文政 10 年に鮫河橋谷町に居住していた拝領人は 4 家のみで、
他家は別地居住であった。拝領人の多くは地借に屋敷地を転貸し、貸長屋が
造られていた。店借層は町方家数の 78% 超を占める。店借層が集積してい
た町である。

　鮫河橋谷町に隣接した「元鮫河橋」5 ヵ町（図表 2-9）は町地なので、い
ずれの町にも家持、家守、店借がいる。店借層は町方家数の 6 割超から 9
割余で、おおむね 8 割前後を占める。店借層の集積状況は、鮫河橋谷町も
「元鮫河橋」5 ヵ町も似通った状況であったといえよう。

武家拝領人と町運営

　江戸の町はそれぞれ「町法」に基づいて運営されていた。「町方書上」の

36　　I 部　近世から近代への移行：鮫河橋谷町

記述から鮫河橋谷町の運営は次のようであったことがわかる。鮫河橋谷町で
は「町入用」は正徳3年（1713）5月から集めはじめた。「自身番屋」は町
のなかほどにあり、間口2間、奥行3間半であった。幅3尺（約90cm）の
下水路が町の表通りに沿って流れ、3カ所に橋が架けられていた。石橋が2
カ所、板橋が1カ所である。橋の費用は、それぞれの最寄りの家と「武家
方組合」が負担していた[19]。この記述から、武家拝領人は「武家方組合」
として、一括して町運営に関わる費用を出していたことがわかる。

　以上のように鮫河橋谷町では秩序立った運営が実行されていた。武家屋敷
とそれ以外の家作は明確に区別されていた。武家地拝領人は一括の組合を作
り、町運営費用を負担していた。町内居住の武家は4家のみであったが、
別地居住であっても、拝領人は町の運営に責任ある関わり方をしていたこと
がわかる。

武家拝領人の家族史・地域移動歴

　「鮫河橋谷町」に屋敷地を拝領していた武家に文書が保存され、詳細な解
読・解説を付して公刊されている[20]。図表2-8の文政10年拝領人「松下五
郎吉」家である。高尾の解読・解説に沿って、「松下五郎吉家」の家族史を
たどってみよう。

　寛文4年（1664）、松下十郎右衛門家は鮫河橋谷町に141坪5合の屋敷地
を拝領した[21]。元禄8年（1695）には拝領地のうち40坪余を借地にしてい
た。地借は1家である。地代は米に換算すると1年で「1斗7合5勺4才」
である。元禄8年は銭払いで「526文」であった。店借は12家、人数は26
人である[22]。鮫河橋谷町が町立てされたのは元禄9年であるから、松下家
は町立て以前から転貸を始め、貸長屋があり店借がいた。

　松下家は拝領以来、鮫河橋谷町の拝領地に住んでいた。しかし、安永2
年（1773）から寛政4年（1792）までの間に、鮫河橋谷町から転出し、別
地に住むようになった。別地は「市ヶ谷本村御先手松下河内守組同心館勘兵
衛地面之内五十坪」である。先手組同心の地面50坪である[23]。

　松下家子孫はこの別地に安政6年（1859）まで住んだ。明治維新後は徳
川宗家の駿府転住に従ったらしく、静岡士族になっている。本籍を静岡に置
いたまま、明治13年（1880）に麹町区に寄留している。翌14年（1881）、
松下家は麹町区に一家の移転届を提出した。一時は静岡県に住んだが、東京

2章　近世の鮫河橋：伊賀者の拝領地　　37

府に戻ってきたのである[24]。徳川宗家に従って転出した士族が東京府に寄留者・転入者として戻ってくる人口移動は、明治前半期に多くみられた[25]。

　以上のように松下家は幕府から屋敷地を拝領して30年ぐらいのうちに転貸を始めた。自宅の屋敷と貸長屋が近接している住環境は70年ほど続いた。拝領して100余年間は拝領屋敷地に住んでいた。

　松下家の家族史は次のようにまとめることができる。鮫河橋谷町に屋敷地を拝領して、1世代ぐらいの間のうちに転貸するようになり、次の2世代ぐらいの間は鮫河橋谷町で町人・店借層と近接する生活を送った。その後、高台にある近場の御家人の地面に移り、2世代ぐらいの間、そこで暮らした。維新後は静岡県に転出したが、しばらくして東京西方に戻り、生計手段の確立に努めたと推測される。

2-5　維新期の鮫河橋谷町

幕末の救恤措置

　図表2-10は慶応3年（1867）の絵図である。幕末期における江戸西方、郭外の様子がうかがえる。この前年、慶応2年（1866）5月末と9月、江戸では米価高騰が原因で、大規模な打ち壊しが2回発生した。5月末の打ち壊しは鮫河橋にも波及した[26]。

> 【『武江年表増訂』巻11、慶応2年】近年続て諸物の価沸騰し、今茲は別て米穀不登にして、其価貴騰し、五六月のころよりは小売百文に付て一合五勺に換へたり。八九月の頃に至りては一合一勺位及べり。如此く登踊して賤民の困苦いふばかりなし。五月二十八日の夜五時頃、何ものとも知らず、南品川御嶽町稲荷祠の太鼓を取出し、同所本覚寺の境内にいたり打ち鳴らしければ、何方よりか雑人多く集ひ来り、それより群行して南品川馬場町、油屋某が宅を破却し、南品川宿、北品川歩行新宿、東海寺門前の町屋を打毀す事、凡そ四十軒程、即時に散じて行方を知らず。夫よりしてかかる狼戻の輩、諸方に蜂起して日夜に群行し、本芝同田町、金杉町、芝西応寺町、浜松町中門前等に及し、六月二日は新和泉町、四谷辺、鮫河橋、麻布本村等の町屋を壊てり。（中略）かかる狼藉に及びしかど、全く飢餓に迫りし事故、六月中には町会所より貧民御救として、一人分、銭壱貫百文を頒ち与へられ、（後略）。

5月28日、南品川方面で打ち壊しが始まった。6月2日、四谷や鮫河橋で

図表 2-10 江戸郭外 西方（慶応3年）

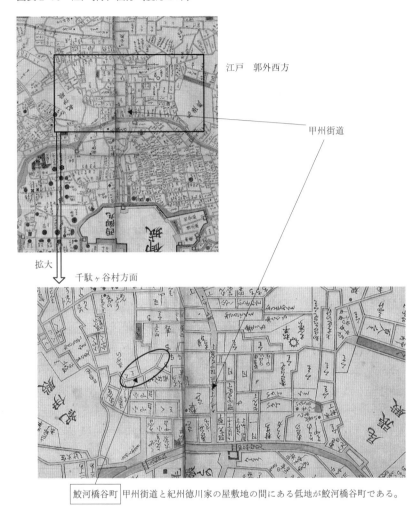

鮫河橋谷町 甲州街道と紀州徳川家の屋敷地の間にある低地が鮫河橋谷町である。

出典：早稲田大学所蔵「慶応三年江戸図」大橋堂（馬喰町二丁目菊屋幸三郎）慶応三年改正再刻。

も町屋が打ち壊された。打ち壊しの拡大を防ぐため、町会所による救恤措置が行われた。

維新直後の救恤対策

2年後の慶応4年（1868）4月11日、江戸が開城され、5月19日、新政府によって江戸に鎮台府が置かれた。町会所の事務は市政裁判所に引き継がれた[27]。

6月22日、政府から各府県に対し、戦乱・天災による窮民増加に対し、詳細な調査をした上で、適切な救済措置を行うように指示が出された[28]。「一々細詳ニ査点シ」と指示しており、救済対象者を正確に把握することを求めている。

さらに7月18日、政府は各府県に対し、米価騰貴による窮民増加に備え、あらかじめ対策を講じておくように指示を出した。

> 窮民ノ難渋ハ申ニ及バズ。鰥寡孤何ヲ以テ餓死ヲ免レン。民ノ上タルモノ、予メ策ラズンバアラズ。（中略）府県ノ諸役人、此事ニノミ心ヲ尽シ、其支配所、民ロノ多少ニ応ジ、予メ米穀ノ流通ヲ謀リ、鎮津買占等ノ所業ヲ禁ジ、（7月18日法令「第563」春来気候不順ニ付賑恤ノ予図ヲ為サシム）[29]。

と記され、米穀供給・流通に支障が生じないように予防策に尽力し、米価騰貴、餓死者が出る事態を回避するように指示している。

この前日、江戸は東京と改称され、東京府が設置された[30]。市政裁判所は廃止され、市政事務は東京府に引き継がれた。町会所の管理は東京府に移行した。東京府の開庁は9月2日、明治改元は9月8日である。

維新期の町会所

慶応2年に江戸で米価騰貴による大規模な打ち壊しがあり、また維新直後の6月、7月に、新政府から重ねて各府県に対し、米価騰貴、窮民増加への対策要請があった。このような社会状況および政府要請を受けて、東京府は対策として、町会所を通した救済措置の準備に着手したものと推測される。

慶応4年7月付で、鮫河橋谷町の名主「次右衛門」が町会所宛に「其日稼之者」を書き上げた文書を作成している（「其日稼之者人別書上」中央大学図書館所蔵）。さらに9月付で、追加者と除外者を書き上げた文書を作成している。

40　　I部　近世から近代への移行：鮫河橋谷町

町会所は 5 月から新政府の管理下にあった。従って名主「次右衛門」が書き上げた町会所宛の「其日稼之者人別書上」は、新政府管理下にあった町会所宛の文書ということになる。7 月に東京府設置、9 月は開庁の時期にあたる。東京府が町会所を通して救済措置の準備を進めていたことを示す。書上の日付は「慶応四辰年七月」と記され、元号は「慶応」であるが、改元直前かつ行政主体は新政府に移行済みである。以上をふまえ、本書は「其日稼之者人別書上」は、新政府発足直後の維新期の資料として用いる。

　名主「次右衛門」は鮫河橋谷町以外に、他 7 カ町も支配していた。「其日稼之者人別書上」には鮫河橋谷町を含めた 8 カ町の人別が記載されている。本書ではこのうち鮫河橋谷町の書上者を分析の対象とする。

　「其日稼之者」とは町会所による「御救」対象者のことである。過去に実施された御救の際に、「其日稼之者」に該当する者は次のように明確に規定されている。

　　一、棒手振、日雇稼、其日暮之者
　　一、諸職人手間取ニ出、其日之手間賃計ニ而家内扶助候もの
　　一、道心者、修行者ニ而其日稼之もの
　　一、地主之内、場末ニ而纔之住居地面計ニ而上り高も無之、其日稼出、
　　　　纔之徳分計ニ而大勢厄介扶助仕候もの
　　一、家主も場末ニ至候而ハ、金壱歩弐分之給金ニ而相勤、或ハ借屋無代
　　　　計ニ而相勤候ニ付、自分其日稼ニ而家内扶持仕候もの
　　一、表店ニ而見世商ハ致候共、出商仕候もの同様、其日稼之売徳纔ニ而、
　　　　漸一日之雑用ニ相当候類
　　一、出商等、諸職人細工等致候内、其日稼之もの(31)

その日暮らしを余儀なくされる儲けの少ない生業に従事している人々が対象である。具体的に挙げられているのは、棒手振、日雇稼、道心者、修行者、各職人の手間取・細工仕事、見世をもたない出商である。他に表店に見世はあるが儲けが少ない商人、地主、家主の収入が乏しい者も対象に入っている。

鮫河橋谷町の社会的構成

　慶応 4 年は江戸が開城したとはいえ、抵抗する会津藩を奥羽越列藩同盟が支援し、8 月に新政府軍による会津藩への攻撃が始まった。9 月、会津藩は降伏した。天皇は東京行幸を行い、10 月に江戸城へ到着した。戊辰の動

2 章　近世の鮫河橋：伊賀者の拝領地　41

乱が未だ治まらないこの時期、鮫河橋谷町に住んでいたのはどのような人々であろうか。

図表 2-11 は鮫河橋谷町の「其日稼之者」該当者である。居住者すべてではないが、店借層の大半は書上げられていたと推測される。書上げられている店数は 32 で、505 家、合計 1599 名が記載されている。

図表 2-12 は各家の同居人数で、平均同居人数は 3.2 名である。単身居住者が 68 名で、13.5% を占める。同居人数は 2 名ないし 3 名が多く、50.7% を占める。半数以上は少人数世帯である。

図表 2-13 は生業状況である。救済対象になる者の生業は規定されているから、当然のことながら、不安定な生業従事者が多い。おもに零細な職人層、行商的形態の零細商人層などである。職人と商人の割合にさほど偏りはない。職人・商人に該当しない雑業層、すなわち日雇稼、棒手振、賃仕事営が多数を占めている点が特徴的である。

図表 2-14 は「其日稼之者」に御救対象者として記載されている家主の一覧表である。2 つの店を管理している家主が 5 名いるので、「其日稼之者」に対象者として書き上げられている家主の実人数は 20 名である。御救の対象者に書き上げられていない家主が他 2 名いる。また、家主がいなくて五人組の管理下にある「五人組持店」が 5 ある。

家主の職分は商人 14 名、職人 6 名である。雑業（日雇稼、棒手振、賃仕事営）はいない。また、特徴的なのは同居人数である。平均 4.04 名、店借層一般より同居人数が多い。家主層は店借層よりも、生業、家族構成において安定していたことがうかがえる。鮫河橋谷町に比較的長期に居住している人々であると推測される。

慶応 4 年の鮫河橋谷町「其日稼之者」から得られる知見は、町人・店借層は 2 層に大別できることである。一つは家主層のように比較的安定した生業で、同居人数が多い町人層である。またもう一つは雑業層で、日雇稼、棒手振、賃仕事営など生業が不安定な店借層である。鮫河橋谷町の平均同居人数は 3.2 名と小規模であり、かつ雑業層が多いことから、後者の割合が大きな地域であったといえよう。

北原は 8 ヵ町の「其日稼之者人別書上」を分析し、零細な生業に従事する店借層が多いことを指摘している。これは近世江戸の町に共通してみられる傾向で、8 ヵ町に最下層が多かったわけではない、という見解を述べてい

42　　I 部　近世から近代への移行：鮫河橋谷町

図表 2-11　鮫河橋谷町：町会所「其日稼之者」
　　　　　該当者　　　　　　　（慶応 4 年 7 月書上）

店の整理番号	家主名（店名） *、**、***は同名	家数	総人数
1	栄助店	28	65
2	菊五郎店	21	59
3a	久兵衛店*	15	48
4a	権次郎店*	14	58
5a	五人組持店	10	34
6	次郎兵衛店	25	81
7	広兵衛店	14	41
8	忠蔵店	21	69
3b	久兵衛店**	20	72
5b	五人組持店	4	15
9a	庄兵衛店*	10	33
10	金兵衛店	7	33
5c	五人組持店	19	57
11	吉五郎店	8	31
4b	権次郎店**	15	46
12	勇次郎店	15	48
13a	只一郎店	17	55
14a	竹蔵店*	17	58
15	繁五郎店	17	54
16	茂七店	14	46
17	善太郎店	13	47
14b	竹蔵店**	25	76
5d	五人組持店	15	51
18a	久右衛門店*	16	48
19	兼吉店	9	29
5e	五人組持店	13	40
9b	庄兵衛店**	17	49
18b	久右衛門店**	11	30
20	卯平次店	17	50
21	茂太郎店	22	70
22	吉兵衛店	11	33
23a	鉄太郎店	21	62
3c	久兵衛店***	1	3
5f	五人組持店	1	4
13b	只一郎店**	1	2
23b	鉄太郎店**	1	2
総計		505	1599

出典：「其日稼之者人別書上」（中央大学図書館所蔵）より筆者作成。
※505 家＝書上記載の家主 20 家＋店借 485 家

図表 2-12　同居人数

同居人数	該当家数	割合
1 名（単身）	68	13.5%
2 名	131	25.9%
3 名	125	24.8%
4 名	81	16.0%
5 名以上	100	19.8%
合計	505	

出典：「其日稼之者人別書上」
　　　（中央大学図書館所蔵）より
　　　筆者作成。
※1 家当たり平均同居人数＝3.2 名

2 章　近世の鮫河橋：伊賀者の拝領地

図表 2-13　鮫河橋谷町　生業状況 (慶応4年7月書上)

	職名	人数	職名	人数		職名	人数
職人 86名	大工職手間取	28	時物売	21	その他 351名	日雇稼	230
	家根職手間取	10	古道具辻売	16		賃仕事営	59
	左官職手間取	5	肴売	10		棒手振	46
	髪結職手間取	4	油売	7		車力	7
	木具職手間取	3	紙屑売	6		鳶日雇	5
	建具職手間取	3	按摩	5		土方	3
	篩職手間取	3	道心者／道心尼	4		鳶人足	1
	石工職手間取	2	薪売	3	不明 8名	不明	8
	畳職手間取	2	正油売	3			
	鍛冶職手間取	2	煙草売	2	合計		538
	鋳物職手間取	2	小間物売	2			
	大道春手間取	2	売卜	2			
	塗師職手間取	2	植木渡世	1			
	下駄職手間取	2	植木売	1			
	下駄物入	2	炭売	1			
	傘職手間取	2	鎌売	1			
	菓子職手間取	2	荒物売	1			
	瓦師手間取	1	笊売	1			
	指物職手間取	1	糠売	1			
	経師手間取	1	糸綿売	1			
	桶職手間取	1	いも売	1			
	笠細工	1	菓子売	1			
	紺屋職手間取	1	貸物渡世	1			
	張物職手間取	1	小刀研	1			
	綿打職手間取	1					
	仕立職手間取	1					
	鼈甲職手間取	1					

出典：「其日稼之者人別書上」（中央大学図書館所蔵）より筆者作成。

る(32)。

近世「郭外」武家地・町地の社会層

　町会所「御救」は武士を対象としていないので、「其日稼之者人別書上」に武士層は記されていない。鮫河橋谷町が「郭外」武家地における「武家地・町地」併存型であることを踏まえると、維新期（慶応4年）の鮫河橋谷町の社会層は次の3種類に分けることができる。

　1は拝領地に居住していた少数の下層武士層である。「其日稼之者人別書上」には書き上げられていない層である。

図表2-14　鮫河橋谷町　家主の職分

整理番号	家主	職分	同居人数
28	栄助	鼈甲職手間取	3
49	菊五郎	大工職手間取	3
113	次郎兵衛	小間物売	5
127	広兵衛	菓子職手間取	6
168	久兵衛	正油売	9
189	金兵衛	油売	3
216	吉五郎	時物売	4
231	権次郎	糠売	2
246	勇次郎	紙屑売	2
263	只一郎	小間物売	3
280	竹蔵	古道具辻売	5
297	繁五郎	餝職手間取	4
311	茂七	薪売	6
324	善太郎	小刀研	2
381	久右衛門	肴売	7
390	兼吉	○○職手間取	4
420	庄兵衛	油売	3
448	卯平次	大工職手間取	5
470	茂太郎	古道具辻売	5
481	吉兵衛	正油売	8
合計	20名	職人：6名、商人：14名	平均4.04人

出典：「其日稼之者人別書上」（中央大学図書館所蔵）より筆者作成。
※「其日稼之者人別書上」に未記載の家主2名：鉄太郎、忠蔵
※2つの店を管理している家主：5家
　五人組持店：5店
　鮫河橋谷町のなかの店数32＝家主22＋複数管理5＋五人組持店5

　2は家主層のように安定した生活構造を維持していた町人層である。零細な商人・職人層に該当するが、生業は比較的安定していたと推測される。同居人数は店借層より多く定住傾向をもち、地借層と安定した関係を維持して家主の職責をはたすことができる層である。「其日稼之者人別書上」に記載されている者、対象者として書き上げられていない者の両方を含む。

　3は雑業層で不安定な生業に従事する店借層である。大部分は「其日稼之者人別書上」に記載されていたと推測される。同居人数は少なく、流動性が高い人々であったと考えられる。

　以上のように「武家地・町地」併存型である鮫河橋谷町は、武士層、比較的安定していた町人層、流動性の高い店借層の3種類の社会層が混在して

いた地域であったと考えられる。

　鮫河橋谷町の固有の条件に則して、3種類の社会層混在地域になったプロセスをまとめておこう。重要な要因の一つは、土地の「地形的」条件である。鮫河橋谷町は窪地、谷間である。この地理的特徴は時代を経ても変わらない。低湿地であり、居住には適さない。不利な土地条件である。

　上層武士層は高台に居住することを好み、低湿地に居住することを避けた。結果的に低湿地を拝領し居住するようになったのは下層武士層である。

　下層武士層は生計費が不充分であるため、拝領地を転貸した。転貸は恒常的で、下層武士層も大半はこの土地から転出し、別地に居住した。しかし武家地であるため、「土地用途」は制約されている。資本力がある上層町人層は流入しない。結果的に集積したのは、中下層の町人層と店借層である。御救の対象となる水準の層であった。

　以上のように、近世期「鮫河橋谷町」の地域特性は、「武士層、町人層のいずれにおいても上層がいない」ことである。地域特性に影響した要因として、「地理・地形的要因（低湿地）」と「土地利用の制約（武家地であることによる制約）」の2つを挙げることができる。谷間・低湿地という地形条件は「自然」に由来する。土地利用の制約は政治・社会的条件に由来する。政治・社会的条件は長期的には変化する。一方、地形的不利条件は時代を経ても変わらない。

　近世期、武士層・町人層のいずれにおいても、鮫河橋谷町に上層はいなかった。町として成立していたが、町運営にあたる中核層の経済的基盤は安定していたとはいえない。幕府の支配構造で規定された町運営を実行する層は存在していたが、中核層の存立基盤は脆弱であったといえよう。地域社会の存続に責任をもち、継続的に関わることが可能な安定した経済的基盤を有する社会層・集団が不在、端的にいうと安定した地付層がいないことが近世期「鮫河橋谷町」の特徴だったと考えられる。

---3章---

明治初期の鮫河橋

3-1　明治初年の鮫河橋

新政府の町地管理

　慶応4年（1868）7月17日、東京府が設置され、9月2日に開庁、9月8日に明治に改元された。武家地に関して、東京府設置前の7月6日に市政裁判所から拝領地の上地命令が出た。武家地は事実上、新政府による無償没収の扱いになった。のち、「拝借地規定」に則して政府から拝借許可を得れば、規定された武家地に関しては、従前の拝借人が継続使用が可能になった。東京府の武家地・町地・寺社地の類別は明治4年（1871）12月まで存続した[1]。

　町地については、明治2年（1869）3月10日に名主制が廃止された。翌3月11日、東京府は「中年寄・添年寄」を任命することを公示した[2]。続いて3月16日、東京府の町地を50の番組（行政区）に区分すること、各番組に「中年寄」1名、「添年寄」1名をおくことを公示した。つまり、町地の運営は、東京府—各番組「中年寄・添年寄」—五人組という支配系統に改編し、番組単位で「町用取扱所」を管理し、従前の町入用、町運営を踏襲する方針を示したのである[3]。

　続いて5月17日、武家地に関する太政官布告を発したが、そのなかで「郭外」武家地に関して次のような指示を出した。

　　一　郭外ニテ、町地ニ可相成武士地ハ、屋敷改ニテ取調可申立事、但町地ニ相

成候上ハ、都テ町並ノ通、尤武士地ヘ住居可相済身分ノモノモ、住居相免シ、
地税町入用トモ、為差出可申事[4]

「郭外」の「武家地・町地」併存地について、町入用および地税を納付する
ことを条件に、町地として取り扱うことを認めたのである。

6月8日には、町入用について表間口の間数（小間）を基準にした徴収額
（聞小間）を定めた。町地に編入された経緯に関係なく、町地であれば一律
の徴収基準が適用されることになった[5]。

明治初期に町地・武家地に関して、以上のような管理方法が示され、鮫河
橋谷町は「50番組」制では「二十四番組」に属する「町」として位置づけ
られた。地主は聞小間を基準に町入用など諸費用を納入することになってい
た。

「二十四番組」の「中年寄」は深野長兵衛、「添年寄」は島田次右衛門であ
る。「二十四番組」は31カ町で編成されていた。内訳は、「四谷」17カ町、
「麹町」3カ町、「市ヶ谷」4カ町、「元鮫河橋」4カ町、「鮫河橋谷町」「権田
原三軒家町」「富久町」である。明治2年3月16日、番組編成の公示日に
おける「二十四番組」戸数は3643戸、人口は1万3698名である（男性
7076名、女性6622名）[6]。

鮫河橋への影響

明治2年12月、「二十四番組」の「中年寄」深野長兵衛、「添年寄」島田
次右衛門は連名で、東京府消防掛に消防組を合併する申請を提出した。合併
理由は鮫河橋一帯の町々の衰微が激しく、当該地域の町入用でこれまでの消
防組を維持することは難しいため、他組との合併を認めてもらう申請である。

「町火消五番組之内、け組をく組ヘ合併の件」

町火消五番組之内、け組之件者、鮫河橋町々一円而衰微仕、地所等明地多々相
成、地主一同難渋罷在、当節漸人足も正人数九人而、何ら壱組難相立候、当け
組相廃、同人数高を以、く組江、合併致し、消防道具、人足、給金半々、其外
は、右組合惣小間被刻合、出銀候は異同無く、入用高も相減り、（後略）　巳十
二月　右組年寄、深野長兵衛・島田次右衛門[7]

「町火消」五番組の中の「け組」を「く組」に合併させる意向を述べている。
消防道具、人足数、人足費用は両組折半であるが、その他の費用はそれぞれ
の組の小間数合計の割合に則して、負担割合を決める方針である。鮫河橋一

帯は寂れて空き家が増え、店賃収入は減り、地主層の経済的打撃が大きいと
述べている。

深野・島田が担当していた「二十四番組」の範域とは、おおまかに言うと、
四谷、市ヶ谷、麹町、鮫河橋、青山の一部である。これらの地域のなかでと
くに鮫河橋一帯の地主層の弱体化が顕著であったことがわかる。

近世に鮫河橋谷町は、3層の社会層（武士層、町人層、流動性の高い店借
層）から成る地域であった。明治2年、武士層の存立基盤は瓦解していた。
空き店が多いと述べられているので、店借層の流入も活発とはいえない状況
がうかがえる。維新期の社会変動の影響を受け、町人層は経済的に弱体化し
ていた。

地域社会の存続に、中核層の存在は重要である。鮫河橋では地域社会の維
持に責任を持てる安定した経済的基盤の中核層・地付層がいない状況であっ
たといえよう。

3-2　第三大区十一小区の社会層

大区小区制と基本資料

明治4年4月4日、「戸籍ノ法」が公布された（太政官布告第170号）。
戸籍作成にあたって、あらかじめ適当な規模の大区小区に区分し、戸籍を編
成することが指示された（「戸籍ノ法」第三則）。

同年7月に廃藩置県、11月13日に改めて東京府が設置された。東京府内
で大区小区が画定したのは11月末である。明治4～11年（1871～78）にお
ける東京府の行政制度は大区小区制である。鮫河橋谷町1～2丁目は東京府
第三大区十一小区に属することになった（図表3-1）。十一小区は鮫河橋谷
町1～2丁目を含む14町丁目で構成されていた（図表3-2）。

東京府では明治4年11月末以降、画定された大区小区に則して、本籍人
口の戸籍表、職分表の作成、寄留人口の把握が進められた。明治5年になる
と、地価の算出作業、続いて地券発行が開始した。行政制度の整備と並行
して各種の統計資料が作成された。第三大区十一小区に関して、次の3時
点の統計資料が活用可能である。

1　明治5年（1872）「人口」：十一小区本籍人口、寄留人口（族籍別戸数、
　　男女別人口数）

図表 3-1　東京府大区小区部分図

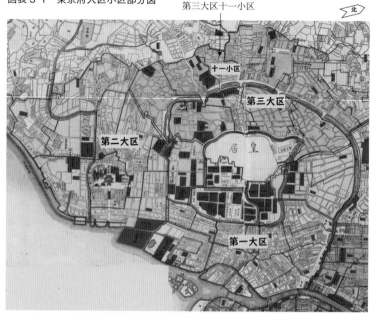

出典：「銅版 東京区分絵図」明治 8 年（1875）宝梓堂刊を筆者加工。
（日本地図センターより原版画像を筆者購入・画像所蔵）

　　　出典：東京都公文書館資料：『東京府志料』巻 48「第三大区十一小
　　　　　区志」。
　　　『東京府志料』「凡例」（東京都公文書館所蔵）に、記載した「人口」
　　　は明治 5 年時点の数値であることが明記されている。
２　明治 6 年（1873）2 月：十一小区の寄留人口と職分構成
　　　出典：東京都公文書館資料：戸籍掛「明治六年一月調、朱引内外入
　　　　　寄留総計」。
　　　書上者：第三大区十一小区戸長 3 名連記（深野好信、柴田範矩、
　　　　　津田彦十郎）
　　　書上日：原資料に、書上日が明治 6 年 2 月と明記されている。
３　明治 8 年（1875）1 月：十一小区の本籍人口「戸籍表」「職分表」
　　　出典：東京都公文書館資料：東京府「朱引内外戸籍職分両総計」明
　　　　　治八年。

50　　Ⅰ部　近世から近代への移行：鮫河橋谷町

図表 3-2　第三大区十一小区　町丁目名

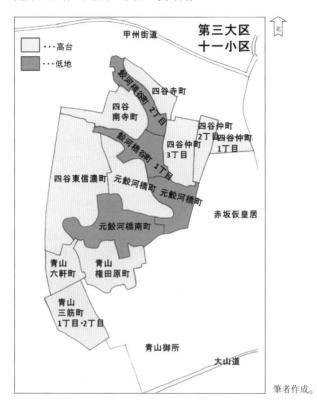

筆者作成。

　　書上者：第三大区十一小区戸長3名連記（柴田範矩、津田彦十郎、森保重）

　　書上日：原資料に、書上日が明治8年1月と明記されている。

上記の『東京府志料』編纂の経緯を概述しておこう。陸軍省は全国各府県の地理・図誌の編輯を企画し、明治5年に陸軍省布告を発して、各府県に誌料の提出を求めた。これを受けて、明治5年に東京府は編纂に着手し、『東京府志料』としてまとめた。『東京府志料』は各町丁目について「地勢」を記している。図表3-3は十一小区の14町丁目について『東京府志料』に記載されている内容である。地形的特徴は2種類に類別できる。「高台・高燥平坦」と「崖下・卑湿」である。「四谷」「青山」地域は高台・高燥平坦であ

図表 3-3　第三大区十一小区（14 町）の地形的特徴

	町丁目	『東京府志料』記載内容
四谷	四谷仲町 1 丁目	高燥平坦
	四谷仲町 2 丁目	高燥平坦
	四谷仲町 3 丁目	高燥平坦
	四谷東信濃町	高燥平坦
	四谷寺町	高台
	四谷南寺町	高燥
鮫河橋	鮫河橋谷町 1 丁目	崖下、卑湿
	鮫河橋谷町 2 丁目	崖下、卑湿
	元鮫河橋町	卑湿
	元鮫河橋南町	卑湿
青山	青山六軒町	高燥平坦
	青山権田原町	高燥平坦
	青山三筋町 1 丁目	高台
	青山三筋町 2 丁目	高燥平坦

出典：東京都公文書館資料：『東京府志料』巻 48「第三大区十一小区志」より筆
者作成。

る。「鮫河橋」地域は崖下・卑湿に当たる。地形条件は時代を経ても変わら
ない。

　上記の 3 資料に基づくと、明治 5〜8 年（1872〜75）における十一小区
（鮫河橋谷町 1〜2 丁目を含む 14 町丁目）の概況は次のようであったことが
わかる。

十一小区の概況

　図表 3-4 に示したように、明治 8 年 1 月の十一区の本籍戸数は 1112 戸、
本籍人口は 3511 人、寄留戸数は 183 戸である。

　明治 5 年から明治 8 年までの推移をたどると、本籍戸数は 33 戸増加した。
しかし、人口数は 171 人減少した。人口数は減ったが、戸数は増加したの
で、本籍人口として転入し籍を移したのは、単身者または少人数世帯であろ
う。

　寄留人口は、一時的な公用・私用、修行、奉公などの理由に基づき、本籍
の行政庁が発行した鑑札を寄留先の行政庁に提出して、寄留先の鑑札の交付
を受けた戸数・人口数である（「戸籍ノ法」第十二則、第十三則）。寄留人口
数は明治 5 年から 6 年までの間に男性 59 名が増加した。また、寄留戸数は

52　　Ⅰ部　近世から近代への移行：鮫河橋谷町

図表 3-4　第三大区十一小区：3 時点の比較

	本籍人口				寄留人口			
	戸数	人口数			寄留戸数	寄留人口数		
		合計	男	女		合計	男	女
明治 5 年	1079	3682	1890	1792	124	474	284	190
明治 6 年 2 月						532	343	189
明治 8 年 1 月	1112	3511	1809	1702	183			

出典：明治 5 年は、東京都公文書館資料：『東京府志料』巻 48「第三大区十一小区志」より筆者作成。
　　　明治 6 年は、東京都公文書館資料：「明治六年一月調、朱引内外入寄留総計」戸籍掛（604-B7-3）より筆者作成。
　　　明治 8 年は、東京都公文書館資料：「朱引内外戸籍職分両総計」明治八年、東京府（604-B7-5）より筆者作成。

明治 5 年から 8 年までの間に 59 戸増加した。寄留者として流入したのは単身男性が中心だったと推測される。

　図表 3-5 は明治 5 年「本籍人口」と「寄留人口」について、各町丁目の族籍別戸数、男女別人口数を示したものである。「本籍人口」族籍別戸数に基づくと、十一小区は次の 3 種類に類別できる。「士族多数地域」「僧侶多数地域」「平民集積地域」である。

　図表 3-6 に整理したように、本籍戸数「士族多数地域」は寄留戸数「士族多数地域」でもある。高燥平坦・高台の「四谷」「青山」が該当する。つまり、近世に武家地が集積していた「四谷」「青山」は維新後も士族層の居住割合が高い。旧幕以来の特徴が持続している。

士族の社会移動

　士族の寄留人口が多い点について、幕政期に武家地が多かった芝地区（のち赤坂区、戦後は港区）でも同様の傾向がみられた。この点について『新修港区史』は、維新後に旧幕臣が徳川宗家に従って静岡藩その他へ転出したり、旧武士層が他地へ転出したが、生計手段を求めて居住経験がある東京へ転入・流入してきたと解説している[8]。

　十一小区の「四谷」「青山」も同様の理由に拠ると思われる。つまり、明治 5〜8 年は、士族が生計手段を模索し、流動が続いていたこと、すなわち士族層の社会移動が激しい状況が続いていたことを読み取ることができる。

3 章　明治初期の鮫河橋　　53

図表3-5　第三大区十一小区（14町）の居住者の構成（本籍人口、寄留人口）（明治5年）

区域	町丁目	本籍人口								寄留人口							
		戸数	族籍別戸数				人口数			寄留戸数	族籍別寄留戸数				寄留人口数		
		（戸）	華族	士族	僧侶	平民	（人）	男	女	（戸）	華族	士族	僧侶	平民	（人）	男	女
四谷	四谷仲町1丁目	30		23		7	126	65	61	22		21		1	93	41	52
	四谷仲町2丁目	123		51		72	371	200	171	24		21		3	76	41	35
	四谷仲町3丁目	45		37		8	173	87	86	13		13			54	28	26
	四谷東信濃町	14	1	9		4	42	16	26	10		10			39	22	17
	四谷寺町	49		2	8	39	144	75	69	7		5	2		20	10	10
	四谷南寺町	24		5	13	6	81	47	34	7		7			12	7	5
鮫河橋	鮫河橋谷町1丁目	166		13	2	151	587	309	278	30	2		1	27	114	95	19
	鮫河橋谷町2丁目	216		8	3	205	658	350	308								
	元鮫河橋町	175		37	2	136	630	299	331	9		4		5	31	18	13
	元鮫河橋南町	118		16	7	95	389	213	176								
青山	青山六軒町	20		11		9	77	37	40	3		3			8	5	3
	青山権田原町	30		25		5	131	62	69	4		4			14	9	5
	青山三筋町1丁目	18		17		1	95	42	53	2		2			4	3	1
	青山三筋町2丁目	51		28		23	178	88	90	3		3			9	5	4
	合計	1079	1	282	35	761	3682	1890	1792	124	2	93	3	36	474	284	190

出典：東京都公文書館資料：『東京府志料』巻48「第三大区十一小区志」より筆者作成。

図表 3-6　第三大区十一小区（14 町）の地勢と居住者の特徴（明治 5 年）

区域	町丁目	地形的特徴	本籍人口の特徴	寄留人口の特徴
四谷	四谷仲町 1 丁目 四谷仲町 2 丁目 四谷仲町 3 丁目 四谷東信濃町 四谷寺町 四谷南寺町	高燥平坦・高台	士族戸数が多い 僧侶が多い	寄留戸数はすべて士族
鮫河橋	鮫河橋谷町 1 丁目 鮫河橋谷町 2 丁目 元鮫河橋町 元鮫河橋南町	崖下、卑湿	平民戸数が多い	寄留戸数に士族はいない。寄留者の 83％ は男性
青山	青山六軒町 青山権田原町 青山三筋町 1 丁目 青山三筋町 2 丁目	高燥平坦・高台	士族戸数が多い	寄留戸数はすべて士族

出典：東京都公文書館所蔵：『東京府志料』巻 48「第三大区十一小区志」より筆者作成。

　そのような社会状況を示す次のような資料がある。明治 6 年 1 月、東京府の士族近藤信発（38 歳）は東京府に「家塾開業願」を提出した[9]。開業地は「東京府第三大区十一小区鮫河橋谷町二丁目八番地」で「生形春利」の所有地を借地する計画である。「筆道」の家塾を開き、読み書きを教える。就学時間は午前 7 時から午後 2 時まで、「十」のつく日は休みである。

　また、明治 8 年 4 月 19 日、「鮫河橋谷町一丁目三十番地」の「東京府士族金子捨蔵」は東京府に「家禄奉還」を届け出て「御添翰願」を申請した[10]。士族授産を促進するため、政府は明治 6 年に「産業資本ノ為メ官林荒蕪地払下規則」を制定した。家禄奉還を申し出た士族に官林荒蕪地を半額で払い下げることを定めた制度である。金子は埼玉県に官林荒蕪地の払下げを得る目途がたったので、東京府に家禄奉還を申し出、添状発行を申請したのである。

　以上のように、明治 6〜8 年、「鮫河橋」に関わりがある士族たちが生計手段を試行していたことを知ることができる。四谷・青山に寄留士族が多かったのはそのような士族たちの状況を反映したものであろう。

3 章　明治初期の鮫河橋　　55

図表 3-7　職分の集計項目

明治 4 年	明治 5 年	
戸籍ノ法	戸籍ノ法	
第四則	改正（明治 5 年 1 月 23 日太政官布告第 4 号）	
第二号区内 職分表式	本籍人口 職分総計書式	寄留総計書式
官員 兵隊 華族 士族 卒 祠官 僧侶 農 工 商 雑業	官員 神官 兵隊 従者 皇学 支那学 英学 仏学 兵学 医術 武術 算術 農 工 商 雑業 雇人	官員 神官 華族 士族 卒 兵隊 僧 従者 皇学 支那学 英学 仏学 兵学 医術 武術 算術 筆学 尼 農 工 商 雑業 雇人 修行人 囚獄 徒刑

出典：明治 4 年は「戸籍ノ法」より筆者作成。
　　　明治 5 年は［内閣統計局 1913：16-19］より筆者作成。

職分の構成

　図表 3-7 は「戸籍ノ法」に基づき、職分表を作成する際の集計項目である。明治 4 年に公示された職分表式は族籍と職分が混在していた。明治 5 年 1 月 23 日の太政官布告第 4 号で集計項目が改正され、本籍人口は族籍と職分を分けた集計方法に変わった。寄留人口は族籍の一部と職分が混在した

56　　　I 部　近世から近代への移行：鮫河橋谷町

図表 3-8　十一小区　族籍人口

(明治8年1月書上)

族籍	人数
華族	6
士族	994
平民	2458
僧	53
総計	3511

出典：東京都公文書館資料：「朱引内外戸籍
　　　職分両総計」明治八年、東京府（604-
　　　B7-5）より筆者作成。

図表 3-9　十一小区本籍戸数　職分構成

(明治8年1月書上)

職分	人数	職業構成	比率
官員	11	公務	0.9%
医術	1	学術・教育	0.3%
筆学	2	農業	0.2%
農	2	工業	7.6%
工	91	商業	8.7%
商	103	雑業	77.4%
雑業	916	雇人	4.9%
雇人	58		
合計	1183		

出典：東京都公文書館資料：「朱引内外戸籍
　　　職分両総計」明治八年、東京府（604-
　　　B7-5）より筆者作成。

図表 3-10　十一小区：寄留者の職分概況（明治6年2月）

	人数	男性	女性
寄留者（内訳）	532	343	189
官員	35	35	
士族	128	128	
卒	1	1	
英学	1	1	
医術	1	1	
筆学	1	1	
工	9	9	
商	7	3	4
雑業	36	25	11
雇人	94	84	10
修行人	21	21	
他（無職含む）	198	34	164

出典：東京都公文書館資料：戸籍掛、「明治六年一月調、朱引内外入寄
　　　留総計」（604-B7-3）より筆者作成。

集計方法が持続した[11]。

　この集計方法に基づいて集計された明治8年の十一小区の概況は次の通
りである。図表 3-8 は本籍人口の族籍である。70% が平民である。図表 3-
9 は本籍戸数の職分表である。十一小区総人口 3511 名の 33.7% に当たる
1183 名の職分が把握されている。雑業が 77.4% を占める。明治8年時点の

3章　明治初期の鮫河橋　　57

十一小区は平民が7割を占め、雑業層が多い地域である。

　図表3-10は明治6年2月時点の寄留者の職分である。族籍と職分が混在して集計されている。寄留男性「士族」が128名で突出している。士族には家禄・賞典禄が支給されていた。このほか寄留男性「雇人」84名、「官員」35名である。「雑業」は25名で多いわけではない。当時、寄留は鑑札を必要とし、目的を明確にして交付されるため、流入は管理された状況にあったといえよう。寄留女性に「他（無職を含む）」164名とあるが、おそらく寄留男性「官員」「士族」の妻子等であろう。寄留「官員」「士族」の大半は世帯で居住していたと推測される。

　図表3-5の明治5年、町丁目別「寄留戸数」「寄留人口数」を参照すると、士族以外で寄留男性が多いのは鮫河橋谷町1丁目である。寄留女性数は多くないので、単身寄留男性中心だったと推測される。

　以上のように、寄留人口は「四谷」「青山」は士族中心、鮫河橋谷町1丁目は平民「寄留男性」中心である。鮫河橋谷町1丁目は、単身の寄留男性、雇人などの職分にある男性が流入しやすい環境だったと考えられる。低家賃の貸間を借りることが容易だったのかもしれない。

3-3　鮫河橋谷町の地価算定

旧武家地の地価

　維新後、東京、大阪、京都の三都は地租が免除されていた。公平な租税を課すため、明治4年12月27日、太政官布告によって、東京府では武家地・町地の類別を廃し、地券発行、地租徴収の制度化を進めることが公示された[12]。

　これを受けて、明治5年1月、大蔵省は東京府に対し、「地券発行地租収納規則」を布達した。しかし、従来地価がない武家地の地価算出方法について、具体的には示されていなかった。算出方法が決まるまで紆余曲折があった。町地は沽券地として取引されていたことから地価算出が可能である。そこで各小区内の旧町地の新地券高を基準にすることになった。各小区内の旧町地の新地券高の平均値を出し、その10分の1の額を旧武家地の地価とした。明治5年8月にこの算出方法が決定した[13]。

　このような経過で、東京府市街地の各地番について、地籍、地価、所有者

図表3-11 鮫河橋谷町1丁目・2丁目 地番地図

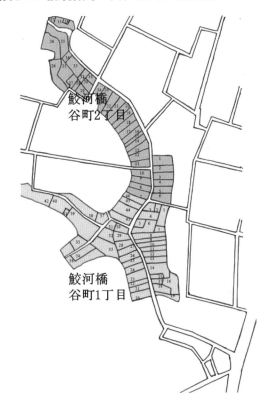

出典：[不二出版復刻 2011]「第20図（四谷区）谷町1丁目・2丁目」
をもとに筆者作成。

名を記載した沽券図が作成された。作成部署は東京府地券課、作成時期は明治6年である[14]。第三大区十一小区について、東京都公文書館に「第三大区沽券地図」が所蔵されており[15]、活用可能である。本書ではこれを「明治6年第三大区沽券地図」と表記する。

地価確定と地租

「明治6年第三大区沽券地図」記載の大区小区制地番を、明治11年（1878）四谷区設置後の地番に読み替え、地図上に表記したのが図表3-11である。明治6年時点の所有者名、地籍、地価を「明治6年第三大区沽券

3章 明治初期の鮫河橋 59

地図」から拾い上げ、読み替えた地番に合わせて整理したものが図表 3-12 である。このように整理しておくことによって、明治 6 年時点の地権者の構成と、のちの地権者の構成（昭和 7 年時点での地権者一覧、後述）を比較することが可能になる。

地租に関して東京府では、明治 5 年 1 月大蔵省「地券発行地租収納規則」に従い、地価の「百分ノ二」（2%）と定めた。しかし、府民から反対が起きたことから、明治 5 年 6 月に地価 1% に改められた[16]。地租の賦課額が定まったことから、明治 5 年後半から地租賦課が開始した[17]。東京府市街地の地価確定作業は明治 5〜6 年に進められ、6 年末までに概ね終了した[18]。なお東京府の地租賦課額は、明治 8 年に他郡村の地租と同基準の 3% に改められた[19]。

3-4　近世救恤制度の解体

会議所附属地

図表 3-12 の地権者一覧に「会議所附属地」という表記が散見される。「会議所」とは東京会議所のことである。町会所のことは既述したが、明治 5 年に町会所は廃止され、その積金・資産を引き継いで東京営繕会議所が設立された。ほどなくして東京会議所に改称された（後述）。会議所附属地とは「東京会議所の所有地」という意味である。町会所から東京会議所への移行経過を概述しておこう。

町会所の廃止

幕政期に町会所が七分積金を財源に「囲籾」「窮民救済」「貸付」の 3 事業を行っていたことは既述した通りである。維新後、町会所は市政裁判所の所管になった。東京府が設置されると、府の所管に移った。積金拠出を一時中断したことがあったが再開し、地主による積金拠出は明治 3 年（1870）12 月まで続いた。この間、町会所は「窮民救済」事業を従前同様に継続し、町会所の機能は維持された[20]。

町会所が幕政期に実施していた「貸付」事業のなかに「拝領地貸付」があったことは既述した通りである。武家地の拝領人が返済不能に陥った場合、町会所は該当地所を没収して、長屋経営など貸付金の回収に努め、完済まで

60　　I 部　近世から近代への移行：鮫河橋谷町

図表 3-12　鮫河橋谷町 1 丁目・2 丁目　地権者一覧（明治 6 年）

町丁目	地番	地権者名	地租	面積			
四谷区	昭和 7 年地番		円	坪	合	勺	才
鮫河橋谷町 1 丁目	1	黒板竹蔵	4	125			
	2	秋山熊五郎	2	43			
	3	増田正保	4	100			
	4	山田惟昌	7	140			
	5　5/6/7-1	井野忠義	4	98			
	6　5/6/7-2	黒板竹蔵	13	420			
	7						
	8	松尾常徳	6	150			
	9	高橋長治	6	150			
	10	高谷利及	6	173			
	11	森野忠道	5	138			
	12	松沢吉正	5	134			
	13	黒板竹蔵	4	151			
	14	川村経久	6	165			
	15　15-1	浅井梅吉	1	25			
	15-2	浅井梅吉	1	27			
	16	小林元幸	2	56			
	17	鈴木立治	6	155			
	18	山崎清照	6	150			
	19	森嘉達	4	110			
	20	会議所附属地	6	156	8		
	21	黒板竹蔵	5	86	4	6	9
	22	滝沢スミ	5	86	4	5	
	23	滝沢スミ	10	165	5	5	
	24	会議所附属地	6	162	4	5	5
	25	酒井金兵ヱ	9	144	8	0	5
	26	会議所附属地	3	168			
	27	滝沢スミ	20	146	5		
	28	黒板竹蔵	9	145	1	3	6
	29	安藤眞○	12	188	4	1	6
	30	会議所附属地	5	139	5		
	31	寺社付属地	寺社地				
	32						
	33						
	34　34-1	円応寺	寺社地				
	34-2						
	35　35-1						
	35-2						
	36　36-1						
	36-2						
	36-3						
	37	寺社付属地	寺社地				
	38						

3 章　明治初期の鮫河橋　61

	39	39-1	法善寺道	5	124	8	7	5
		39-2						
	40			5	140			
	41							
	42	42-1	陽光寺跡	寺社地				
		42-2						
	43	43-1	秋山熊五郎	11	164	0	8	5
		43-2						
	44	44-1	黒板竹蔵	10	151	2	2	
		44-2						
		44-3						
	45		会議所附属地	6	161			
	46		高橋勇次郎	9	139	5	6	9
鮫河橋谷町2丁目	1		生方春利	5	130			
	2		黒板竹蔵	8	275			
	3		竹内賢佐	6	150			
	4		内藤秀信	7	166			
	5		池田忠政	5	140			
	6		土田谷五郎	1	22			
	7		渡辺子之助	9	142	3	4	6
	8	8-1	会議所附属地	5	138	6	6	5
		8-2						
		8-3						
		8-4						
	9		中島久兵ヱ	10	148	3	6	9
	10		深沢為勝	20	132	5		
	11		滝沢スミ	10	139	3	1	2
	12		中田要太郎	12	176	2	3	
	13		中島久兵ヱ	11	154	2	7	3
	14		会議所附属地	6	163	0	3	3
	15		道路敷					
	16		黒板竹蔵	11	176	5		
	17		杉内早功	15	156	8		
	18		山口宗徳	15	154			
	19		会議所附属地	6	179	6	6	5
	20		酒井金兵ヱ	12	188	5		
	21		会議所附属地	6	194	2	0	8
	22		会議所附属地	6	190	6	1	6
	23		会議所附属地	6	188	7	0	9
	24		難波伊助	150	134	5		
	25		妙行寺	寺社地				
	26							
	27							
	28		谷田院	寺社地				
	29	29-1						
		29-2						

30	30-1	相沢姿止	4	96	
	30-2				
31	31-1	小泉忠兵エ	4	103	
	31-2	山崎孝辰	3	91	
32		金沢忠五郎	20	168	
33		金沢忠五郎	15	70	5
34		日宗寺	寺社地		
35	35-1				
	35-3				
36					
37					
38					

出典：［不二出版復刻 2011］「第 20 図（四谷区）谷町 1 丁目・2 丁目」をもとに筆者作成。
1912 年地籍地図書き込み出典：［東京市区調査会 1912］

町会所の「預地」になった。維新後、慶応 4 年 7 月 6 日、拝領地について上地命令が出された。貸付金未回収の預地も上地の対象になった。政府は収納したが、返済未納の負債がある土地は流地とし、町会所に引き渡した。預地だった土地は、町会所の所有地になったのである[21]。

　維新後も続いた町会所の積金拠出は地主にとって重い負担になっていた。東京府は明治 3 年 12 月に積金中止を指示した[22]。明治 4 年 7 月 14 日、廃藩置県によって各藩で行われていた窮民救済事業の基盤がなくなった。そのため新政府は 11 月 27 日に災害時の救済を目的にした「窮民救助一時規則」を定めた[23]。町会所の災害時「窮民救済」はこれとほぼ同様の内容であるため、町会所は明治 5 年 5 月 29 日に廃止された。

東京会議所の設立

　町会所が備蓄してきた積金・資産は江戸以来の民間共有財産であることから、管理方法が検討された。明治 5 年 8 月、民間組織として東京営繕会議所が設立された。「営繕」とは道路改修工事などである。当時、東京府は民間に費用を負担させて道路改修を進める予定であった。民間に余力がない状況であるため、東京府民の生活向上に資するという名目で、町会所の積金を営繕に投入する方針を立てた。

　東京を拠点とし、政府や東京府の財政に関与している金融・実業者数名が民間を代表して、東京営繕会議所の「頭取」「掛り」を務めることになった。道路改修以外にも、共有資産を府民に有益な事業に活用することになった。

3 章　明治初期の鮫河橋　　63

「営繕」の語を削除し、明治5年10月、「東京会議所」に改称し、実業教育、墓地運営、養育院運営が行われるようになった。このようないきさつで町会所の積金・資産は東京営繕会議所を経て、東京会議所に引継がれた[24]。東京会議所が引継いだ地所、すなわち「会議所附属地」には明治6年7月から新地券が発行され、地価に応じて地租を納入することになった。東京会議所の財政状況が厳しいため、東京府は会議所附属地を売却することを認めた[25]。

会議所と養育院

近世に町会所が開設された目的は、民間の拠出金で救済事業を実行するためであった。後継機関である東京会議所が担う救済事業は養育院の運営のみになった。養育院事業に着手したいきさつは次のようであった。

明治5年10月、ロシア皇子アレクセイが来日した。このとき東京府の要請で、東京会議所は府内の窮民・浮浪者を本郷の旧金沢藩邸にあった空長屋に臨時収容した。数日後、浅草溜に収容場所を移した。一連の収容作業に要した費用、収容者の飲食費は積金から支出した。11月、会議所は上野護国院の建物を購入、修理して養育院設置を計画した。明治6年2月、窮民男女140人が浅草から上野に移った。規則を定め、授産事業などが行われた[26]。

以上のように東京府の要請で最貧層を救済したのが養育院の始まりである。創設は明治5年10月で、明治9年（1876）5月まで東京会議所の資金で運営された。その後、東京府が所管するようになった[27]。この間、明治7年11月に渋沢栄一が東京会議所共有金取締に任命され、同時に養育院事務掌理になった。これ以降、渋沢は養育院の事業に長く携わることになった[28]。東京会議所は明治10年（1877）2月に解散した。会議所附属地は売却されることになり、明治14年（1881）に売却は完了した[29]。

3-5　鮫河橋谷町の土地所有者

鮫河橋谷町の地権者

図表3-13に基づくと、鮫河橋谷町1丁目・2丁目に11筆の「会議所附属地」がある。鮫河橋は旧武家地であったが、町会所から「貸付金」を借り、

図表3-13　複数地所所有者（鮫河橋谷町1丁目・2丁目）（明治6年）

町丁目	地番	地権者名	地租	面積				筆数
四谷区			円	坪	合	勺	才	
鮫河橋谷町1丁目	20	会議所附属地	6	156	8			11筆
鮫河橋谷町1丁目	24	会議所附属地	6	162	4	5	5	
鮫河橋谷町1丁目	26	会議所附属地	3	168				
鮫河橋谷町1丁目	30	会議所附属地	5	139	5			
鮫河橋谷町1丁目	45	会議所附属地	6	161				
鮫河橋谷町2丁目	19	会議所附属地	6	179	6	6	5	
鮫河橋谷町2丁目	21	会議所附属地	6	194	2	0	8	
鮫河橋谷町2丁目	22	会議所附属地	6	190	6	1	6	
鮫河橋谷町2丁目	23	会議所附属地	6	188	7	0	9	
鮫河橋谷町2丁目	8	会議所附属地	5	138	6	6	5	
鮫河橋谷町2丁目	14	会議所附属地	6	163	0	3	3	
鮫河橋谷町1丁目	1	黒板竹蔵	4	125				8筆
鮫河橋谷町1丁目	6	黒板竹蔵	13	420				
鮫河橋谷町1丁目	13	黒板竹蔵	4	151				
鮫河橋谷町1丁目	21	黒板竹蔵	5	86	4	6	9	
鮫河橋谷町1丁目	28	黒板竹蔵	9	145	1	3	6	
鮫河橋谷町1丁目	44	黒板竹蔵	10	151	2	2		
鮫河橋谷町2丁目	2	黒板竹蔵	8	275				
鮫河橋谷町2丁目	16	黒板竹蔵	11	176	5			
鮫河橋谷町1丁目	22	滝沢スミ	5	86	4	5		4筆
鮫河橋谷町1丁目	23	滝沢スミ	10	165	5	5		
鮫河橋谷町1丁目	27	滝沢スミ	20	146	5			
鮫河橋谷町2丁目	11	滝沢スミ	10	139	3	1	2	
鮫河橋谷町1丁目	2	秋山熊五郎	2	43				2筆
鮫河橋谷町1丁目	43	秋山熊五郎	11	164	0	8	5	
鮫河橋谷町1丁目	15	浅井梅吉	1	25				2筆
鮫河橋谷町1丁目	15	浅井梅吉	1	27				
鮫河橋谷町2丁目	32	金沢忠五郎	20	168				2筆
鮫河橋谷町2丁目	33	金沢忠五郎	15	70	5			
鮫河橋谷町1丁目	25	酒井金兵ヱ	9	144	8	0	5	2筆
鮫河橋谷町2丁目	20	酒井金兵ヱ	12	188	5			
鮫河橋谷町2丁目	9	中島久兵ヱ	10	148	3	6	9	2筆
鮫河橋谷町2丁目	13	中島久兵ヱ	11	154	2	7	3	

出典：［不二出版復刻 2011］「第20図（四谷区）谷町1丁目・2丁目」をもとに筆者作成。
1912年地籍地図書き込み出典：［東京市区調査会 1912］

返済不能になった拝領人が多数いたことがわかる。すべて鮫河橋谷町を南北に貫く通りの西側である。拝領人は経済力がなく、貸屋は良好とはいえない状態であったと推察される。会議所附属地が11筆もあったことは、鮫河橋谷町の拝領人層の経済的脆弱性を示す。

　8筆の地所を所有しているのは「黒板竹蔵」である。明治4年に東京府へ提出した書類に書上者の一人として「鮫河橋谷町　町用懸　黒板竹蔵」の名がある[30]。「町用懸」と記しているので、鮫河橋谷町で町入用の管理を担当していたのだろう。町の役付きで、地所数も多い。鮫河橋谷町における数少ない中核層の一人だったと推測される。

　図表2-14をみると、「家主」の一人に「竹蔵」の名がある。職分は「小道具辻売」である。図表2-11では、「竹蔵」が2つの店を管理していたことがわかる。「黒板竹蔵」はおそらく「小道具辻売」をしていた商人で、明治初年に2つの店を管理する「家主」であったが、変動期に徐々に所有する地所・店数を増やしていったと推察される。地主層に変動が生じていたことを読み取ることができる。

鮫河橋谷町の定住層

　このほか注目しておきたいのは鮫河橋谷町1丁目25番地の所有者「酒井金兵ヱ」である。合計2筆の地所を所有している。昭和7年（1932）の地権者一覧（後述）では、同一番地の所有者が「酒井金次郎」と記されている。次世代の継承者であろう。昭和7年に「酒井金次郎」は16筆の地所を所有している。所有地の一つに「酒井酒店」があった。酒井家は商業者層で、明治6年から昭和7年までの間に地所数を増加させたと推測される。

　図表2-14をみると、家主「金兵衛」、職分「油売」がいる。酒井金兵ヱは油売を営む商業者・家主層であったのかもしれない。いずれにしても酒井家は鮫河橋谷町に定住した商業者と言えるだろう。

　図表3-12の鮫河橋谷町2丁目17番地に「杉内早功」という名がある。地所は1筆のみで、地積は156坪である。図表2-8をみると、寛文4年（1664）拝領人に「杉内喜右衛門」の名がある。地所の坪数は156.8坪である。文政10年（1827）、後裔「杉内宇兵衛」は拝領地に居住している。姓は同一、坪数も同一である。寛文4年（1664）の拝領者後裔が明治6年も鮫河橋谷町に居住していたのかもしれない。

近代移行期の鮫河橋谷町の状況は次のようにまとめることができる。拝領人・地主層は経済的に弱体化していた。拝領地を抵当に借金をして返済不能となり、会議所附属地になった地所が相当数あった。おそらく同様の理由で、所有地を手放す地主がいた。

　一方、地所を抵当にとったり、低価格の地所を入手する層も少数であるが存在した。近世に家主層だったり、商業を営むなど、生活構造がある程度安定していた町人層である。貸長屋の造作は良質ではなかったかもしれないが、低家賃で、単身の寄留男性は転入しやすい面があったのかもしれない。

　明治10年以前、鮫河橋の基本的な社会状況は、安定した経済力を有する社会層が圧倒的に少ないという特徴があったと考えられる。ただし、旧町人層のなかには、経済的基盤は強固とはいえないが、ある程度長期にわたって鮫河橋に定住している家が少数あったことがわかる。

II部

近代東京と救貧
：分析枠組

4章

貧困層と救貧

4-1　貧困層とミクロな生活世界

貧困層の可視化

　明治20年代、貧困地域に関する探訪・踏査記事などを通して、東京の貧困層が可視化されるようになった。この時期は近代行政制度が整備され、近代国家の骨格が明瞭になった時期でもある。明治21年（1888）4月15日、「市制町村制」が公布され、地方自治制度が発足した。翌22年2月11日、大日本帝国憲法が発布された。同年5月1日、東京市が設置され、市制特例の適用により府知事による直轄統治が始まった（明治31年10月に特例廃止、東京市長就任）。

　近代的な諸制度が整う一方、都市貧困層が顕在化した。貧困層をとりまく社会について、本書ではミクロ、ローカル、マクロの3水準から考えてみたい。ミクロな生活世界、ローカルな地域社会、マクロな行政政策である。本書は四谷区鮫河橋の地域社会の変遷プロセスを明らかにすることを目的にしているので、ローカルな地域特性については本書全体で解明する課題としたい。

　まず最初にミクロな生活世界から都市貧困層に迫った先行研究の分析視角と知見を概観しておこう（4章）。次にマクロな行政面で都市貧困層がどのように位置づけられていたのか、歴史的資料に基づいて、明治期〜大正前半期における救貧行政の推移をたどる（4〜6章）。そして貧困層が集積した地

域のローカル特性を掘り下げるべく、本書の分析視角を述べることにしたい（7章）。

都市下層と生活構造

　近代の都市貧困層について、ミクロな生活世界に着目して分析したのは中川清である。中川の分析方法の独自性は、近代都市の貧困層・低所得層を「都市下層」という概念で一括してとらえ、家計構造に着目した点にある。歴史的な調査資料に基づいて、「都市下層」の「生活構造」が確立していく過程を明らかにし、大まかな時期区分と概念的な見取り図を示した[1]。

　中川が分析資料として用いたのは、明治中期から昭和戦前期に東京府・東京市で実施された貧困層対象の調査資料である。中川によればこの期間の調査は4系統に分類できるという。図表4-1は中川が用いた歴史的な調査資料と、中川による都市下層「生活構造」の時期区分である[2]。

　中川によれば、明治19年（1886）の『朝野新聞』に「府下貧民の真況」という連載記事が載ったが、東京の貧困層に関する踏査記録（貧民窟踏査記事・探訪記）の大部分は明治20年代に発表されたものである（本書では簡略化して「明治20年代の踏査記録」と表記する）。中川は都市貧困層の「生活構造」分析を明治20年代から始めている[3]。本書も中川の「時期区分」を踏襲することにしたい。

　なお、本書は貧困地域（鮫河橋谷町）の地域特性を探ることに関心があるが、中川は近代東京全体を対象にしており、それぞれの貧困地域の固有性は捨象して考察している。

生活構造分析

　図表4-1に基づき、中川が明らかにした各時期における都市下層の生活構造の特徴を概観しておこう。

　明治20年代の踏査記録の特徴は、後年に実施された行政調査と記述様式が異なること、また、貧困地域内部について詳細かつ克明に記録していることなどである[4]。踏査記録から把握できる都市下層の生活構造の特徴について、中川は次のように述べている。一定の範域に貧困層が集積し、集住地に特有の生活習慣やしくみが形成されていた。例えば食費を低廉に抑えるため残飯摂食の習慣や、残飯供給のしくみなどである。この時期の都市下層は単

72　　II部　近代東京と救貧：分析枠組

図表 4-1 戦前期：東京府・東京市で実施された貧困層対象の調査

中川が分類した調査4系統	調査時期、かつ中川による都市下層「生活構造」の時期区分		調査主体		調査対象
	大区分	小区分			
1 貧民屈踏査・探訪記	主に明治20年代		民間の記者・寄稿者		筆者の選択＝特定の貧困層集住地
2 細民調査	明治末期～大正前半期	日露戦争後（明治44年～大正元年）	内務省地方局	政府	細民の集住地域が対象（細民については調査主体が範囲を設定）
		第一次大戦直後（大正9～10年）	東京市社会局	地方自治体	
3 不良住宅地区調査	大正末期～昭和戦前期	関東大震災直後（大正15年）	東京府	地方自治体	不良住宅の集積地域が対象（不良住宅は住環境から範囲を設定）
4 要保護世帯調査	昭和戦前期	昭和恐慌期（昭和7年前後）	東京市社会局	地方自治体	世帯を対象にした調査（対象者は「生活程度標準」で選択）

出典：[中川 1985：2-10、13-25] をもとに筆者作成。
※中川清による整理

独世帯では生計維持が困難で、集住地に形成されていたしくみに依拠して貧困の生活様式が成り立っていた。踏査記録の意義は、そのような貧困地域の多種多様なしくみを活写している点にある。集住地にあったしくみが補完的に機能し、都市下層の生活が維持されていたのである(5)。

次の時期区分は明治末期〜大正前半期である。行政機関による細民調査が実施された。具体的には明治末期の内務省地方局による細民調査、第一次大戦後（大正9〜10年）の東京市社会局による細民調査である。それぞれの調査主体が細民が集住している範域を選択し、調査を実施した。この時期の都市下層は家族の収入で生活できるようになっていたが、脆弱な家計構造であった。そのため家計が緊迫した際には集住地特有のしくみに依拠することを必要とした。つまり、集住地に家計緊張緩和のしくみがあることを前提に都市下層の生活が成り立っており、集住地という空間は依然として必要であった(6)。

次の時期区分は大正末期から昭和戦前期である。この時期の都市下層の生活構造は集住地特有のしくみに依拠しなくても生計が成り立つようになっていた。主たる稼得者は低収入であるが家族生活の維持が可能な生業に就き、都市生活に適応していた(7)。この時期の調査は貧困地域から脱却して、東京市全域を対象に不良住宅を拾い上げるものになった。

次の時期区分は昭和戦前期である。都市下層一般は自立した家計構造を維持できるようになり、もはや貧困調査の対象ではない。恐慌など経済不況期に脆弱な家計構造の世帯が困窮化し、方面委員が要保護世帯として調査した。集住地を切り口とする調査と異なる類型の調査へ移行していた(8)。

中川が述べるところの都市下層の生活構造の推移を簡略にまとめると、明治期は自立した家計ではなく、集住地特有のしくみを補完的に利用して生活した。大正期になると、家計状況は改善されたが、脆弱な家計構造で、依然として集住地に居住し補完的なしくみを必要とした。昭和戦前期には都市下層の家計構造は安定していたので、集住地に依拠する必要はなくなっていた。

以上のように中川は都市下層の生活構造が確立していく過程を明らかにし、近代都市の階層の一つとして都市下層を位置づけた(9)。家計支出構造からとらえると、近代都市で形成された階層は3類型あると中川は述べる。「新中間層」「工場労働者」「都市下層」である。新中間層は給料（俸給）生活者（官公吏、教員、銀行会社員等）、工場労働者は安定した生活構造の工場労働

者など、都市下層は各種職人、極零細自営などである。都市下層は常に階層構造の下部を占めていたが、近代社会の変化に即して家計は安定化し、昭和戦前期には独自の社会層といえる存在になった[10]。

以上が中川による都市下層のミクロな生活世界の分析である。中川の知見に拠れば、都市貧困層と集住地が密接に関連していたのは明治・大正期である。本書はこれを踏まえて、明治・大正期に照準を合わせて貧困地域の分析を行う。

生活構造と地域特性

明治・大正期に、都市貧困層は集住地に形成されていた生計の補完的しくみを必要としていたと中川は指摘している。本書はここに着目したいと思う。四谷区鮫河橋にはどのような補完的しくみがあったのだろうか。そのしくみはローカルな地域特性とどのように関連し、どのような条件のもとで機能していたのだろうか。

ローカルな補完的しくみが貧困層のミクロな生活構造を支える機能をはたしていたのであれば、それは一種の生活支援に近い役割ともいえるであろう。ここで確認しておきたいことは、マクロ行政ではどのような貧困対策が行われていたのかという問題である。本章では続いてこの点について、歴史的資料に基づき、明治期～大正前半期における救貧行政の推移をたどる。

中川は都市下層の生活構造分析にあたって、明治・大正期に行政機関が実施した細民調査資料に依拠していた（図表4-1）。なぜ、その時期に各調査主体（内務省、東京府・東京市）は貧困者の調査を実施したのだろうか。「明治末期の内務省による細民調査」と「大正期の東京市社会局による細民調査」の実施目的を探ることに照準を合わせて、明治・大正期におけるマクロな救貧行政の推移をたどってみよう。中川が依拠した調査資料の歴史的意義を確認することにもつながる。

4-2　貧困層とマクロ行政

国費救済の基本方針

明治4年7月14日、廃藩置県により各藩の窮民救済事業の法的基盤は解体した。明治政府は同年11月27日、「県治条例」のなかに地方官による救

助実務として「窮民一時救助規則」を定めた。災害発生時の臨時的な救済である[11]。

　その3年後、明治7年12月8日、恒常的な窮民対策として、「恤救規則」（太政官達第162号）が公布された。内務省が主管する国費救済に関する規則である。先行研究はほぼ一致して、恤救規則は極端な「制限主義」であったことを指摘する。扶助対象者は厳しく制限されていた。略述すると「廃疾者、70歳以上の老衰者・重病者、疾病者、13歳以下の幼弱者」のいずれかに該当し、かつ「労働不能かつ極貧の独身者」であった。

　家族に扶助義務があることを原則とし、扶助家族がいない単身者、家族に扶助能力がない者を国費救済の対象としたのである[12]。

　国費救済が厳しい制限主義を採用した理由について、先行研究はこれもほぼ一致して、濫救抑制、国費負担の増加抑制が国の基本方針であったことを指摘している[13]。

　のち昭和4年（1929）に「救護法」が制定され（昭和7年施行）、公的扶助義務が明文化された。それまでの55年間、恤救規則が国費救済の原則であった。

制限主義の貫徹

　内務省が国費救済の主管省になる以前、窮民救助を所管していたのは大蔵省である。厳しい制限を設けた救済範囲は大蔵省が定めたものである。内務省所管になって新たに付加されたのは「恤救規則」前文である。すなわち規則公布の目的は前文の主旨周知だったといえる[14]。前文の主旨は次のようであった。

　　済貧恤窮ハ、人民相互ノ情誼ニ因テ、其方法ヲ設ヘキ筈ニ候得共、目下難差置
　　無告ノ窮民ハ、自今各地ノ遠近ニヨリ、五十日以内ノ分、左ノ規則ニ照シ、取
　　計置、委曲内務省ヘ可伺出、此旨相達候事

救貧は本来「人民相互」の情誼によるべきものであるが、「目下差し置き難い無告の民」すなわち困窮に陥っているが救助を求める先がない者が現実にいるため、地方官が対処可能な権限の範囲を伝える、という主旨であった[15]。

　さらに明治8年7月3日、「窮民恤救申請調査箇条」（内務省達乙第85号）を府県に布達した。「恤救規則」の施行細則である。家族に扶助能力が

図表 4-2　恤救規則による救済人員

年度		救済人員 （年度末）	救済率 （人口千人比）	年度		救済人員 （年度末）	救済率 （人口千人比）
明治	9	2521	0.1		37	15285	0.4
	10	1187	0.0		38	14183	0.4
	11	16097	0.4		39	13885	0.4
	12	4941	0.1		40	13106	0.3
	13	4758	0.1		41	9335	0.3
	14	6981	0.2		42	3753	0.2
	15	6047	0.2		43	2877	0.1
	16	6018	0.2		44	2718	0.1
	17	6913	0.2		45	2402	0.1
	18	11174	0.3	大正	2	7630	0.2
	19	14659	0.5		3	7995	0.3
	20	15204	0.5		4	7254	0.2
	21	14721	0.5		5	7235	0.2
	22	14240	0.5		6	7355	0.2
	23	17487	0.5		7	7556	0.2
	24	18291	0.6		8	7880	0.2
	25	18545	0.6		9	7565	0.2
	26	18146	0.6		10	―	0.2
	27	18089	0.5		11	7908	0.2
	28	16715	0.5		12	7574	0.2
	29	15826	0.5		13	8111	0.2
	30	16040	0.5		14	8577	0.2
	31	18415	0.5		15	9627	0.2
	32	16103	0.5	昭和	2	10460	0.2
	33	15211	0.4		3	12332	0.3
	34	14575	0.4		4	14321	0.3
	35	14096	0.4		5	17403	0.4
	36	15097	0.4		6	18118	0.5

出典：［大霞会 1971b：347］

　ない困窮者の救済について、親族、市村・隣保による救済を原則とし、地方官は「現場ノ実況ヲ査定」して血縁・地縁による救済を実現するように指示した。国への救済申請はそのような扶助方法も得られない「無告ノ窮民」に限定したのである[16]。

　恤救規則は近代的な法体系が未整備の時期に定められたものであった。恤救規則による救済人員は図表 4-2 のような経過をたどった[17]。先行研究では、厳しい制限主義に基づく恤救規則は社会の実情にそぐわず不充分な内容

で、救貧対策として実効性に欠けると評価されている[18]。

　明治 20 年代前半、すでに社会の実態に合わないものであったことは次のような政府の対応に如実に表れている。明治 23 年（1890）12 月 6 日、第一回帝国議会に政府は「窮民救助法」案を提出した。原案作成は内務省県治局で、恤救規則の実質的な改正案である。市町村に公的救助義務があることを明記し、救助対象者および救助内容を拡大した内容が盛り込まれていた。恤救規則の不備を是正した画期的な法案であった[19]。

　内務省はなぜこの時期に法案を作成したのだろうか。先行研究は明治 23 年に拡大した経済恐慌・社会不安が影響したと分析している[20]。松方デフレ後、明治 19 年（1886）から経済は活況を呈し、鉄道と紡績分野で投資が活発化、企業勃興が本格化した。しかし、資金需要の拡大に対する金融対策は不充分で、明治 22 年（1889）下半期に金融逼迫が始まり、明治 23 年 4 月に経済恐慌が発生した[21]。

　加えて明治 22 年は天候不順、かつ各地で地震・水害が続き、農産物が不作だった。米価は騰貴し、23 年春から夏にかけて各地で困窮した人々が暴動を起こした。経済恐慌、暴動の拡大など緊迫した社会情勢が 12 月の政府法案提出の背景であると先行研究は分析している[22]。帝国議会で法案は審議されたが、窮民救助方針や財源をめぐって種々の反対論が出て、調整不能となり、12 月 22 日に否決・廃案になった。

　図表 4-2 に示したように、恤救規則による救済人員数は明治 23 年に増加し、明治 24〜26 年の救済率は最高水準で推移している。救貧対策の見直しは社会的課題であった[23]。この時期に東京市では貧困地域が顕在化し、貧民窟の踏査記録が発表されていったのである[24]。

　恤救規則の改正を求める動きはその後も続いた。明治 30 年（1897）、第 10 回帝国議会に大竹貫一・他 3 名が議員法案として「恤救法案」「救貧税法案」を提出した[25]。会期の都合で審議されず廃案になった[26]。

　また明治 35 年（1902）、第 16 回帝国議会に安藤亀太郎が議員法案として「救貧法案」を提出した。このときは「救貧法案委員会」の設置・審議に進んだが、会期切れで廃案になった[27]。

　以上のように明治 30 年代半ばまでに、帝国議会に改正を求める法案提出が数回あり、官民双方に恤救規則の不備は認識されていたといえる。しかし、財源等の問題で合意形成は難しく、改正は実現しないまま恤救規則は昭和 4

年まで存続した。

　政府による制限主義的な貧困対策の方針は、地方行政においても貫徹した。たとえば東京市養育院では次のような状況があった。

　幕政期に創設された町会所の積金を引き継いで、明治5年10月に養育院が創設されたことは前章で既述した通りである。明治9年、養育院は東京府所管になった。明治22年「市制施行」により、明治23年1月に東京市へ移管、「東京市養育院」になった（東京市制には特例が適用されていたため、府事務が養育院を所管した）[28]。

　養育院の入所規則は恤救規則に準じて、厳しい制限主義で運営された。そのため明治28年（1895）以降、収容人数は減少、29年度は収容数に欠員が生じた。明治29年、養育院院長の渋沢栄一は入所資格緩和の規則改正案を府知事に提出、すぐには実現しなかったが、明治33年（1900）に許可が下りて、救済制限が一部緩和された[29]。

領域別の困窮者救済

　国は厳しい制限主義を貫いたが、日清戦争後の社会的変化は大きく、制限主義のまま困窮者を放置して済む社会状況ではなかった[30]。基本法は「恤救規則」のままであるが、明治30年代、領域別に困窮者を救済する立法化が進んだ[31]。

　多様な困窮者を救済する役割をはたしたのは、地方行政と民間救済組織である。救済に必要な財源については、「はなはだ多くを地方の自治行政と有志篤志家の慈善救済に依存した」[32]。国は「軌道に乗り始めた地方制度を活用して可能な限り市町村あるいは府県に行わせようとしていた」[33]。

　地方行政を所管していたのは内務省である。明治31年（1901）10月、内務省官制が改正され、県治局は地方局に改名された。地方局が地方行政および救護政策の担当部局になり、地方自治の基本方針を策定した[34]。明治後半、内務省によって、地方行政機関や民間救済組織が困窮者救済の費用を負担することも含めた「自治」策が展開された（後述）。

　領域別の困窮者救済として、最初に実現したのは「感化救済事業」である。感化とは非行者を矯正することである。明治13年（1880）以降、国内監獄の管理運営・費用は府県が負担していた（地方税支弁）。しかし、地方税では監獄改良、囚人処遇改善に限界があり、明治24年（1891）、第2回帝国

議会に「監獄費国庫支弁法」案が提出された。これは廃案になったが、その後も国庫支弁を求める動きが継続した[35]。

日清戦争後、社会の諸相が大きく変化し、若年者の非行が増加しているという社会不安が広がった[36]。戦後経営の一環として、内務大臣樺山資紀（在任期間：明治29年9月〜31年1月）は地方経営・地方自治を強化する方針を示し、監獄事業の改善、感化事業の推進に言及した[37]。

明治30年（1897）1月に英照皇太后が逝去、大赦として減刑令が行われたが、再犯による収監者が少なからず、感化事業が不可欠という認識が広まった。各府県に大喪の下賜金があり、内務大臣樺山はそれを用いて、各地に感化院を設立する案を地方官に示した[38]。

同時期、東京養育院では感化部を設置する動きが進んでいた。東京市養育院委員会は内務省の動向に応じて、感化部設置のため下賜金の配分を東京市参事会に申請、1万6985円の配分金を得た。これを基に感化部の設置を企画し、不足額について明治31年3月に募金活動を始めた。主意書には次のように記載されていた[39]。

> （前略）救恤の道は甚だ広く、其法亦た頗る多しといへども、要之無知蒙昧の窮児を善導教育して人たるの本分を保たしめ、病苦凍餓の貧民を収養救済して、其死を免れしむるより急なるはなし。（中略）窮児の窮苦を施済せむと欲す。
> （中略）感化部は恩賜金に基づき、広く慈善諸君の義捐を得て創立し、窮児救養して自営自食の民に善導し、（後略）[40]。

若年非行者の矯正と、貧困対策が最優先すべき救済事業である旨が記されている。

募金が始まってすぐ、感化事業が不可欠であることを実感させる事件が起きた。明治31年3月23日、本郷区で大火発生、原因は浮浪少年による放火であった[41]。東京では一連の社会不安に対し実効性ある対策が求められる状況になっていた[42]。

治安と救済事業

明治32年（1899）11月25日、第14回帝国議会に政府法案として「監獄費国庫支弁法」案が提出され、可決成立、明治33年1月に「府県監獄費及府県監獄建築修繕費／国庫支弁ニ関スル件」が公布された（施行：明治33年10月1日）[43]。監獄費は国費負担になり、従前の監獄費の地方税支弁分

80　　　Ⅱ部　近代東京と救貧：分析枠組

を感化院設立へ当てる動きが活発化した。

　続いて明治 33 年 3 月 10 日、「感化法」が公布された（『官報』5004 号、明治 33 年 3 月 10 日）。東京市養育院は 7 月に感化部を開設、感化事業が開始した[44]。

　「感化法」制定と同日、「治安警察法」が制定された（『官報』明治 33 年 3 月 10 日）。政府は労働者の組織化、社会主義者の政党化を警戒し、警察の取り締まり対象に労働運動を加えた。労働組合が組合員にストライキ参加を指示することは実質的に不可能になった[45]。

　困窮者対策のなかでも感化法は成立が早かったが、これは政府が労働運動、社会主義運動を抑えるため治安を強化し、感化事業は治安対策の一つだったことによる[46]。府県が感化救済の費用を負担することは国に有利で、感化救済事業は内務省地方局が推進する主要政策の一つになっていった。

　感化事業推進の中心的役割を果たしたのが内務官僚の井上友一である。井上の経歴をたどると、内務省による困窮者対策と、地方行政・自治策がどのように関連しているのか理解が深まる。その延長線上で「明治末期の内務省による細民調査」が実施された。井上の経歴を切り口に、明治・大正期におけるマクロな救貧行政の経過をたどってみよう。

4-3　内務行政と困窮者対策

内務省地方局の体制構築

　井上友一は明治 31 年 10 月に発足した内務省地方局府県課の初代課長である[47]。明治 45 年 11 月まで 14 年間、府県課長を務めた。この間、明治 41 年（1908）に内務省神社局長に就任したが、井上は地方局を離れることを望まず、明治 45 年（1912）まで府県課長と上位職の神社局長を兼任した[48]。

　井上はのち大正 4 年（1915）に東京府知事に就任し、大正 8 年（1919）、知事在職中に亡くなった。内務省から東京府知事にいたるまで一貫して地方自治分野で指導力を発揮した。井上の経歴をたどると、国の地方自治方針から、東京府の困窮者対策にいたるまで一貫した見取り図を持てるようになる。

　明治 33 年 3 月の感化法公布後、内務省地方局府県課に嘱託 3 名分のポストが配分された。嘱託の一人として、8 月に着任したのが留岡幸助であ

4 章　貧困層と救貧　　81

る[49]。留岡は同志社英学校卒業後、牧師となり、北海道空知集治監の教誨師を経て、2年間米国へ留学し、感化矯正について専門的に学んだ。帰国後、巣鴨監獄の教誨師を経て、明治32年に巣鴨に私立感化院「家庭学校」を設立した。同年に内務省が所管する警察監獄学校教授に着任[50]、その縁で内務省地方局の嘱託に委嘱された。着任前にすでに感化事業の実績があったが、地方局嘱託になって全国を出張、講演し、さらに人脈を広げ、感化救済事業の指導者に成長していった。

井上は明治35年に安藤亀太郎が救貧法案を帝国議会に提議した際、救貧法案委員会の政府委員で、国の方針に沿って反対意見を述べた[51]。府県課の本務は、府県が困窮者対策の経費負担に耐えうるように地方の経済的基盤の強化につながる地方自治策を立案・推進することであった。

他方、井上は嘱託に一定の自由を与え、府県課の本務では扱いにくい社会的課題や、公的扶助対象外の困窮者に関する情報収集の役割を任せた。その意向を受けて嘱託は積極的に全国各地へ視察に赴き、各地の名望家・篤志家と親交を結び、意思疎通を図ることに努めた[52]。

たとえば留岡は内務省嘱託に着任後、明治34年2月に関西方面に出張し、各種の感化教育施設を視察、3月に東京市浅草区・下谷区で細民調査、明治35年4月には奈良県や名古屋市で感化施設や貧民地区を調査した。各地の民間組織の指導者と面識を持ち、困窮者の状況を視察・調査した[53]。

感化矯正を専門とする留岡が地方を綿密に視察することは、土地柄を理解し、民間の財力状況を把握し、社会不安の原因や前兆をつかむことに有用であった。嘱託は民情について理解を深め、民間資源を困窮者救済へ誘導する役割を期待されていたといえる。

自治力の核

地方の実情に合った感化救済のやりかた、つまり困窮者救済に資源を投入する自発的な行為をどのように広げていくことができるのか。自治力の核になるものを見出すことが地方局の課題だったといえる。

留岡は各地を視察しながら、自発的な救済行為の根幹を把握することに関心を払い、明治36年（1903）2月の静岡県視察でその手がかりを見つけた[54]。留岡は次のように述べている。

明治三十六年二月、私は官命に依って、静岡県下に出張し、かの二宮尊徳の報

徳社が、地方自治の上に如何なる影響を及ぼせるやに就て、出来るだけ詳細に
調査する所があった。その結果に拠って、報徳の精神が行はるる所は、自治の
成績も亦随って良好であることが判明し、私としても得る所が甚だ多かったの
である。以来、報徳に関する群書を渉猟し、前に実地調査したる所と、彼此比
較研究して「報徳の町村に及ぼす影響」と題して、相当広汎なる復命書を提出
したのであったが、後ち更に之に之等を補修訂正して一書を編み、『二宮尊徳
と其風化』と表題して上梓するに至った(55)。

留岡が着目したのは二宮尊徳の仕法を受け継いだ報徳精神である。経済と道
徳の両立を旨とする倫理観を内在させて勤勉に経済活動に励む心性である。
静岡県を視察し、各地にこのエートスを核に結集した集団、すなわち報徳社
の活動が普及・浸透していることに関心を抱いた。経済的資源を地域のなか
で適切に分配することに道徳的価値をおく集団の存在はまさに求めていたも
のであった。明治36年の静岡視察で報徳思想を見出した留岡は地方自治力
の涵養に報徳思想を軸とすることを内務省に提案していった(56)。

日露戦争中、地方局は出征兵士家族の慰問・救護に集中したので、報徳思
想を核に地方自治の担い手層を育成する教化活動は戦後に展開した。

明治38年（1905）9月5日、日露戦争のポーツマス講和条約に反対する
国民大会が日比谷公園で行われ、数万の群衆が集まり大騒擾に発展した。い
わゆる日比谷焼打事件である。内務大臣官邸前には一時約3万人が集まり、
襲撃、警察官による抜剣、近衛師団・第一師団の出動、官邸の一部は焼失と
いう展開になった(57)。内務大臣はまさに治安の責任者であったが、このよ
うな大騒擾が起きた責任をとって辞任した(58)。内務省は日比谷焼打事件で、
民衆の不満が暴発したときの危機を切実に経験したのである。

その2ヵ月後、二宮尊徳の没後50年を記念して、11月26日に上野の東
京音楽学校で「二宮尊徳翁五十年紀念会」が開催された。これを契機に、翌
39年3月、有志によって東京報徳会（のち中央報徳会）が発足した。有志
は内務省地方局長をふくめた各省官僚、実業家、学者など官民の関係者で、
活動の中心は府県課長の井上、町村課長の中川望、嘱託の留岡などである。
翌4月、機関誌『斯民』の発行が始まった(59)。

つまり、内務官僚が主導して、民間人を交えた報徳精神の普及をはかる団
体をつくったのである。続いて39年秋に有志19名が二宮尊徳ゆかりの小
田原を訪問、月例会を重ね、翌40年（1907）8月に東京報徳会主催による

4章　貧困層と救貧　　83

第 1 回夏期講習会が小田原で開催された（2 日間）。全国から二千余名が参加した。井上、中川、留岡は実施項目の一つに「篤志者懇話会」を企画し、各町村からの参加者が相互の自治活動の経験を共有し、交流が活発になるように綿密に懇談の場を整えた[60]。翌 41 年 8 月に開催された第 2 回夏期講習会には 1 万人超の参加者が集まった[61]。参加者は地主、篤農家、郡長、村長、役場書記など地方名望家や地方指導者であった。

　このように内務官僚が主導する官民有志団体を通して、報徳思想による教化活動は規模を拡大し、地方の篤志家など民間人を巻き込んでいった。報徳精神を拠りどころに地方の経済基盤を強化することを奨励し、社会秩序を立て直し、階級対立の防波堤になることが期待された[62]。

　報徳思想の普及体制を整えた明治 39 年（1906）から 41 年（1908）は日露戦争後の変動期に当たる。39 年は好況だったが、40 年に株式が暴落、40 年・41 年は恐慌になった[63]。明治 39 年に日本社会党が結党、9 月に電車賃上げ反対騒擾事件、翌 40 年 2 月に足尾銅山で暴動発生、軍隊が鎮圧、41 年 6 月に東京で赤旗事件が起きた[64]。世情は動揺し、騒擾が続いた。当時は第一次西園寺内閣で原敬が内務大臣だった。明治 41 年 6 月 23 日に参内した原内務大臣は徳大寺侍従長から、山県有朋が現政権を批判し、社会党取り締まりが不充分であると天皇に奏上したことを聞いた[65]。

　内務省は報徳思想に基づく感化救済の普及を地方自治の基本方針とした。内務官僚は積極的に地方指導者に接して、社会主義とは異なる倫理思想を自治の目標として示し、報徳思想を倫理的主軸にして困窮者・貧困者の感化救済に取り組むことを奨励したのである。

内務省と団体育成

　日清・日露の戦間期に都市部でも感化救済の担い手を内務省指導下に編成する動きが進んだ[66]。明治 33 年「感化法」の原案作成者の一人は内務省参事官の窪田静太郎である[67]。窪田は明治 32 年 9 月から 1 年間、警察監獄学校の講師を兼任した[68]。これは留岡が警察監獄学校に着任した時期と重なる。

　明治 33 年 9 月、窪田は感化救済を担当する内務官僚のほか、桑田熊蔵（法学博士）、留岡、原胤昭（出獄者保護事業指導者）など官民有志で「貧民の救済、貧困の防止、不良民の矯正等の事柄に就て研究」する「貧民研究

84　　II部　近代東京と救貧：分析枠組

会」を立ち上げた[69]。内務官僚が主導して中核組織を形成するのは報徳会と同じパターンである。次の段階は大規模な会合を開き、賛同者を集め、担い手層の結集を図ることである。

明治36年に大阪市で第5回内国勧業博覧会の開催が予定されていた。大阪では民間救済団体の活動が活発だった。貧民研究会は大阪の救済指導者に働きかけて、博覧会期間中、5月に大阪中之島公会堂で全国慈善同盟大会（3日間）の開催を実現した。全国から二百余名が参集した[70]。主催者は民間団体という形式を尊重し、「中央主務の官吏」は出席せず「表面に立つことを敢えてしなかった」という[71]。内務官僚の意図は民間団体による自発的な困窮者救済であることを強調し、自発的な救済活動を活発化させることにあった。

大会開催中に全国組織の結成が提案された。翌6月、窪田と留岡が先導して東京で発起委員会が開かれた。名称は「中央慈善協会」に決定し、創立委員が選任された[72]。日露戦争前に全国組織を結成する準備が整えられた。

その4カ月前に留岡が静岡で報徳精神という「手がかり」を見出していた。自発的に感化救済事業に取り組む原動力となる倫理的「核」と全国的な組織的「体制」構築の見通しは日露戦争前に整えられた。内務省内に「自発的に救済資源の蓄積と分配を実行する」自治策推進の気運が形成されていった。

自治の基本方針

自治策が本格的に推進されたのは日露戦争後である。戦後の地方財政は厳しい状況にあった。戦争で繰り延べされた事業が再開され、かつ新規事業が始まった。経費は膨張、町村の財政負担は重く、地方財政の立て直しが急務になった[73]。また、内務省は抑圧的という印象が広まっていた。明治38年9月の日比谷焼き打ち事件で、警察や軍隊を動員して群衆を鎮圧したことによる。

明治39年、第一次西園寺内閣が発足した（明治39年1月7日〜41年7月14日）。内務大臣は原敬である。原は内務省との関わりが薄かったことを利点とし、内務省行政の改革に着手した。原は内務官僚との意見交換に努め、省内で「デモクラティック」と評された[74]。内相在任時における社会主義運動への対応について、後年、原は次のように記している（『原敬日記

4章　貧困層と救貧　85

第4巻』明治43年7月23日、大逆事件で社会主義者が検挙された時期の述懐）。

> 余は之（筆者注：社会主義運動）を根絶する事は到底絶望すべきものなる事を看破したるに因り、寧ろ集めて之を監視するを得策と考へたるに因り、徒らに圧迫して窮鼠猫をかむの境遇に至らしめず、社会の一隅に蟄息せしむるの方針を取りたるに（後略）[75]。

原は権力で抑圧するのではなく、民主的に管理する方針で臨んだと述べている。

　地方局は感化救済指導者の管理能力を向上させることを目的に、感化救済の講習会開催を企画した[76]。地方局主催による第一回感化救済事業講習会が明治41年9月1日から10月7日までの36日間、実施された。参加者353名、講習内容は25科目である[77]。最終日10月7日に中央慈善協会の発足式が行われた。発足時の幹事は10名で、そのうち半数の5名は内務官僚である（内務参事官、地方局府県課長井上、市町村課長、前市町村課長、衛生局長）。内務省地方局の指導下にあることは一目瞭然であるが、中央慈善協会は民間主導の団体であることが強調された[78]。

　会長は民間代表として渋沢栄一が引き受けた。発足式を取り仕切ったのは民間出身の幹事安達憲忠（東京市養育院幹事）と原胤昭である[79]。このように内務省は感化救済の講習会などを通して実務者の質的向上をはかり、全国組織によって実務者を吸収するしくみを整えた。

地方改良運動と財源強化

　地方局は民間指導者を掌握する体制を整えた上で、自発性を喚起し、自治を奨励した。

　留岡など嘱託は半官半民の立場にあり、内務官僚より自由に活動できることから重宝された。嘱託は民間指導者と緊密な連係を維持し、内務省体制につなぎとめる役割を期待されていたといえよう。

　井上も民間指導者とのネットワーク維持に協力した。留岡は毎年正月2日に井上宅に年始に行くのを常としていた。井上宅で2人一緒に全国篤志家の名簿を見ながら、連名の年賀状を書くことが恒例だった。年賀状の送付先は篤志家や村長など地方指導者であったという[80]。

　内務省には嘱託用の別室があった。地方から上京した民間指導者が内務省

を訪れたときに立ち寄りやすい場所になっていた。内務官僚も持参した昼食をここで食べるなど、上京した民間指導者たちと気やすく交流できる雰囲気が保たれていた[81]。

> 町村長や篤志家、篤行者は謂ふも更らなり。社会事業家、神官、僧侶なども、
> 好んで地方局を訪ひ、（井上）博士も亦喜んで之に面接されたのであった[82]。

嘱託が民間指導者との結節点の役割をはたし、府県課長の井上自身もまた、こまめに関係維持に努めていたことがうかがえる。

明治41年9月の第一回感化救済事業講習会の2ヵ月前、7月14日に第二次桂内閣が発足した。社会主義運動を徹底して弾圧する方針に切り替わった[83]。

講習会直後、明治41年10月13日、戊申詔書が渙発された。勤倹治産を旨とし、一致協力を呼びかけた。引き締めの先鋒に立ったのは内相の平田東助である[84]。これを契機に内務省主導による地方改良運動が本格的に始まった。産業振興により担税力を強化し、「報徳思想」を軸に道徳涵養を奨励する国民教化運動である。地方局主催で明治42年に第一回地方改良事業講習会が開催され、地方官吏が集められた[85]。

これ以降、地方局は毎年、地方改良事業講習会と感化救済事業講習会を主催し、両事業は地方自治策の二本柱になった[86]。地方改良事業は地方の中小地主、官吏に働きかけて産業振興・秩序維持を図ることを目的としていた。感化救済事業は都市部の救済事業者に能力・意識向上の機会を提供し、困窮者救済の促進を目的としていた。両事業によって都市と地方、すなわち市町村の財源を強化し自発的救済の促進が図られたのである[87]。

4-4　内務省と大逆事件

内務省と大逆事件

第二次桂内閣は政綱に「社会主義に係る出版集会等を抑制して其の蔓延を禦ぐ」方針を明示し、内務大臣の強い指導力で風紀粛正を進めた[88]。そのさなか明治43年（1910）5月に起きたのが大逆事件である。天皇暗殺を計画した疑いで多数の社会主義者が検挙され、幸徳秋水を含む26名が起訴された。翌44年（1911）1月18日に大審院判決が出て、24名に死刑判決、そのうち12名に死刑が執行された[89]。

4章　貧困層と救貧　　87

その衝撃もまだ生々しい同年2月11日、天皇は無告の窮民の済生を目的とし、施薬救療費として内帑金から150万円を下賜することを発表した[90]。世論は大逆事件で動揺した世情を鎮める対策と受けとめた[91]。各紙の評価は次のようであった。

　　生存競争の激甚なると共に、貧富の懸隔益々遠く、強弱各々主張を異にするの結果、動もすれば、不穏の言行を弄するものなきに非ず。社会組織の複雑となるに従って窮せるものは怨み、富める者は嘯く、其の自然の結果として、為政者に対する人民の感念漸く疎からんとするが如きものあり[92]。

資本主義が発達し、社会構造が複雑になって、相互の関係が把握しにくい状況になっており、貧富の格差拡大は為政者への不満につながりやすいことを述べている。下賜金は上下の社会的距離を縮め、慈恵への感謝を呼び起こし、秩序の維持につながると評価している。

　　国家社会の不詳を事前に防ぐは、独り民衆に対する皇室の慈愛にのみ倚頼すべきに非ず。（中略）窮民救助の如き全国に亘る施設を全ふするの必要ある事業に於いては、殊に然りと為す。（中略）無告の窮民にして未だ嘗て施薬救療をも受けざる者、全国到る所に累々たり。社会の注意一たび此の暗黒面に向けられ、富豪者の財力一たび此の欠陥に対して注がれんには、政府者の所謂危険思想の予防なるものは、法律若くは警察の威力を借らずして、其効を収むるを得べけん[93]。

貧困者に対する救済措置が不充分のまま、倫理的教化で社会秩序の維持を図っても解決にならない。警察力を動員して強権で社会主義運動を抑圧する事態を回避するには、資金を投入して具体策を実施することが必要で、下賜金はその契機になると評価し、資産家の寄付が投入されることを期待している[94]。内務省が社会主義の伸長に動揺する根本原因は貧困対策の不備にあり、下賜金は貧困対策の契機になると捉える論調もあった[95]。

治安と貧困対策

　内務省の対応は迅速だった。翌3月末までに下賜金を基に財団設立の基本方針を立てた[96]。篤志家から寄付の申出が相次いだことをうけて、全国の資産家に募金を呼びかけ、基金増額に取り組んだ[97]。5月1日に財団設立計画を発表、5月30日に恩賜財団済生会が設立された[98]。

　短期間で財団を設立したが、具体的な施薬救療方法は未定だった。対象の

貧困者をどのように選定するのか。財団設立後に方法の検討が始まった。
「貧困」の判断基準に資する根拠、基礎資料が必要になった。

　根拠となる資料を作成するため、貧困者・貧困地域の調査が必要になった。
内務省嘱託が調査を企画・段取りした。

　「社会改善の方針」　内務省にては大逆事件以来、庶民教育に重きを置く事とな
　り、敬神思想の普及に努むる外、（一）貧民の調査、（二）公益団体の調査、
　（中略）、貧民の調査は最も困難なる問題にて、生江、留岡、両嘱託専ら調査の
　任に当り居るが、範を英国の貧民防止策に取り、生活の程度を標準として数階
　級に区分し、尚ほ犯罪状態、衛生状況、職業別等、各種の方面より研究して社
　会の欠陥を充分に補填する方針なり[99]。

貧困調査は難しいと報じられている。内務省嘱託の留岡と生江がイギリスの
調査例を参考に調査項目を検討していることが報じられている。

　生江孝之は後年「社会事業の父」と称され、この分野の代表的指導者になっ
た。留岡とは明治 27 年以来の知己で、アメリカ留学の際、留岡はアメリ
カの知人を多数紹介した。ボストン大学卒業後、明治 37 年に留岡の紹介で
神戸市吏員となり、日露戦争の出征兵士遺族・家族扶助を担当、保育施設が
不可欠であることを痛感し、神戸市で保育事業導入に尽力した。明治 42 年
に内務省嘱託になった[100]。

　また、留岡はかつて明治 34 年 3 月、浅草区、下谷区の細民地区を実踏し
たことがある[101]。下賜金による財団設立の方針が明治 44 年（1911）3 月末
に決まると、翌 4 月に留岡は下谷区、浅草区、本所区を実踏した（「第 2 回
東京市細民調査」）[102]。貧困調査が必要になることを見込んで、4 月に下見
をしておいたのだろう。

　このとき留岡は四谷区鮫河橋も実踏した。4 月 21 日に鮫河橋の「二葉幼
稚園」（後述）を訪問し、聞き取り内容を記録している[103]。保育事業に詳
しい生江と一緒に訪問したと推測される。

　財団設立前からこのように留岡と生江は貧困調査の準備に着手していた。
5 月末に済生会が設立されるとすぐ、6 月 5 日に内務省主催による「細民調
査会」が開かれた（細民調査に関わる機関の代表者の会合、これ以降細民調
査会と報道された）。留岡、生江も出席した。

　恩賜財団済生会に於ける施薬救療に関する根本問題たる貧民程度の調査は頗る
　困難の業なるべきが、五日午後一時より内務省に於て床次地方局長、井上参事

4 章　貧困層と救貧　　89

官、有松警保局長、新居警視等、出席の上、同調査会を開き、其の方針等に付き種々凝議する処ありたり。聞く処によれば、先づ東京市内に於いて或一部分の貧民部落を調査し、具体的成案を作りて、更に全国の部落に付き取調の歩を進むべき方針の由なるが、床次局長、有松局長、井上参事官、留岡、生江両嘱託、新居警視、及び東京市役所当局者等、二十余名、之が調査の任に当たる筈なりと、即ち調査事項、左の如し、(後略)[104]。

この日の会合で調査の基本体制・方針が確認された。2日後、留岡、生江は浅草区、四谷区など調査候補地域の警察署長と面会し、調査方法の検討を進めている[105]。6月末には調査地区、調査内容が決定した[106]。

内務省の細民調査

このような経過で、明治44年7月に内務省の細民調査が始まった。調査結果は翌45年3月、内務省地方局から『細民調査統計表』として刊行された(44年調査報告書として表記する)[107]。

44年調査報告書には、独立した6件の調査結果が掲載されている。細民戸別調査、細民長屋、木賃宿戸別調、細民金融機関、職業紹介所、職工家庭調査である[108]。

このうち調査規模が大きく、貧困層の生活を包括的に理解するのに有用なのは冒頭に掲載された細民戸別調査である[109]。細民戸別調査の対象地域は下谷区の万年町、山伏町、入谷町、金杉下町、龍泉寺町、浅草区の神吉町、新谷町の7カ所で、対象世帯数は3047(人口1万548名)であった[110]。

調査を担当したのは内務省嘱託の留岡、生江、相田良雄、布川孫市である[111]。内務省外からの参画者として報告書に記載されているのは、金杉警察署長、入谷警察署長、万年小学校長、東京府職工学校長、内閣統計局技師、東京市養育院幹事(安達憲忠)、東京市嘱託(田中太郎)である[112]。

留岡は、明治44年9月16日に下谷区万年小学校で「細民調査の実験」を行った。予備調査に相当するものである。参加者は留岡のほか、嘱託の布川、万年小学校長の坂本、入谷警察署長である[113]。参加者一同は万年町の長屋を戸別訪問、自分たち調査者の服装が適当かどうか、訪問先の家庭の反応、長屋の住民の行動など細かく観察、検討した。「初メ思ヒシ如ク困難ハナカリシ也」と記しており、おおむね順調に実施可能という見通しを得ることができた[114]。現地調査は11月にほぼ終了し、集計作業を経て、3月末に

報告書が刊行された。以上のような経過で、明治44年に内務省による本格的な細民調査が実施され、年度内に報告書が刊行された。

調査結果の整理・編集期間に当たっていた12月18日、「細民調査会」で翌年度の方針が検討された。初年度は東京市の細民地区で実施されたが、施薬救療事業は全国を対象にしているので、地方都市でも細民調査を行う方針が立てられた(115)。

明治45年度の4月、調査地域の検討が始まった。このとき、四谷区鮫河橋、芝区新網の名前が候補にあがった。初回は下谷区万年町で実施されたので、衆目が一致する貧困地域として三大貧民窟といわれた他2ヵ所の名前が出たのだろう(116)。前年4月に留岡は鮫河橋を実踏しており、その経験も反映されたのかもしれない。しかし、最終的に45年度の調査地域として選定されたのは、本所区の7町、深川区の7町、大阪市南区の5町であった。

東京市では細民世帯の児童を対象にした特殊小学校を細民地区に開設していた（後述）。第2回調査では、細民の定義について「特殊小学校に児童を入学させる資格がある者」または「これに準ずる者」としている。準ずる者の定義も細かく定めた(117)。「細民戸別調査票」が作成され、記入者は特殊小学校職員および該当地区所轄の警察署員と定められた。第2回調査では標準化が進んだといえよう。調査実施期間は明治45年（1912）7月から大正元年（1912）10月である。調査結果は大正4年（1915）に『都市改良参考資料』として刊行された(118)。

その翌年度、大正2年（1913）5月に細民調査事業は打ち切りになり、継続しないことが発表された(119)。つまり、内務省地方局による細民調査が実施されたのは、明治44年と明治45年の2年で、明治末期の東京における細民の生活状況を知る貴重な資料である(120)。中川はこれに基づき、明治末期に都市下層の生計は自立するようになっていたが、集住地の家計緊張緩和のしくみは必要だったという知見を示した。

明治末期の内務省細民調査の特徴は次の3点にまとめることができる。第1点は調査目的である。済生会の医療事業実施を目的にした調査で、済生会設立は、第二次桂内閣の社会主義弾圧、大逆事件が契機であった。内務省は貧困層の生活改善よりも、社会主義の脅威を抑止することに関心があった。国費を投入して困窮者救済を拡大する意図があったわけではない。細民調査が2回で打ち切られたことにこの特徴が端的に表れている。

4章　貧困層と救貧　　91

第2点は2年めの調査で四谷区鮫河橋、芝区新網が候補に挙がっていたが、最終的に選択されたのは本所区と深川区だったことである。三大貧民窟よりも、当時、零細工場が増加していた東京市外周部の地域が選択された。横山源之助は明治45年執筆「貧街十五年間の移動」で東京の貧困地域が三大貧民窟から本所、深川に移り、外周部に零細工場が増加し、労働需要が拡大していることを指摘した。横山の指摘と内務省の調査地は一致する。明治44年調査は三大貧民窟の下谷区万年町を含んでいたが、45年調査は新たな零細工場集積地域であった。内務省の2回の調査は貧困地域の空間的変化を把握する資料になっている。

第3点は、特殊小学校を手がかりに調査を進めたことである。44年調査に東京市立の特殊小学校である万年小学校校長（坂本）が参加した。45年調査では調査対象を「特殊小学校に児童を入学させる資格がある者」と規定した。東京市立の特殊小学校は中川が言うところの「集住地にあった補完的しくみ」に該当するといえよう。国費救済は厳しい制限主義を基本にしていたが、地方行政ではこのようなしくみを通して、細民地区に救済資源が投入されていた。地方行政が財源を負担する教育制度を通して、医療面に救済事業が導入された。「集住地にあった補完的しくみ」を基盤に医療救済事業の導入が進められたのである。近代に困窮者救済が進捗した過程を具体的に示す実例である。

明治末期の東京で、貧困地域にあった学校・教育機関が困窮者救済において重要な役割を果たしていたことを示している。鮫河橋において学校・教育機関はどのような役割を果たしていたのか具体的に掘り下げて、考察を深めたい。その準備として、本書6章では、明治・大正期におけるマクロな救貧行政と教育行政の関係、教育面における貧困層対策の推移についてたどる。

5章

近代東京と社会政策

5-1　東京府の救済体制

東京府と民間救済団体

　内務省官僚井上友一は大正期に東京府知事に転出した。井上の経歴を手がかりに、東京における治安と救済対策の推移、「大正期に東京市社会局による細民調査」が行われた経緯と社会的背景をたどってみよう。

　井上は明治45年11月まで内務省地方局府県課長と神社局長を兼任、人事異動を経て大正2年7月ふたたび内務省神社局長となり[1]、大正3年（1914）4月造神宮副使に任命された[2]。

　神宮造営は内務省が所管し、大正3年度に造営地が代々木に決定、大正4年（1915）5月1日に明治神宮造営局が発足した。井上は初代の明治神宮造営局長を7月2日まで務め、造営局の体制整備に関わった[3]。

　大正4年7月、井上は東京府知事に転出した。内務省で上位のポスト歴任後の慣例による地方官転出で、東京府知事は地方長官の主席とみなされていた。知事着任後、井上は民間救済団体の組織化を図り、東京府慈善協会の設立を主導した。大阪府には救済事業者の同盟団体が組織されていたが、東京には類似の団体がなかった。井上は東京府内の救済事業者、宗教団体代表を招致して複数回の会合を開き、救済事業者が連携する母体となる組織の設立を働きかけた[4]。大正6年（1917）2月11日に発足したのが東京府慈善協会である（図表5-1）。

5章　近代東京と社会政策　　93

協会設立の目的は「東京府管内慈善救済事業の聯絡普及、並に其の改良発達を資け、兼ねて斯業従事者の慰藉奨励を図る」ことである（東京府慈善協会会則第三条)[5]。つまり、救済事業団体の連携を促進し、東京府における救済事業の質的向上と、救済業務の従事者の意欲向上をはかることである。

設立趣意書に発企人として記載されているのは11名で、東京府内務部長（東園基光）、東京府理事官、東京市養育院幹事（安達憲忠）、民間救済団体代表5名（留岡幸助、原胤昭ほか）、宗教団体代表3名であった（東京府慈善協会設立趣意書、大正六年二月)[6]。

東京府慈善協会の事務所は東京府内務部庶務課内におかれた（大正6年11月以降は救済課）。つまり、東京府知事井上の声かけで民間救済事業の中核的指導者を集め、内務省以来の腹心が率先して民間組織をとりまとめ、元締めは東京府内務部が担うという体制の組織である[7]。「内務省地方局と中央慈善協会」の雛形を東京府につくったといえよう。

東京は内務省のお膝元であるがゆえに、民間救済事業の中核的指導者は内務省の活動に協力することが多く、地方行政である東京府で統括組織を設立することが遅れていたのだろう。中核指導者は内務省官僚に会う機会や相互に顔を合わせて情報交換する機会が多く、東京府に特化した統括組織の必要性を感じていなかったのかもしれない。

井上は知事に着任して、このように東京府内務部が民間救済団体と連係可能な体制を整えた。先行研究は、東京府が民間事業を指導・統制するために設立した団体であり、大正6年2月11日の紀元節に発会式が行われたことにその特徴があらわれていると述べている[8]。

東京府知事の強力な指導で設立された組織であるが、注目すべき点は3月25日に委嘱された評議員（団体21、個人13）のなかに、四谷区鮫河橋にあった二葉保育園（後述）が入っていることである。また、4月2日に理事が選任され、そのうちの一人は二葉保育園の保姆主任、徳永恕（後述）であった[9]。

東京府慈善協会は官制民営ともいうべき組織であるが、現場の救済実務者が役員になり、東京府内務部と直接つながる体制がつくられたことは重要である。事業目標に対応した部会を設置し、定例会合は民間救済団体の実務者が諸問題を共有・協議できる機会になった。東京府が民間救済団体と連係可能になっていたことは、米騒動の際に機敏に対応できる下地になった（後

述）。

救護対象と実務体制の拡大

　同時期、内務省の救護行政にも変化が生じた。日清・日露戦争で傷病兵や軍人遺家族に生活困窮者が増加した。大正6年（1917）7月20日に軍事救護法が公布された。内務官僚の田子一民は制定の背景を次のように記している。

　　日清、日露戦争などの傷病兵に対する国家の待遇は極めて薄く、そのため生活困窮者が続出する有様であった。これを見かねて、民間の在郷軍人から成る団体では国会、政府等に対して、その待遇改善をせまる声がしきりであった。（中略）殊に、寺内首相は軍人であっただけに、傷病兵たちも、ボール紙で、自らの失った腕や脚をつくり、この腕一本幾円、この脚一本幾円としるし、黙々、延々、幾百人もの長い行列を作って、機会ある毎に、首相に直訴したのであった。首相も、これは放っては置けない、放って置けば何をやり出すか知れないと感ぜられて、後藤内相に善処せよと命ぜられたのであった。[10]

傷病兵や軍人遺家族等に対する救護として、生業扶助、医療、現品給与、現金給与が行われるようになった。公費による救護対象が拡大された。

　大正6年8月25日、内務省地方局に軍事救護の担当課として救護課が新設された。初代救護課長は田子一民である[11]。中央行政における担当課が明確になったことは、地方行政に影響した。大正6年に軍事救護法が制定されたことは行政の救護体制が整備される糸口になり、後年、社会事業の担当部署へと改編されていったのである。

物価騰貴と家計圧迫

　大正3年（1914）に第一次大戦が始まり、大戦景気で輸出は増加、日本経済は好況になった。賃金上昇と物価上昇が平行したが、大正5年下半期から物価騰貴が賃金上昇を上回り、家計を圧迫するようになった[12]。大正6年になると物価高騰が深刻な社会問題になった。

　大正6年8月、東京府知事の井上が物価対策として購買組合に言及したと新聞記事に次のように報じられている。

　　「購買組合を作って」物価騰貴に対する生活上の新運動。井上府知事が率先して近く実現。物価騰貴で安い物の買えない昨今、井上府知事が主となって購買

図表 5-1　大正期：東京府・市における社会行政の展開

年 大正		月	日	主要な出来事、内務省の動向	東京府および東京府知事の動向	東京府慈善協会の活動 細民地区改善事業
6	1917	2	11		東京府慈善協会発会式	
		7	20	軍事救護法公布		
		8	19		井上東京府知事、購買組合に言及	
		8	25	内務省地方局に救護課新設		
		10	1	東京：台風による水害発生		
		11	15		東京府内務部に救済課新設	
7	1918	1	19			第二部会（改善保護）で、岡弘毅幹事が細民に関する実態把握調査、救済委員の設置の必要性を提議
		3		物価高騰	東京商業会議所、「公設市場設置ニ関スル案」を議決、東京府・東京市に公設市場設置を建議	
		4	5			
		4	18		東京府庁に府農会幹部等を招致して協議会を開き、公設市場について継続協議	
		4	20	警視庁令第19号「長屋構造制限に関する庁令」改正		
		5	11			理事会：細民地区14方面に連絡機関設置の件、協議。
		6	13			
		6	24	内務省に救済事業調査会を設置		
		6	25		東京府郡市区長会議において東京府知事による口述指示「細民地区改善に関する件」	
		7	2			
		7	3	内務省救済事業調査会：第1回会合（7月3～6日）		
		7	6	内務省救済事業調査会：調査項目8件を決定。小売市場、住宅改良が含まれる。		
		8	9			
		8	10			
		8	12			
		8	13	米騒動：東京で騒擾		
		8	15	東京臨時救済会設立発表		
		8	21		東京商業会議所幹部2名、井上府知事に面会。公設市場開設を打診。	
		8	下旬	内務次官、各地方長官に公設市場の急遽設置を伝達		
		9	2		東京府知事、細民地区改善事業として日用品廉価供給所経営を東京府慈善協会に交渉	
		9	12			
		9	21	内務大臣：「小売市場設置要		

救済委員、各方面での活動	米騒動対応	東京市の動向	出典：下記の文献をもとに筆者作成
			［東京府慈善協会編 1917a：2］
			『官報』第 1491 号、大正 6 年 7 月 20 日
			読売新聞：大正 6 年 8 月 19 日
			『官報』第 1522 号、大正 6 年 8 月 27 日
			『官報』第 1613 号、大正 6 年 12 月 17 日
			［東京府慈善協会編 1918a］
			［東京府慈善協会編 1918b：17-18］
			［廣田 2006：23］
		東京市長に田尻稲次郎就任	［東京市会事務局編 1935：1136-1138］
			読売新聞：大正 7 年 4 月 19 日
			［東京府慈善協会編 1918b：36-37］
			［東京府慈善協会編 1918b：16］
救済委員協議会第 1 回：14 方面の専任委員決定			［東京府慈善協会編 1918b：21-23］
			「救済事業調査会官制」大正 7 年 6 月 24 日、勅令第 263 号
			［東京府慈善協会編 1918b：45］
救済委員協議会第 2 回：各方面の地図作成を決定			［東京府慈善協会編 1918b：21-23］
			［内務省社会局 1920：7］
			［内務省社会局 1920：12-16］
	知事官邸に関係者が集まり、白米供給所を開設する方法を協議		［東京府慈善協会編 1919a：2］
	理事会：白米廉売に関する協議。白米廉売供給所を 10 方面に開設を決定。		［東京府慈善協会編 1919a：2］
	8 月 12 日から 28 日まで外米・朝鮮米を購買したのべ人数 20 万 2 千余人。		［東京府慈善協会編 1919a：2］
			読売新聞：大正 7 年 8 月 14 日
			『渋沢栄一伝記資料』第三十巻：705-711：東京臨時救済会編「東京臨時救済会報告書」大正 7 年 12 月刊
			読売新聞：大正 7 年 8 月 23 日
		東京市は 8 月 24 日から内地米の廉売供給を開始	読売新聞：大正 7 年 8 月 18、19、20、25、27 日
	理事会：細民地区改善事業として日用品廉価供給所経営に関し協議		［東京府慈善協会編 1919a：2］
	日用品廉価供給所を 5 カ所で開設（白米廉売供給所は閉鎖）		［東京府慈善協会編 1919a：2］
			［内務省社会局 1920：17-26］

				綱」「小住宅改良要綱」について救済事業調査会に諮問		
		9	29	原敬内閣発足		
		10	3	東京臨時救済会：東京府に「日用品小売市場助成費」郡部20万円、「購買組合助成費」を配分。会計処理完了。		
		10	15		小売市場助成費20万円（東京臨時救済会配分金）→東京府慈善協会「細民地区改善事業資金」に下付。	
		11	5	救済事業調査会：「小売市場設置要綱」「小住宅改良要綱」を決議、答申		
		11	6			理事会：細民地区改善事業について協議
		12	20			理事会：細民地区改善事業の委任事業に関し、主管者との委任契約事項について協議
8	1919	3月末				細民地区改善事業として日用品廉価供給所2カ所を委任運営（第一武蔵屋、第二武蔵屋）。直営事業として北豊島郡日暮里町金杉に小住宅地区建設着手
		5		物価騰貴の徴候		米価高騰に対し、5月31日、日用品廉価供給所（武蔵屋）増設し対応
		6	6			
		6	28	ヴェルサイユ講和条約調印		
		7	2			
		7	26			
		8	23			
		9	6			
		9	22			
		10	4			
		10	9	原首相、「社会政策実行協議会」開催（10月9、14、18日）。公設市場、小住宅の設置・建設を政府の社会政策として強力に推進。		
		10	22			
		10	29	ILO第一回総会：ワシントンで開催（10月29日～11月19日）		
		11	7			

			『官報』号外、大正7年9月29日
			『渋沢栄一伝記資料』第三十巻：705-711：東京臨時救済会編「東京臨時救済会報告書」大正7年12月刊 [東京府慈善協会編 1919a：3]
	小売市場助成費20万円をもとに、東京日用品市場協会設立。		[東京府慈善協会編 1919a：3]［東京府慈善協会編 1919a：24］
			[内務省社会局 1920：17-26]
			[東京府慈善協会編 1919a：2]
	東京日用品市場協会：11月に郡部9カ所、仮設テントの市場開設。		[東京府慈善協会編 1919a：24]
			[東京府慈善協会編 1919a：2]
			[東京府慈善協会編 1919a：1]
			[東京府慈善協会編 1919b：82-84]
救済委員会開催：組織等を改正、委員会、研究会を定例開催とする。			[東京府慈善協会編 1919b：76-79]
		東京市会で公設市場設置を可決	[東京市社会局 1921b：2-3][東京市会事務局編 1936：103-105]
深川方面救済委員会：専任委員から「救済の方針」に社会調査の必要性、を提議。「細民」に一定の標準を定める要望を議決、本部に提議。			[東京府慈善協会編 1919c：40-41]
救済委員会第7回（臨時委員会）：「細民標準の件」に関し、委員各案を提出、詳細に協議			[東京府慈善協会編 1920a：98-114]
救済委員会第8回：「細民標準の件」について、細民標準調査委員会（委員7名）の設置を決定			[東京府慈善協会編 1920a：98-114]
細民標準調査委員会第1回			[東京府慈善協会編 1920a：98-114]
細民標準調査委員会第2回			[東京府慈善協会編 1920b：100-110] 読売新聞：大正8年10月10、15、19、20日
細民標準調査委員会第3回：原案作成			[東京府慈善協会編 1920b：100-110]
			[大原社会問題研究所編 1920：722]
救済委員会第11回：「細民標準」決定。東京府内における実査を警視庁に依頼することを議決。			[東京府慈善協会編 1920a：98-114][東京府慈善協会編 1920b：100-110]

5章　近代東京と社会政策

		12	24	内務省地方局救護課→社会課に改称		
		12	26			
9	1920	1	26		東京府：救済課は社会課に組織改編。東京府住宅協会設立。	日暮里小住宅開所
		6	3			
		7	7			
		8	8			
		8	23	内務省社会局設置		
		9	中旬			
		11				
10	1921	6	15			
11	1922	3				
		11	1	社会局官制公布、内務省社会局は外局に位置づけられる。		

筆者作成。

組合の活躍を計り、（中略）井上府知事は語る、（中略）「日本にも従来から種々の購買組合は有ったが、最も整頓せるものとして、その名を挙げて憚らぬのは京橋新富町の共栄社と飯田町の共同社とである。（中略）共同社のほうには斯く云ふ私が入会している。何れも精米所その他の機関を有し、白米なぞ現今の時価にすると五割から安く私達は買っている。（中略）」故意に物価を吊り上げて不当の利益を貪りつつある不正商人に対し、知事の此の運動は一大痛棒と云ふべきであらう[13]。

府知事として物価対策を重視する姿勢を示したといえよう。

　経済的な要因のほか、東京近郊は大正6年秋の風水害で農作物が被害を受けて不作になった。年を越えると東京市内は野菜が不足し、物価高騰が深刻になった[14]。東京商業会議所の時局調査会はこの状況に対し、大正7年

			『官報』第 2220 号：大正 8 年 12 月 26 日
		東京市社会局発足	東京市訓令甲第 26 号・社会局処務規程 [東京市社会局 1923c：3-5]
			[東京府慈善協会編 1920a：94-97、115-122]
6 月 3 日より深川区扇橋警察署管内の細民調査に着手。専任救済委員 19 名が午前午後、半数交代で調査実施。専任救済委員は扇橋警察署の非番巡査と 2 人 1 組で戸別訪問調査、調査カードに記入。			[東京府慈善協会編 1920b：99] [東京府社会事業協会編 1921c：48-78]
救済委員会 7 月例会：深川における少額収入者調査の途中経過報告			[東京府社会事業協会編 1920：142-144]
深川区における調査継続中			読売新聞：大正 9 年 8 月 8 日
			勅令第 285 号、『官報』第 2419 号、大正 9 年 8 月 24 日
		9 月中旬、細民調査（第 1 次）開始。大正 10 年 3 月完了。	[東京市社会局 1921a：1-3] [東京市社会局 1922：103]
		細民調査（第 2 次）開始	[東京市社会局 1922：103]
「深川区小額収入者調査」調査結果公表。戸別訪問 2675 戸、そのうち小額収入者該当戸数 639 戸			[東京府社会事業協会編 1921c：48-78]
北豊島郡下板橋町にて小額収入者調査			[東京府社会事業協会編 1921e：161-162] [東京府社会事業協会編 1922a：64-86]
「板橋町小額収入者調査」調査結果公表。戸別訪問 377 戸、そのうち小額収入者該当戸数 193 戸			[東京府社会事業協会編 1922a：64-86]
			勅令第 460 号、『官報』第 3076 号、大正 11 年 11 月 1 日

（1918）1 月に「公設市場設置ニ関スル案」を協議し、2 月の時局調査会で承認、3 月には東京商業会議所の議員総会で可決、直ちに東京府と東京市に対し公設市場設置を建議した(15)。

　東京商業会議所は物価騰貴に対し、このように機敏に動いたが、当時、東京市政はこの提案に対応できる体制ではなかった。前年 8 月に奥田義人市長が死去したが、次の市長が決まらないまま、市助役と参事会が対立するようになり、市政は混乱していた。4 月 5 日にようやく田尻稲次郎が市長に就任した(16)。

　一方、東京府のほうは提案を受けて、井上知事がすぐに動いた。

　「府の物価調節策の訓示、本日公にさる」東京府では十二日、井上府知事の名において（中略）訓示を発する筈であるが、右は近時一般に物価が騰貴して、

特に日用必需品に未曾有の現象を呈しつつあるに鑑み（中略）、簡易適切な公設市場を開設して、一般需要に応ずると共に、共同購入の方法または購買組合の利用に依り、食料品その他生活資料を廉価な生産地方から直接購入する途を講ずるために一層仲介の労を取ることを述べてあるが（後略）(17)。

生活必需品を安く購入できる公設市場の開設を推進する方針を示した。

東京府内務部は府農会に公設市場設置を働きかけた。4月18日、井上知事、東園内務部長は東京府庁に府農会幹部等を招致して協議会を開き、公設市場について継続協議する段取りを整えた(18)。

物価騰貴、生活難、この現象は日に日に深刻の度を加えるので、東京府でも調節方法の一つとして公設市場設立の必要を感じているが、（中略）東園内務部長は語る、「今日のやうに日用品が制限なしに暴騰しては特に中産階級の者がたまらない。何等かの方法で調節を図りたいと思っているが（後略）」(19)。

東京府の対応には物価問題の重要性を認識していたことがうかがわれる。物価高騰が生活を圧迫していることに対する不満は都市中流層に拡大しつつあった。前年（1917年）にはロシア革命が起きていた。物価騰貴は社会の不安定要因であり、忽せにはできない問題であった。しかし、公設市場の開設で客を奪われることを小売商業者たちが懸念して強く反対したため、公設市場の設置案は暗礁に乗り上げた(20)。

貧困地区と救済体制

東京の物価上昇が深刻さを増していた大正7年初頭、東京府慈善協会では貧困地区の実態をどのように把握するか、議論が行われていた。1月19日に開催された東京府慈善協会の第二部会（改善保護）では、幹事の岡弘毅が協議題として貧困地区の問題を取り上げ、次のような趣旨を述べた。

輓近、細民住居地の移動激しく、市部並郡部に於ける救済方針の均衡を保ち難く、従て救済方法の適確なるを期すべからざるの状態に在り、されば先づ以て厳密なる細民地区、及細民状態調査を完成し、行政方針を樹立し、居宅救済主義、収容救済主義、両つ乍ら平衡比例を保すべく、之が実施方法として、予は細民地区を行政的にも之を分明に区別し、細民相談所、或は救済委員の如きものを設置し、臨床的救済を徹底せしむべきを慫慂す(21)。

東京の工業化が進み、東京市の周辺部や東京府郡部で工場数が増加し、貧困な労働者層が集積していること、実態調査を急ぎ、貧困対策の実行体制を整

える必要などを述べた。実態把握の方法として、具体的に「救済委員の如きもの」の設置を例に挙げた。

「救済委員」案は東京府慈善協会ですぐに実行に移された（図表5-1）。5月11日の理事会で「救済委員」設置案が承認された[22]。6月13日に東京府庁で救済委員協議会第1回を開催、東京府内（市部・郡部）を14区域（方面）に分け、各方面ごとに救済委員の連絡機関を設置することになった。各方面の連絡機関は専任委員、方面委員、名誉委員の3者で構成、中核は専任委員（調査、救護担当）である。民間救済団体の実務者をこれに当て、すべての方面の専任委員を決めた[23]。

7月2日に第2回を開催、細民地区を正確に把握するため、各方面の委員は担当区域の細民地区について地図を作成することになった。次の会合は10月10日に予定された[24]。その会合までの間に米騒動が起きた。

5-2　米騒動と物価対策

米騒動と臨時救済

大正7年（1918）7月、米穀の供給量が不足し、米価が急騰、富山県で米騒動が始まった。8月、米騒動は各地に広がりはじめた。東京で騒擾が起きる前、東京府は東京府慈善協会の協力を得て、次のような段取りを整えた（図表5-1）。8月9日、知事官邸に関係者が集まり、貧困層から中産階級まで米価暴騰で深刻な影響を受けている状況を鑑み、白米供給所を開設する方法を協議した。翌10日、理事会を開き、10カ所の方面に白米廉価供給所を開設する案を承認した。開設場所は小学校と救世軍施設を使うことになった。12日から朝鮮米・外国米の廉売を始めた[25]。

米騒動は、8月12日に神戸市で暴動に発展した。翌朝午前9時半、逓信大臣田健治郎は寺内首相と官邸で協議、名古屋市、京都市、大阪市でも騒擾となり、事態が急転していることを確認した。13日午後、臨時閣議を開催し、米穀供給量を緊急拡大するため対策費を措置、さらに皇室に下賜金を奏請した[26]。皇室の内帑金300万円を下賜することが即日決定した。

同日、東京府知事の井上は内務省で打ち合わせた後、府庁に戻り、東京市長の田尻と深夜まで協議した。この間、東京でも13日夕刻から日比谷公園に群衆が集まりはじめ、夜半には騒擾状態になった[27]。

5章　近代東京と社会政策　　103

東京市養育院長の渋沢栄一は実業界に働きかけて、困窮者への救済金募集団体を組織する段取りをつけた。官民合同の救済金募集団体が組織されることになった[28]。

　15日午後3時、東京商業会議所に東京府知事（井上友一）、東京市長（田尻稲次郎）、実業界有力者など官民関係者、新聞記者など約50名が参集し、「東京臨時救済会」設立が発表された[29]。

> 井上知事より府内現下の情況に関する沈痛なる演説あり。田尻市長また市の応急策について述ぶる処あり。米を廉売し、その他一般救済の方策を講ずるの急なるを説き、満場一致、発起者の意見に賛同して東京臨時救済会を設立する処となり、遅くとも五日以内には米価騰貴に苦しむ者に対する同情を具体的に発表すべき意気込みにて直に活動に着手したり[30]。

会長は渋沢、副会長は実業界から2名（中野武営、藤山雷太）、顧問は東京府知事（井上）と東京市長（田尻）である。翌日の新聞に東京臨時救済会の設立と救済資金募集が公示された[31]。寄付金は数日で50万円に達し、東京府に配分された皇室下賜金は17万2325円であった。

食糧問題と応急対策

　この間、東京府と東京市は米穀の調達に動き、廉売体制を整えた[32]。役割を分担し、東京府は外米の調達、東京市は内地米の調達に当たった。東京府の白米廉価供給所を19ヵ所に増やし、8月12日から28日までの間に外米4347石5合を、のべ20万2千人余に廉売した[33]。

　一方、東京市は内地米を各区役所に供給、米券を発行し、廉価で購入できるようにした。米券配布対象者、廉売の設置場所は各区に一任した[34]。8月24日から廉売を開始、当初は区役所、小学校を廉売所にした。8月末、調達した米穀は市内の米穀販売店に供給されることになり、米券を持参して米店に行き、割引価格で購入する方法に切り替わった[35]。9月上旬に東京の白米廉売は落ち着いた。

　9月10日に東京臨時救済会の寄付金募集は終了、募集事務の必要経費を除いた寄付金総額は114万34円78銭に達した。使途・配分額について東京臨時救済会の常務委員会を数回開いて協議、9月28日に決定した。東京市に「内地米廉価供給助成費」40万円、公設市場の開設費として「日用品小売市場助成費」60万円（市40万、郡20万）を配分することにし、残額

は「購買組合助成費」（市6割、郡4割）とした。寄付金の会計処理は10月3日に終了、東京府知事へ全額が引渡された[36]。

物価騰貴と恒久対策

東京府と東京市が連係して取り組んだ白米廉売体制が実動しはじめた8月下旬、東京商業会議所の幹部2名が早くも次の対策を相談するため、東京府に来庁した（図表5-1）。8月21日、東京商業会議所の会頭と書記長が井上府知事に公設市場の件を打診に来たのである。

> 「公設市場急設」東京商業会議所にては、今春、公設市場建設の意向ありしも、当局との交渉纏まらず、其の儘立ち消へとなりしが、今回、現下事態に適切なる施設と認め、再び該問題を現出せしむべく、藤山会頭は二十一日午後、服部書記長と共に井上府知事を訪ひ、意見を交換せしに、府側に於いても公設市場の急設に同意を表したるより、愈々断行と決し、之れが具体的の作成に着手せり。[37]

白米廉売は騒擾拡大を抑えるための応急措置である。根本的な問題は生活必需品全体に広がっている物価騰貴であった。当時、住宅不足も深刻化しており、住宅不足による家賃上昇が家計を圧迫していた。根本的な対策を講じないと次の暴発を惹起する。公設市場開設に向けて直ちに動くことに話がまとまった。

8月下旬、内務省も公設市場を強力に推進し始めた[38]。

> 「公設市場普及」各府県の公設食糧品市場設置に就きては、今春召集の地方長官会議に於いて、水野内務大臣より縷々陳述する処ありたるが、（中略）今回の食糧騒動に鑑み、是が急設普及の要を認め、小橋内務次官より各地方長官に対して、急遽設置すべき旨、それぞれ伝達したり[39]。

経済対策と治安維持は表裏一体で、構造的に生じている不均衡を是正しなければ社会は安定しない。内務省はこの年のうちに行政的な手続きを踏んで、小売市場開設と小住宅改良の2件を内務省の主要政策に加えた（後述）。小住宅の改良とは具体的には細民地区の住宅改善である[40]。

東京府「細民地区改善事業」

東京府の井上知事は物価問題と住宅問題について、次のように具体策を講じていった（図表5-1）。9月2日、東京府慈善協会の理事会を開き、「細民

地区改善事業」として日用品廉価供給所を設置する案を発議した[41]。白米廉価供給所の閉鎖と入れ替わりに、9月12日、日用品廉価供給所5カ所を貧困地区に開設した。民間救済団体が運営し、米、味噌、薪炭などの廉価販売を始めた[42]。東京府慈善協会の協力を得て、購買組合と同様の組織を立ち上げたのである。

東京府に配分された「日用品小売市場助成費」郡部20万円は東京府から東京府慈善協会に「細民地区改善事業資金」として下付された[43]。この資金をもとに、10月15日に物価調節機関として東京日用品市場協会が設立され、11月に郡部9カ所で仮設テントの市場を始めた。そのうち6カ所は翌8年6月までに本建築の常設市場になった（北品川町、渋谷町中渋谷、内藤新宿町、滝野川町、日暮里町金杉、寺島村曳舟）。郡部の公設市場は大正8年末までに18カ所に増えた[44]。このように井上知事が主導して、東京臨時救済会の寄付金を東京府慈善協会に下付し、9月に購買組合、11月に公設市場を実現させていった。

これと並行して井上知事は東京府慈善協会の「細民地区改善事業」を次のように展開させた。11月6日、東京府慈善協会の理事会で「細民地区改善事業」について協議した。日用品供給所は主要拠点を2カ所にし、民間救済団体に運営を委託することになった。12月20日開催の理事会で、運営を委託する主管者との契約内容について検討した[45]。2カ所の主要拠点は「第一武蔵屋（主管：原胤昭）」「第二武蔵屋（主管：渡辺海旭）」として営業し、社会状況に柔軟に対応できるように、各拠点の傘下に支店を設ける形態にした。

このほか、協会直営事業として、日暮里町金杉に貧困層対象の小住宅地区を建設することになり、年度内に着工した（のち小住宅41戸、商店式家屋6戸、付設施設として公益質屋、共同浴場、日用品廉価供給所、託児所を設置した地区となる）[46]。

以上のように大正7年1月に東京府慈善協会幹事が細民地区対策の必要性を述べてから、1年余のうちに、井上知事の主導で東京府は「細民地区改善事業」の実行体制を構築し、実働を始めた。市部・郡部の境界域に工場集積地域、貧困地域が拡大しており、物価が下がる経済的見通しがあるわけではない。東京市は田尻市長が就任していたが、市政運営は難航していた。井上知事は東京市と切り離して、府独自でこれらの対策を進めたのである。

106　　II部　近代東京と救貧：分析枠組

図表 5-2　東京府慈善協会「細民地区改善事業」概況

（大正 9 年 6 月末時点）

運営形態	事業内容	事業実施地域
直営	1　日暮里小住宅	日暮里町金杉
	2　公益質屋	日暮里町金杉
	3　麻布保育所	麻布区新堀町
	4　出世組合	未着手
	5　中央工業労働紹介所	神田区鍛冶町
	6　救済委員制度	専任救済委員 19 名
	（隣保事業）	嘱記救済委員 48 名

運営形態	事業内容	事業所名	主管者	備考
委託	1　日用品廉価供給、他	第一武蔵屋	原胤昭	支店：4 店舗
	2　日用品廉価供給、他	第二武蔵屋	渡辺海旭	支店：1 店舗
	3　児童遊園、児童図書館、他	救世軍殖民部	山室軍平	
	4　特殊小学校補助	四谷区旭町二葉保育園分園内		

出典：［東京府慈善協会編 1920b：13-15］より筆者作成。

　井上知事は大正 8 年 6 月 12 日、知事在職中に亡くなった。布石を打った
東京府慈善協会の「細民地区改善事業」は大正 9 年前期までに図表 5-2 の
ように展開していった。

5-3　内務省社会局と労働問題

救済事業調査会の設置

　内務省は次のような手続きを踏んで公設市場設置を政策として推進してい
った。米騒動の前年、大正 6 年 8 月 25 日に内務省地方局に救護課が新設さ
れたことは既述した通りである。救護課は軍事救護法のほか、賑恤救済も所
管していた。予算獲得には、諮問委員会を設置し、内務大臣が施策について
諮問、委員会が答申、内務省が政策を立案し、予算を請求する[47]。

　大正 7 年 6 月 24 日、勅令で内務省に救済事業調査会が設置された（勅令
第 263 号）。各省高等官と学識経験者 20 名で構成され、学識経験者として
任命された委員のなかには、東京府知事の井上（法学博士）や高野岩三郎
（東京帝国大学教授）も含まれていた[48]。

　第 1 回会合が 7 月 3 日から 6 日に開催され、内務大臣水野錬太郎が諮問
委員会への期待を次のように述べている[49]。

近時世運の推移、経済状態の変転に伴ひ、社会政策上の各種問題に就きて根本調査を遂げ、（中略）欧州大戦の波動は時々刻々に我邦の思想界、並物質界を衝盪するあり、世態人心亦為に種々の変革を来すの処なしとせず、隨って将来更に幾多社会問題の湧起を免れざるべく、即ち之に対応すべき考究と施設とは、両つながら更に一段の精彩あり活力あり（後略）。

第一次大戦の影響で経済、社会の変化は不可避であり、制度と基盤整備の両面について審議を深めることを期待する発言であった。当時は寺内正毅内閣であったが、水野錬太郎は政友会の党員である[50]。

委員のひとり、高野岩三郎は救済事業調査会が設置されたことを次のように評価している[51]。

官憲が兎に角、調査会を設けたる幾分の勇気（設置に至らしめたるは大部分は一般の風潮が然らしめたのである）を賞揚して、向後、会の実績を挙るべく鞭撻すべきであらう。

従来の内務行政と異なる動きに期待を述べている。水野は第一次西園寺内閣で原敬が内相だったとき、神社局長兼内務大臣秘書官だった[52]。大正2年に官僚を辞職、政友会に入党した。高等官が政治家に転身した草分けである。同様に第二次西園寺内閣で原内相の内務次官だった床次竹二郎[53]も官僚を辞職、大正2年秋に政友会に入党した。原は内務省出身の政友会党員である水野と床次を信頼し内務行政を任せた。大正期の内務大臣は水野、床次、それに後藤新平が交代で就任する時期が長く続いた（大正5年10月9日〜13年6月11日）（図表5-3）[54]。

内務省と社会政策

救済事業調査会の7月6日会合では、調査項目8件が定められた。第一項目は「生活状態改良事業」で、その筆頭は「小売市場」、次が「住宅改良」である[55]。このときから1カ月経たないうちに、米騒動が起きた。そして8月下旬には内務次官から各地方長官に公設市場設置の奨励方針が伝達されたのである。

9月21日、内務大臣から救済事業調査会に対し、内務省原案を付して「小売市場設置要綱」と「小住宅改良要綱」に関する諮問が提示された。「小住宅改良要綱」の主旨は細民住宅の改良で、付されていた原案題目は「細民住宅改良要綱」である[56]。

図表 5-3　内務大臣　在職期間

内閣総理大臣	内務大臣	内務大臣　在職期間
寺内　正毅	後藤　新平	大正　5 年 10 月　9 日〜大正　7 年　4 月 23 日
	水野　錬太郎	大正　7 年　4 月 23 日〜大正　7 年　9 月 29 日
原　敬	床次　竹二郎	大正　7 年　9 月 29 日〜大正 10 年 11 月　4 日
高橋　是清	床次　竹二郎	大正 10 年 11 月 13 日〜大正 11 年　6 月　2 日
加藤　友三郎	水野　錬太郎	大正 11 年　6 月 12 日〜大正 12 年　8 月 24 日
山本　權兵衛	後藤　新平	大正 12 年　9 月　2 日〜大正 13 年　1 月　7 日
清浦　奎吾	水野　錬太郎	大正 13 年　1 月　7 日〜大正 13 年　6 月 11 日

筆者作成。

　救済事業調査会に特別委員会が設置され、10 月 18 日開催の委員会について次のように報道されている。

　　内務省救済調査会に於ける小売市場設置に関する特別委員会は十八日午前十時より同省会議室に於て開会、添田地方局長、井上東京府知事を始め、各委員出席、前回に引き続き、各委員の意見開陳あり。審議の結果、大体、内務省原案通り可決し、正午散会したり。なお来たる二十六日頃、同総会を招集の上、委員会審議の経過を報告すべし[57]。

井上も特別委員の一人であった。11 月 5 日の救済事業調査会で「小売市場設置要綱」と「小住宅改良要綱」が決議され、内務大臣に答申された[58]。

　以上のように井上は救済事業調査会の一員として、小売市場設置が内務省の政策として具体化されるプロセスに関与した。同時期に東京府は公設市場の開設資金を東京臨時救済会から得た。内務省と東京府が連動して物価対策を進めた背景には、物価高騰が細民層の生活を直撃し、かつ都市中流層に影響し、治安の不安定要因を拡大させる懸念が大きかったらであろう。

労働問題と ILO 発足

　米騒動後、寺内内閣は辞職、大正 7 年 9 月 29 日に原敬を首班とする内閣が発足した。立憲政友会を中心に組閣された政党内閣である。内務大臣は床次竹二郎で、労働問題に関して実業界と労資協調の方向で調整を進めた。12 月 10 日、床波内相は救済事業調査会に「失業保護の施設」と「資本と労働との関係を円滑ならしむる施設」について諮問した[59]。これを受けて、翌 8 年（1919）3 月 3 日に救済事業調査会で決議されたのが「失業保護に関する施設要綱」と「資本と労働との調和に関する施設要綱」である[60]。

5 章　近代東京と社会政策　　109

内務行政は水野から床次へと政友会の基調が引き継がれ、小売市場、小住宅、失業保護、労資協調と答申を受けて基本の施策が次々と確定された。これらは相互に関連している一連の政策である。労働者側の視点から当時の状況が次のように記述されている。

昨今の物価暴騰だ。米も昂る。呉服類も昂る。家賃も昂る。これでは独り労働階級のみに限らず、国民一般に遣り切れたものではない。（中略）たまたま物価政策に手を焼ける原内閣は、物価は下がりっこはない、生活難は須く増収主義で解決せよと、（中略）ストライキ熱は各所に於いて煽り立てられた。斯くする内、大々的ストライキが勃発してきた(61)。

家計への圧迫は日用品から住宅まで広範囲に及んでいた。内務省が諮問した小住宅は細民住宅の改善であったが、住宅が全般的に不足し、家賃が上昇していた。

当時、東京をはじめとして家がなくて実に困った。事業が活発になったために労働者が地方から移ってきたり、みんな独立して家を持つというようなわけで、住宅がない。物価は高いし、なんとか住宅を増設しなければならぬというので（後略）(62)。

産業化、都市化が進み、流入者が増加、従来の都市基盤では対応できず、諸問題が山積するのは構造的問題だったといえよう。生活条件と労働条件の改善要求は高まり、「大正8年に入ると労働争議件数は最高の記録を示し、いわゆる物情騒然たる」情況になった(63)。

また、第一次大戦休戦が成立、大正8年前半はパリ講和会議、国際労働立法委員会発足と続いた。日本も国際労働機関（ILO）の設立準備に参加していた。6月28日にヴェルサイユ講和条約に調印し、10月下旬にはワシントンでILO総会開催が予定されていた。英国政府内に置かれていたILO総会準備委員会から日本政府に対し、日本の労働状態について具体的質問項目を挙げて問い合わせがきた(64)。

日本は国際労働法の規定に沿った対応を要求される状況にあったが、多くの点で日本の国内事情は労働問題に理解も対応も不充分で、国際的に非難される問題点が複数あった(65)。このような状況に「内務行政もしだいに改めなければならない」という意識が共有されるようになっていった(66)。

第一次大戦後、欧州各国は大量動員した帰還兵への対策や、ロシア革命の影響で激化している労働運動への対応など予断を許さない状況にあった。

110　　II部　近代東京と救貧：分析枠組

ILO 設立、総会開催という労働問題に対する国際協調路線は、先鋭化する労働運動のボルシェビキ化を防ぐという各国共通の利害に基づいている一面があった[67]。

内務省社会局の開設

　大正8年、日本の労働運動は活発化していた。床次内相の方針は各国共通の労資協調路線だったが、内務省内には労働運動を警戒する従前からの対応と、国際協調路線に即した対応をめざす動きの両方があった[68]。国際的な動向に対応するには、従来の救護事業の幅を広げ、労働者の生活問題への関与を必要としたが、内務省内・省外で理解を広げるには時間がかかり、内務省の機構改革は段階的に進んだ。

　救護課長の田子一民は大正7年から約1年間、欧米を視察して大正8年1月に帰国、第一次大戦中の欧米社会を実地で経験し、後年次のように述べている。

　　　この海外視察は、わたしの思想に大きな転換をもたらし、（中略）それは、第
　　　一次欧州戦争で、連合軍傷病兵の痛ましい情況を具に見たからである。連合軍
　　　の限りない傷病兵は、毎日毎日、前線から送られて来る（後略）[69]。

帰還後の状況を視察し、社会行政の重要性を実感した田子は、救護課の事務官川西実三（のちILO事務所勤務）とともに、社会局への昇格を省内・省外で働きかけたが、すぐに社会局設置は実現しなかった[70]。

　救護課は軍事救護を本務として設置された課だったが、ILO第1回総会後、労働者の生活問題など労働分野の業務が増加した。大正8年12月24日に地方局救護課は社会課に改称された[71]。

　社会局への昇格が政府内で認められたのは翌年である（図表5-1）。大正9年（1920）8月23日、社会行政と労働行政を体系的に所管するため内務省社会局が設置された（勅令第285号）[72]。

　大正11年11月1日には社会局官制が公布され（勅令第460号）[73]、社会局は外局として位置づけられることになった。その背景は次の談話（大正11年当時：内務書記官大野緑一郎）に述べられている。

　　　私は大正十一年十月、東北へ出張していたが、急遽、東京に呼び戻されて、社
　　　会局官制の作成に当たった。その時の趣旨は、やはり新しい労働運動になり、
　　　保護立法に対処するため、外局をつくることであり、このために社会局官制で

は企画・立案に当たる事務官の数を多くした。内務省の内局にいれてもいいのであるが、農商務省に対する考慮から、外局とすることになったという話だった[74]。

労働分野の政策拡充のため人員増を必要とした。しかし、労働分野の所管をめぐって、内務省と農商務省は難しい調整を重ねてきた経緯があった。そのため、外局にして要員を増やした、と説明している。

以上のように、内務省行政は、大正期に軍事救護の領域が拡大した。内務大臣のポストは政友会系で引き継がれ、大正7年の米騒動、大正8年のILO加盟を契機に、労働・生活分野の業務量が増えた。内務省社会局が設置され、要員を増加して社会行政と労働行政を専管するようになった[75]。

5-4 東京の社会行政と貧困調査

東京市政の停滞

内務省は大正7年11月5日の救済事業調査会答申を受けて小売市場設置を政策的に推進した。東京府は11月中に郡部で公設市場を実現した。東京市は大正7年12月に市場開設計画を立案したが、東京市参事会の承認が得られず頓挫した。参事会に議決権はないが、市長不在が長期化していた期間に発言力を強めたのである[76]。

大正8年、労働争議は頻発、物価は再び上昇し始めた。6月11日、内務省は各地方長官に対し次のような通牒を発した。

> 昨年来、物価の高低常なく、中産階級以下の者をして生活上不安を感ぜしめつつある状況に有之。是が救済策としては既に小売市場、購買組合、住宅改良等、日常生活を安易ならしむる施設を為し、着々成績を挙げつつあるもの有之候処、地方に依りては未だ実施の運びに至らざるもの有之。(中略) 此際、急速に実施相成候様致し度、尚実施の成績十分ならざるものに就ては、此際改善を加へ、実績を挙ぐべき様、御配慮相成度候、(中略) 昨年米価暴騰の際、御下賜金、寄付金等の残余有之候向は、此際、是等施設に当られ候様致度[77]。

下賜金・寄付金は人々の生活難を緩和するためのものであるが、いまだに有効な対策を実行していない成績不良の地方があると述べている。東京市を暗に批判したのだろう。内務省から督促ともいえる通牒を受けて、東京市は公設市場案を再提議した。

112　　II部　近代東京と救貧：分析枠組

今や再び米価は高騰し、市民生活難の声は当局の施設を要求するに至りたるが、府側に於て既に公設廉売場の増設計画をなし居れる一方、寄付者側より市に対し、寄付金用途に関し、批難されんとする形勢を生じ来れる為、市当局は遅蒔乍ら急遽、公設市場案の再審査を明け十三日の市参事会に仰ぐべく手続きを了せり[78]。

市会と参事会の間で市政のイニシアティブをめぐる混乱が続いており、6月26日、市会議員有志が参事会不信任案を市会に提出、市会満場一致で不信任案を可決、参事会員8人が辞任した[79]。

その後、7月2日の東京市会で日用品販売市場と軽便食堂党の設置案が可決された[80]。東京市庶務課が所管する方向で日用品販売市場と軽便食堂の計画が具体化していった[81]。

東京市社会局の発足

大正8年も物価上昇が鎮静化する見通しはなく、下半期の重要な政策課題の一つは物価調節であった。10月、原首相は各省高等官を招集して「社会政策実行協議会」を3回開催した（10月9、14、18日）。物価調節に焦点を合わせた社会政策を閣議決定し、19日に優先的に実行する社会政策4件を発表した。「公設市場増設」「小住宅建築奨励」「購買組合の奨励」「生活必需品の鉄道輸送費減免」で、前年から進めていた政策と代わりばえしなかったが、内閣、各省が一丸となって物価調節に照準を合わせ社会政策を実行する姿勢を示した[82]。まもなく10月29日にワシントンでILO第1回総会が開かれる予定で、日本の代表団もすでに送り出されていた時期である。

このような社会情勢の反映であろうか、10月29日、東京市会に「社会局設置の建議」案が提出された。建議案には「時代の要求に因り、都市社会政策に関する施設、日にますます繁劇を加ふる時に方り、庶務課に於て之を管掌するは、時勢に後るるの不便あり、仍て速に社会局を新設し、遺憾なく都市社会政策を実行せしむることを希望す」と述べられていた[83]。庶務課が社会政策を兼担するやりかたでは時勢に遅れると述べ、東京市に社会政策の専管部局を設置することを要望していた。即日、社会局設置案は市会で可決された[84]。この決議を受けて、大正8年12月26日、東京市社会局が発足した[85]。

このようにILO総会後、12月下旬に内務省救護課は社会課に改称され、

5章　近代東京と社会政策　　113

東京市に社会局が開設された。年が明けて大正9年1月26日、東京府は救済課から社会課へ組織改編した。同時期に社会行政の体制が一新された（図表5-1）。

東京府慈善協会と貧困調査

　東京府と東京府慈善協会は、大正8年3月までに「細民地区改善事業」実施体制を整え、実働させていたことは既述した通りである（図表5-1）。大正8年7月26日の深川方面救済委員会で、「細民」について基準・標準を定める要望が出て、本部の救済委員会に提議された[86]。現場で実際に事業を行う際に、どの範囲までが「細民」に該当するのか判断基準が必要になったのである。つまり、「細民」の定義を明確にしてほしいという要望である。

　すぐに8月7日の救済委員会（第6回）の議題に取り上げられたが、この日は議題が多かったので、改めて8月23日に臨時の委員会（第7回）を開き、国内外の調査研究事例に基づいて検討、協議した。翌9月6日の救済委員会（第8回）でも協議が続いた。「細民」の定義を明確にし、実情・実数を把握することは、的確な対象、適切な事業計画につながる。事業の根幹に関わる問題であるため、細民標準調査委員会（委員7名）を設置して、詳細緻密に検討し原案を作成することになった[87]。

　3回の細民標準調査委員会を経て、10月22日に原案作成、11月7日の救済委員会（第11回）で原案承認、実査は警視庁に協力を依頼することになった[88]。

　以上のように東京府慈善協会では「細民地区改善事業」の実行に際し、「細民」の定義、対象者の範囲を明確にすることが必要になった。大正8年の夏から秋にかけて救済委員会で慎重に議論・検討を重ね、一応の基準（標準）を定めたのである。

　これに基づく実査は大正9年度に深川区で行われた。「細民」は「少額収入者」と表記することになった。6月3日から深川区の扇橋警察署管内を調査対象地域とし、救済委員会の専任救済委員19名が扇橋警察署の非番巡査と組み、2人1組で戸別訪問調査を行った。調査項目を記載した調査カードに聞き取った内容を記入した[89]。8月も調査継続中であることが新聞に報道されている[90]。なお、大正9年10月に東京府慈善協会は名称変更し、

114　　　Ⅱ部　近代東京と救貧：分析枠組

「東京府社会事業協会」になった[91]。

　深川区の調査結果は、翌大正 10 年 6 月に「深川区小額収入者調査」として公表された。戸別訪問数 2675 戸、そのうち 639 戸が細民標準に該当する少額収入世帯であった[92]。

　続いて大正 10 年に北豊島郡下板橋町の調査が行われた。調査結果は翌大正 11 年（1922）3 月に「板橋町小額収入者調査」として公表された。戸別訪問 377 戸のうち 193 戸が少額収入者に該当した[93]。

　以上のように大正 7 年に「細民地区改善事業」着手、大正 8 年に「細民」基準を定め、大正 9〜10 年に「少額収入者」の実査が行われた。これらの調査は細民地区改善事業の対象者を適切・的確に把握するため行われたものである。この後、詳細な調査は東京市社会局が行うようになっていった。

東京市社会局と貧困調査

　先行研究で中川が依拠したのは東京市社会局が実施した大正期の細民調査である。東京市社会局の体制は、発足時は 3 課の構成で（総務課、公営課、救護課）、総務課に調査掛が設けられていた[94]。

　初代局長は窪田文三（大正 9 年 2 月 14 日就任）、総務課長は武藤七郎である[95]。両者ともに大正 8 年 10 月開催の ILO 総会に出席しており、窪田は政府代表顧問随行員として、武藤は労働者代表桝本卯平の顧問として参加した[96]。労働問題の国際情勢を知る人物たちが幹部に就任したのである[97]。

　原首相は優先する社会政策の一つに「小住宅建築奨励」を挙げていた。窪田局長は社会局が着手する最優先事業は「細民の住宅問題」であると述べている[98]。大正 9 年、総務課調査掛が最初に着手したのは細民調査であった。社会政策立案の基礎資料として細民の生活状態を把握する必要があると調査目的に述べている。

　しかし、細民の生活状態を包括的に把握することは容易ではないため、細民調査は 3 段階に分けて設計された。第一次細民調査は大正 9 年 9 月中旬に始まった。調査掛員が直接資料収集に当たった[99]。同時期に東京府慈善協会が深川区で行っていた細民調査とは異なる調査である。調査結果は大正 10 年 3 月に東京市社会局総務課『東京市内の細民に関する調査』として公刊された[100]。中川が活用したのはこの細民調査である。

　『東京市内の細民に関する調査』は冒頭で、「細民」の定義を簡略に記し、

5 章　近代東京と社会政策　　115

居住状態に即して細民を2種類に分けている。「定居的」細民と「不定居的」細民である。前者は借家居住者、後者は木賃宿宿泊者、水上生活者などである[101]。東京府慈善協会とは異なる視点で分類しているが、東京市細民調査の場合も、「細民」の定義、類型ごとの実態把握が焦点の一つだったことがうかがえる。

　以上のように同時期に行われた東京府・東京府慈善協会と東京市社会局の細民調査は、それぞれの目的に即して「細民」を定義し、実査で確認した。大正期は軍事救護法、物価高騰、ILO加盟など、マクロな変化の影響を受けて救済実務が拡大した。救済資源を効率的に投入するため、調査が必要だったといえよう。

---6章---

貧困層と教育政策

6-1 近代東京と初等教育

貧困地域と初等教育

近代東京の貧困地域で重要な役割を果たしたのが学校である。内務省の困窮者救済とは異なる行政分野である。四谷区鮫河橋では教育行政と救貧行政はどの程度関連していたのだろうか。貧困層の生活と関連が深いのは初等教育である。本章では明治・大正期におけるマクロな教育行政の流れ、すなわち文部省と東京府の初等教育政策の推移を概観しておこう。

明治前期、教育制度を定めた基本的な法令は、明治5年（1872）8月の「学制」と、明治12年9月の「教育令」である。明治5年「学制」は社会の実情に合わない点があったため、明治12年に「学制」は廃止され、「教育令」が施行された[1]。明治前期の教育制度はこのように「学制」施行期と「教育令」施行期の2段階に分かれる。

東京府は明治4年から行政区分として「大区小区制」を施行していた。明治5年「学制」で文部省は全国を「学区制（大・中・小学区）」に分け、小学区ごとに小学校1校を設置する基準を示した。東京府は行政区分の「大区小区制」が先行していたため、文部省の学区制は採用せず、「大区小区制」の小区を「小学校区」とした。

明治5年「学制」、明治12年「教育令」のいずれも初等教育は義務教育だったわけではない[2]。また、初等教育は無償ではなく、生徒から月謝（授

6章　貧困層と教育政策　　117

業料）を徴収することが前提になっていた[3]。

　明治 12 年「教育令」施行後、初等教育に関する文部省の法令は、明治 19 年（1886）の「第一次小学校令」、明治 23 年（1890）の「第二次小学校令」、明治 33 年（1900）の「第三次小学校令」と改正が続いた。「第一次小学校令」に「父母後見人等は其学齢児童をして普通教育を得せしむるの義務あるものとす」と記されていたが、厳密に適用されたわけではない。明治 33 年「第三次小学校令」によって授業料廃止の原則が示され、就学督促が厳しくなった[4]。

　以上のように、明治前期の初等教育は法令改正が続いた。法制度が社会の実情に合っていないため、改正が重ねられたといえる。施設整備や学校運営の財源は地域によって状況が異なり、法令に定められた通りに実行することが可能だったわけではない。法令と地域社会の教育実態の間には乖離があった。東京府の教育行政や貧困地域における教育実態はおおよそ次のようであった。

公立小学校の財源

　明治 5 年「学制」公布後、東京府は文部省の小学普及扶助金などを用いて小学校を設置する方針で臨み、明治 6 年 2 月に「東京府管下中小学創立大意」を告示した[5]。学校運営費（維持費）の財源に関しては次のような方針であった。

　各学校の運営費は毎月 50 円の予算が想定されていた。財源の内訳は、1 割は文部省扶助金（府県委託金）から、他 1 割は積立金利子（東京府が引き継いだ七分積立金利子）から、残り 8 割は民費から支出というものであった。民費の調達方法は各小区に一任された。生徒から月謝を徴収することが前提になっており、月謝は 3 段階に設定されていた（1 等 50 銭、2 等 25 銭、3 等 12 銭 5 厘）[6]。

　学校運営費はこのように大まかに設計され、緻密に計画されたものではなかった。明治 9 年まで実際には公費が支出されて公立小学校は運営されていた[7]。

　明治 10 年（1877）以後は、各小区が学校運営費を調達する方法に切り替わった。明治 17 年の東京府の教育状況を報告した『東京府学事第十二年報明治十七年』には次のように述べられている。

118　　Ⅱ部　近代東京と救貧：分析枠組

明治十年以前に在りては、学校保存の方法、鞏固ならず。自ら朝設暮廃の情勢

　　なき能はずと雖も、十年以後は切りに学校維持の事を計り、或は小間割の法を

　　用い、或は反別地価に価し、或は寄付金募集の方法を設け、又は補助金を下付

　　して、其の費用を資け、以て稍維持の途を得たり[8]。

授業料徴収のほかに、民費調達方法として実際に行われたのは、聞小間（借
地借家代収入）への賦課、地価（土地所有者）への賦課、有志の寄付金募集
であった。補助金を支出する例もあったことが述べられている。

　明治 11 年（1878）7 月、「郡区町村編制法」施行により、東京府では大区
小区制が廃止され、東京市街地は 15 区に編制された。翌 12 年 9 月「教育
令」が施行された。15 区では公立小学校の運営は各区が責任負うことにな
った[9]。学校運営費の財源は生徒授業料および区協議費である。

　　十二年以降、小学校の維持は総て区町村会の決議に係り、即ち協議費を以て支

　　弁せり。其の賦課法は、或は一区一町村同一の乗立により、或は従来学校の成

　　立組合によりて其の賦課乗立を異にする等、其の方法一様ならず[10]。

区協議費の調達方法は区によって様々だった。また、区協議費の議決権は各
区の区会にあった。

初等教育と階層分化

　明治 12 年以降、公立小学校の運営責任を負うことになった各区は学校運
営費の調達に苦慮した[11]。持続的に運営費を調達できる制度が整っていた
わけではない。公立の初等教育を維持する基盤はきわめて脆弱であった[12]。
東京府における公立小学校の設置は抑制され、初等教育の実質的な受け皿に
なったのは私立小学校である[13]。

　「学制」施行後も、学制に準拠した私学・家塾の開業は文部省によって認
められていた。江戸期の私塾・寺子屋の伝統を受け継ぐ民間の教育施設で、
東京府は開業申請を提出させて認可していた[14]。公教育のように大規模な
財源確保や分配のしくみを必要としない。個人や小規模団体で開業可能であ
る。生徒数、すなわち需要に応じて施設整備費・維持費を調整できる。東京
府は社会状況に柔軟に対応できる私立の初等教育施設の存在を積極的に認め、
公教育と並立させていた。明治 10 年には「私立小学開業心得」「私学取扱
内規」を作成し、私立小学校の教学に関する規定を明示した[15]。

　図表 6-1 は明治 10 年代後半の東京府における公立小学校、私立小学校数

6 章　貧困層と教育政策　　119

図表 6-1　東京府の小学校数の推移

年		公立	私立	合計
明治 15	1882	178	500	678
16	1883	207	462	669
17	1884	216	435	651
18	1885	223	435	658
19	1886	221	415	636

出典：［東京府学務課 1885：28-36］［東京府 1937：86］より筆者作成。

の推移である。一例として明治 17 年をみると公立小学校 216 校、私立小学校 435 校で、東京府内の小学校の 3 分の 1 が公立、3 分の 2 が私立という状況である。公教育維持の財政基盤が脆弱な東京府で私立小学校は不可欠の存在であった[16]。

　授業料は公立小学校のほうが高く、私立小学校のほうが低額だった。公立小学校に通学するのは高い授業料を負担できる階層の子どもたちである。一方、私立小学校の授業料は安く抑えられ、近代的な教授法を学んだ経験がない教員もいた。授業料によって、通学者の階層は分化し、公立と私立の二層構造になっていた[17]。

　東京は近世から近代にかけて社会構造が大きく変動し、多様な地域社会を内包していた。公教育に必要な諸資源を持続的に供給できる地域ばかりではなかった。私立小学校の多さは、社会的結合の脆弱な地域があったこと、均一な教育制度の普及は難しかったことを浮き彫りにしている。

6-2　初等教育と低就学率

低就学率と就学督促

　就学規範が国民に浸透していたわけではない。就学の必要を感じない人々もいた。東京には学齢期の不就学者が多数存在した。また、在学しても出席しない生徒、卒業に至らず中途退学者の割合も高かった[18]。

　東京府の課題の一つは低就学対策であった。明治 13 年（1880）5 月、東京府は各区の学務委員の職務について「東京府学務委員事務章程」を定めた[19]。そのなかで就学督促について、次のように規定している。

　　第三条　学務委員は学齢子女の就学を勧奨すべし、若し謂はれなく就学せざる

120　　II部　近代東京と教貧：分析枠組

者あるときは、其の父母、或いは後見人に督励すべし[20]。

学務委員は学齢期児童の父母または後見人に就学規範を浸透させる役割を担っていた。明治13年に神田区では学務委員がどのように就学を督励していたのか、次の記事に具体的に述べられている。

　　神田区にては、去る七月の調べに拠れば、区内の学齢の子女のうち、入校せぬ者が四分の一余も有るのを、同区の学務委員和久井久次郎と井上安右衛門の両氏が深く嘆き、何とぞ入校せぬ子弟の有る父兄へ諭し、一人も多く入校させる様に勧めてくれとの趣きを活版摺りにして、区内の各地主と差配人へ配られましたが、職務とはいえ、感心な人たちで有ります[21]。

不就学児童がいる世帯は借家住まいが多かったらしく、学務委員2名は地主と大家に活版印刷の文書を配ったと記されている。この場合、「後見人」とは具体的に地主や大家のことであった。地主・大家に不就学児の世帯に就学を勧めてほしいと依頼した。低所得層への対策には、借家人と直接関わりを持つ地主・大家など仲介者の存在が重要だったことを示している。

就学障壁と就学猶予

　不就学の理由の一つは労働である。家計維持のため、子どもの稼ぎを必要とする世帯が多かった。明治15年（1882）1月、東京府は学務員が行う督促業務を記した「就学督責規則」を公示した。

　第一条　学齢児童就学督責の事務は、学務委員之を管理し、郡区長之を統括する。

　第二条　学務委員は毎年の終わりに於いて、其の学区内の児童、翌年学齢に在りて就学する者と就学せざる者と（就不就学共に、未だ小学科三ヶ年の課程を卒えざる者と既に三ヶ年の課程を卒えたる者とを区別す）を区別し、之を就学調査簿に記入すべし。但し、其の記入の際、不就学の事故、或いは理由を不相当と思量する者あるときは、父母後見人等に懇篤説諭し、若し服せざる者は、其の次第を詳記し、意見を付すべし。

　第五条　学務委員は小学校教員或いは校主より出したる生徒出席簿に就き、欠席の多寡を検査し、時々父母後見人等に其の事故、或いは理由を質し、謂はれなきに於いては篤と将来を戒諭し、或いは更に郡区長の説諭を乞う事あるべし。

　第七条　未だ小学科三ヶ年の課程を卒えざる学齢児童にして、就学する能はざ

6章　貧困層と教育政策　　121

　　　　　る事故ありと認むべき者は概ね左の如し

　　　　　疾病廃疾の者、親族病に罹り他に看護の人なき者、一家極めて貧苦の

　　　　　者、（後略）(22)。

学務員が行う作業が具体的に細かく記されている。就学猶予について言及しており、認める理由の一つに「貧困」が挙げられている。子どもの稼ぎがなければ暮らしが成り立たない世帯が多数存在していることを行政は認識していたことを示している。

　東京府の初等教育は、公立小学校通学層、私立小学校通学層に階層分化し、さらにそのほかに多数の不就学層が存在していた。学齢期児童の状況は近代都市の階層構造を反映していたといえよう。

脆弱な教育基盤

　図表6-2は明治10年代の東京府の就学率である。就学者は4割前後で推移している。図表6-3は明治17年（1884）の東京府の初等教育概況である。就学者のなかに就学16週未満が特記されて含まれている。16週以上通学したが通年通学していない児童が就学者数に含まれているわけで、「4割」の実態は推して知るべしであろう。不就学者には未修学者と、就学したが継続しなかった者がいる。これらの数字から見る限り、就学規範が浸透していたとはいえない。

　明治17年の就学概況について、『東京府学事第十二年報　明治十七年』に次のように記されている。

　　　　就学督責の事は、其の実施の整理厳密なると同時に、校舎増設の必要を来たす

　　　　可きは勿論にして、其の校舎の増設、未だ俄に望む可らざるものなれば、就学

　　　　督責の挙行、今日に於いては極めて困難なりと云ふ可し。然れども是れ固より

　　　　重大の事にして、決して軽々看過すべきに非ざれば、将来、尚、施設上に関し、

　　　　益ます就学の便路を開かんこと切望する所なり(23)。

就学を督促しても、受け入れ可能な校舎が不足していた。小学校増設がすぐに可能な状況ではないので、就学督促を強力に進めることはできないと述べている。学務課は手詰まりの状態で、打開する方法を「切望」すると「学事年報」に書かざるを得なかった。これが明治17年の東京府の初等教育の実態であった。

　この『東京府学事第十二年報　明治十七年』には次のような興味深い内容

122　　　Ⅱ部　近代東京と救貧：分析枠組

図表 6-2　東京府　就学率

年		人口	学齢人口	就学者	就学者／学齢人口
明治 14	1881	1110080	138532	57327	41.4%
15	1882	1137363	146075	59959	41.0%
16	1883	1213199	153923	60737	39.5%
17	1884	1231811	162741	66396	40.8%

出典：［東京府学務課 1885：1-2］より筆者作成。

図表 6-3　東京府初等教育状況の詳細（明治 17 年）

	人数		学校数	就学者
東京府人口	1231811	公立小学校	216	31447
学齢人口	162741	私立小学校	435	31806
		就学 16 週未満		3143
就学者	66396	合計	651	66396
公立	31447			
私立	31806			
就学 16 週未満	3143			
学齢不就学者	96345			
未修学	69181			
その他	27168			

出典：［東京府学務課 1885：1-2、28-29、30-33］より筆者作成。

が記されている。東京府学務課が所管する学校類別のなかに「各種学校」
（公立私立合計 358 校）があった。明治 10 年に便利の良い場所に授業料不
要の府立商業夜学校を 6 校設置したところ、入学者が徐々に増えた。

　　貧家の子弟の如き昼間習学すべき暇なくして、未だ眼一丁字を解し得ざる者も、
　　亦能く文を綴り、書を読むに至れり。其の実益を見る最も速なるが故に、之を
　　普く府下 15 区に及し、毎区に一校を設け、其の名称を「庶民夜学校」と改む。
　　其の経費を地方税より支弁せしが十四年、之を廃止せり。然るに町村に於ては
　　其の実益あるを信じ、協議費を以て之を継続するもの多し。現今の公立各種学
　　校即ち是なり[24]。

授業料を徴収せず、働きながら読み書きの基本を習得できる学校には通学者
が増え、教育効果があったことが述べられている。低所得層は識字力を身に
つけることができる柔軟な教育体制を望んでいたといえよう。

6 章　貧困層と教育政策　　123

第一次小学校令の貧困層対策

東京府は明治11年に小学校に簡易科を導入し、低所得層に対応した教育課程を設けていた。簡易科というのは、尋常科より教学内容を削減し、修業年限を短縮した教育課程である[25]。

明治19年「第一次小学校令」では条件付きで「小学簡易科」が全国的に認められるようになった。

> 第十五条　土地の状況に依りて、小学簡易科を設けて尋常小学科に代用することを得。但し其の経費は区町村費を以て之を支弁すべし。(明治19年4月9日「勅令第14号」小学校令)[26]

簡易科を設置する場合は公費で運営することが条件になっていた。無償が前提の低所得層対策である[27]。

東京府は明治20年(1887)8月に「第一次小学校令」に沿った「小学簡易科教則」を定めた(府令第44号)。修業年限は3年、授業時間は一日3時間、科目は読書、作文、習字、算術の4科目である[28]。宗教関係団体が設置した貧困層対象の私立学校に小学簡易科は導入された[29]。

6-3　教育問題の顕在化

第二次小学校令の課題

「第一次小学校令」は16条から成る簡潔な法令だったが、明治23年の「第二次小学校令」は96条におよぶ詳細なものである[30]。これを施行するため、明治23年に「地方学事通則」、明治24年11月17日に関連諸規則が制定された[31]。文部省はこれをもって「普通教育」実施の基本的法令は発布し終ったとし、同日(11月17日)、文部省訓令「文部大臣の意見」を告示し、重要項目の徹底を図った。その一つが貧困層の就学対策である。

> 普通教育の施設は少数の児童をして完全の教育を受けしめんより、寧ろ多数の児童をして、国民必須の教育を受けしめざるべからず。苟も此の教育を受けざれば、人其の人に非ず、民其の民に非ざるなり。方今、全国学齢児童の就学、未だ其の半ばに達せず。而して其の残れるものは貧民の児童多きに居る。之を就学せしむるの方法、大に熟慮せざるべからず[32]。

人たる者は普通教育を受けることができる状況に在らねばならない、とり残されている貧困層児童への対策を熟慮せよと訓論している。

124　　II部　近代東京と救貧：分析枠組

「第二次小学校令」と関連法規をふまえ、東京府・市および各区は教育行政の所管事務を整理し、明治25年4月から実行する体制を整えた[33]。貧困層への就学対策については次のように述べている。

> （明治二十四年）十一月に至り、文部省に於いて、小学校令に附随する諸規程を発布せられたるに依り、明年（明治二十五年）よりは更に学事上に更新を来すべきを以て、郡市町村等の学事当局者も各実施上の準備を為す等、総て改良の点に向かひたれども、只貧困者の児童就学の一事に至りては、未だ相当の設備を観るの運に至らずして、当局者の大に苦慮する所なり[34]。

小学校を増設する財源、区の基本財産などが整っていないため、貧困層への就学対策は進んでいないことを明治25年に担当課は記している。

貧困層への教育対策

同時期、東京府教育会も貧困層対策を取り上げた。東京府教育会は東京府の中核的な教育団体である[35]。明治16年（1883）に東京府教育談会として発足し、明治21年に東京府教育会に改称、会員は教員を中心に500名超、教員対象の講習会のほか、教育制度の研究や実態調査も行い、府知事の諮問に答申することもあった[36]。

明治25年3月12日、東京府教育会は「貧民子弟就学方法取調委員」7名を選任した[37]。

> 「貧民児童就学法取調委員」東京府教育会にて過般府下、貧民児童就学方法取調委員を置きしが、其の委員長を選挙せしに日下部三之助氏当選したるよし。該委員会は毎月数回、相会して、其の就学し能はざる原因等より調査し、就学の方法を考究するとの事なり[38]。

委員の一人に東京府高等女学校長の大束重善がいた。大束は明治15年から22年まで東京府学務課に務め、東京府の教育事情に通じていた東京府教育会の幹部役員の一人である[39]。5月に大束は日本橋教育会で講演を行い、次のような趣旨を述べている。

> 諸君、御承知の通り、今年の四月より各府庁とも皆、小学校令を実施することになり、我が東京府に於いても此の小学校令に附帯した処の諸規則と云ふものはそろひまして、先づ一通りの御膳立は出来た訳であります。（中略）一通りの規則があって、夫れぞれ就学の道も行はるる方法が附いて居ったのでありますけれども、今日まで一体に其の就学実施の運びに至らなかったと云ふものは

何かと云ふに中等以下の貧民と云ふと名前が悪いが中等以下の者の教育方法が
立たなかったのであります。（中略）今日までの学制に於いて中等以上の人は
皆教育を受けて居るけれども、今日に至るまで少しも手が着かず、（中略）其
の事が挙って居らぬのは何かと云へば、即ち中等以下の児童の教育であります。
それゆえに此の通り小学校令が施行せられても、其の結果として中等以下の児
童の教育が発達しなかったならば、どれほど規則が立派に出来ても其の効能が
さっぱりないと言はなければなりません。（中略）町村なり市なりなるだけ貧
民の児童を駆て学校へ入れ導いて善良な人にすると云ふことは、言葉を換えて
云へば、各自の生命財産を保護し、云はば其の市なり其の町村なりを安全に暮
させて往くと云ふことになるのであります。それだから此の小学校令が発布に
なって、種々の規則が出来ても中等以下の児童の教育が進まぬ以上は吾々は満
足することは出来ませぬ、（中略）教育と云ふものは固より金銭がなければ出
来ぬ仕事である、不就学の児童が今日沢山ありますが、之を教育するには余程
費用が要る（中略）、今日まで一向、手が着かないで居る所の貧民の児童を教
育する事に最も注意しなければならぬと思ふ、（中略）此の小学校令の実効を
現はすのはどうしても中以下の貧民の教育だろうと思ふ（明治25年5月、日
本橋教育会演説筆記）[40]。

教育行政の管理職の視点から貧困層の教育問題について忌憚ない本音が述べ
られている。明治20年代の教育問題の本質、社会的背景を知る手がかりに
なるので、敢えて原文通りに引用した。教育政策の恩恵を受ける者と、疎外
されている者の格差が広がっていること、分断を放置すると社会の安定が脅
かされること、分断の拡大をくいとめる実効的な方法が目下の課題であるこ
と等が述べられている。

　明治26年7月に文部大臣井上毅は大日本教育会第10回総集会で演説し、
「吾人の二十年間の経営は僅に学齢児童中の就学者をして、百人中五十人に
満つるの結果に止まらしめたるは、吾人の甚だ遺憾とする所なり」と述べて
いる[41]。この時期、新聞・雑誌に貧民窟踏査記録が発表され、貧困層の異
質な世界に驚きや関心が集まっていたが、教育関係者は貧困地域や就学対策
が放置されてきたことを認識していたといえよう。

問題点の顕在化

　日清戦争終結の見通しが立った明治28年（1895）3月、大日本教育会は

各地の教育会に対し「将来の教育」という意見書を求めた。趣旨は戦勝によって条約改正の可能性が高まったので、教育界として今後の教育方針に関する意見を収集したのである[42]。意見書は、終戦後の明治29年11月に『将来ノ教育ニ関スル意見』という一書にまとめられて公刊された。冒頭に東京府教育会の意見書が掲載されている。東京府教育会は10件の意見を提示し、8件めが「貧民子弟を就学せしむる方法」であった。教員が学校現場で経験した具体的状況をふまえて意見・要望が述べられている。

第八、貧民子弟を就学せしむる方法
一　授業料の納付を免除せられたるが為め、他の児童の軽侮を受くるを厭ひ、登校を欲せざる者の如きは、教員若くは、其の他の当局者に於ては諄々誨諭し、若し此の種に係る者多数あるに当たりて、更に教場等を異にし、又は別に適宜の場所に就き、教場を設け、或は夜学とし、是等の児童のみを集めて教授する方法を執るを要す。
二　授業料を免除し、且つ学用品の補給、若くは貸与を要する者は、其の費用として特に市町村費を以て支出し、（中略）或は地方慈善家の投資に倚り、又は通常児童の使用し余せるものを集めて之を給する等、務めて便宜を与ふることを要す。
三　授業料を免除せられ、又学用品の補給を得れども、更に自己の稼ぎの為、就学し能はざる者在りては地方の便宜に従ひ、夜学を開設し、（中略）又父母の稼業を助くる為、家宅を守り、若くは幼稚の弟妹を守護せざるを得ざるものに在りては、或は時季に依り、自然繁閑もあるべければ、其の父母の閑なる季節に際しては務めて就学を奨励し、（後略）[43]。

東京府教育会が委員会を立ち上げて貧困層対策を検討していた成果はこの意見書に反映されていると考えられる。貧困層児童への具体的施策として挙げられているのは「授業料免除」「学用品支給または貸与」「労働と両立可能な授業形態」である。

　貧困層児童は「授業料免除」を受けていることで差別されるので、学校に行きたがらない、ということがあったらしい。貧困層に対する差別意識の解消に教員が取り組むことは当然であるが、貧困層児童が安心して学習に取り組める環境として、特別教室の設置、夜学などを提案している。学用品は公費で支給または貸与を前提としている。財源が不足する場合は「官有林野の払い下げ・貸与」「地方有力者の寄付、援助団体の組織化、頼母子講の活用」

「祭礼費用」「廃品回収による資金積立」など地域社会の自助努力の方法を挙げており、恒久的な財源とはいえない。学校の基本財産の確立は難しい状況がうかがえる。

6-4　初等教育の複線化

文部省の指導強化

　安定した財源がない状況下、東京各区が貧困層対策を進捗させることは難しかった。明治31年（1898）1月、文部省視学官の岡五郎は東京府内の初等教育を視察し、次のような談話を述べている。

　　さて茲に最も痛嘆すべきは、府と云ひ、区と云ひ、中等以下の就学児童を放棄する事なり。目下、貧民学校の設備は皆無ともいふべき有様にて、此の中等以下の学齢児童にして就学せざるもの殆ど過半数なれども、各区とも之に対しては頗る冷淡にして、少しも勧誘する所なく、又学校設備の法を講ずるものなし。（中略）いずれ今二三カ月の後、府下全般を視察の後、意見書を作りて大臣に復命する積もりなり云々(44)。

貧困地域の教育状況は悲惨で、視学官は各区の責任体制が欠如していると批判している。

　その2カ月後、明治31年3月31日、文部大臣は東京府に対し、次のような訓令を発した。

　　「東京市小学校ノ施設完備方」其府下東京市ハ全国ノ首都ニシテ、其教育ノ整備ハ他ノ地方ニ模範ヲ与フベキモノタリ、然ルニ其現状ヲ見ルニ、他ノ地方ノ模範タル能ハサルノミナラス、却テ他ノ地方ニ後ルルモノ少ナカラス、殊ニ小学校ノ設置ニ於テ甚シトス、現ニ公立尋常小学校ハ学齢児童ノ六分ノ一ヲ収容スルニ過キス、此ノ如キハ小学校令ノ命スル学校設置ノ義務ヲ尽ササルモノニシテ、本大臣ノ看過スル能ハサル所ナリ、自今監督ノ方法ヲ厳密ニシ、東京市ヲシテ力メ小学校ノ増設ニ注キ、年ヲ期シテ、其施設ヲ完備セシメンコトヲ勉ムヘシ。（明治31年3月31日文部大臣訓令、東京府）(45)

文部省は東京府に対し、東京市への指導監督を強化するように命じた。東京市が第二次小学校令で定められている小学校設置義務を果たしていないと判断したのである。

　これを受けて、東京府は東京市が増設すべき「尋常小学校数、並びに位

置」の原案を作成、4月20日、東京市参事会に原案を諮問に付した。原案は東京市15区各区が増設すべき学校数を具体的に示し、合計90校を10年以内に新設、建設費は東京市が3分の1を負担、区が3分の2を負担するという内容であった[46]。

東京市参事会は、東京市による建設費補助の財源として毎年度予算に「小学校建設補給資金」の費目を新設することを東京府原案に付け加えて答申案とし、11月21日の東京市会に上程した[47]。東京市会では答申案（明治31年第91号議案）について調査委員を選んで15区の意向を確認し、明治32年3月10日の市会で可決した[48]。

これによって東京市は明治32年度から「小学校建設資金」として第一期5箇年は毎年5万円の予算を組むことが可能になった。これは貧困層への就学対策ではないが、就学者の増加に備えた基盤整備に当たる。東京市が建設費の3分の1を負担することになったが、3分の2は区負担であるし、増設後の小学校の運営費は区負担である。東京市では明治33～34年に学政統一問題が起きて、市と区の葛藤が続き、貧困層の就学対策は進捗しなかった[49]。

義務教育無償化

小学校の不足、小学校教員の不足、教育財源の不足により、日清戦争後も就学率の改善は全国的に鈍いまま推移した。この状況が打開されたのは明治31年11月、樺山資紀が文部大臣に就任した後である。樺山は教育行政の経験は乏しいことを自覚し、行政面は文部官僚に任せ、自身は教育予算の獲得に注力した[50]。樺山は明治32年4月22日に地方長官会議で訓示し、普通教育拡張に向けて改善案として、小学校の建設促進、就学督促の励行、府県視学官制度の整備、小学校教員の俸給改善などに言及した[51]。

教育行政の重点箇所を明確にして予算獲得に臨んだ結果、明治32年11月21日、大蔵・内務・文部3大臣連名の「教育基金令」が公布された[52]。特別会計法により教育基金を国庫支出し、地方長官は配当額の7割を尋常小学校設備資金として設置主体に貸付可能になった。また3割は小学校教員の待遇改善に使用可能であった。

続いて明治33年3月15日、「市町村立小学校教育費国庫補助法」が公布された[53]。公立小学校の教育費が国庫支出されることになった。補助金の

6章　貧困層と教育政策　　129

配当額は学齢児童数と就学児童数の合算に比例する。就学督促が配当金増額につながるようになっていた。

このように教育財源を整備して、明治33年8月18日に公布されたのが「第三次小学校令」である[54]。尋常小学校は4年制に統一され、公立小学校の授業料は原則廃止された。無償化は就学率向上が目的である。就学督促の実効性を高めるため、明治32年6月14日「地方官官制中改正」が公布され、府県視学官の設置が実現した[55]。府県視学官は文部省直属で権限が強く、各府県の就学率は向上していった[56]。

明治30年代前半、文部省が就学率向上に本格的に取り組んでいった理由として、日清戦争後の工場労働力の需要拡大が指摘されている[57]。都市部では製糸、紡績、織物、マッチ、煙草、製紙など中小工場が増加していた[58]。初等教育未修了の年少者が低廉な労働力として多数雇用された。大阪の調査では次のような数字が挙げられている。

> 大阪の調査の一例ですが、大阪の教育会で調べました所を見ると、（中略）各種二十二の会社に就きまして調べました所が、一万五千六百八十人の職工のある内で、一丁字を知らない者が三割八分あって、それから少し字は読めるが、尋常小学の課程を終わって居らぬ者は、（中略）五割あります。五割と三割八分、即八割八分と云ふものは、（中略）教育を完全に受けない者であります[59]。

工場労働に適応可能な労働者を育成するため、工場で読み書きそろばんなど初等教育を教える必要に迫られた。労働者の技能向上には理解力があることが必要で、初等教育未了者は理解力が不足していた[60]。近代産業は基礎学力がある労働者を必要としていた。産業面でも就学普及は緊急の課題だったのである[61]。

文部官僚の沢柳政太郎は普通教育の普及は「（一）国民的思想感情の一致の為に利あり。（二）貧富両階級間の融和を助くるの益あり。此の二利は之を国家社会の上より見て頗る重要の意義あるものと云うを得べし」と述べている[62]。格差の拡大をくいとめ、階級間の分断を回避するには集中的な就学対策が必要だった。

東京市直営小学校の設置

東京市は明治32年度から各区新設の小学校に対し、各年度合算5万円の「小学校建設資金」の支出を開始した。また明治32年11月公布の「教育基

図表 6-4 東京市直営小学校一覧

校名	設立年		所在地
萬年　尋常小学校	明治 36	1903	下谷区万年町
霊岸　尋常小学校	36	1903	深川区霊岸町
鮫橋　尋常小学校	36	1903	四谷区鮫河橋谷町
三笠　尋常小学校	36	1903	本所区三笠町
玉姫　尋常小学校	38	1905	浅草区浅草町
芝浦　尋常小学校	40	1907	芝区新網町
絶江　尋常小学校	42	1909	麻布区本村町
林町　尋常小学校	43	1910	小石川区林町
猿江　尋常小学校	45	1912	深川区猿江町
菊川　尋常小学校	45	1912	本所区菊川町
太平　尋常小学校	大正 7	1918	本所区太平町
（鮫橋尋常小学校）鮫橋分校	11	1922	四谷区旭町

出典：［東京市教育課 1915］［東京市鮫橋尋常小学校 1922］［加登田 1983：90］
より筆者作成。

金令」で東京府は配当額 7 割を小学校建設資金として貸付可能になった。
さらに明治 33 年 3 月公布の「市町村立小学校教育費国庫補助法」で公立小
学校の教育費は国庫支出になった。

　このように教育行政の公的財源は強化され、明治 33 年の第三次小学校令
で普通教育が普及する体制が整った。しかし、東京市には依然として就学率
が改善されない地域があった[63]。貧困層への就学対策は次のように進めら
れた。

　明治 34 年（1901）7 月 10 日、東京市は「東京市特殊尋常小学校設立ノ
件」の議案を東京市会に提出した。貧困層を対象にした東京市直営小学校を
貧困地域に設立する案である。

　　本市ハ細民児童教育ノ為メ、明治三十四年度ニ於テ、左ノ方法ニヨリ、特殊ノ
　　施設ヲ為シタル尋常小学校、凡ソ五校ヲ設立スルモノトス。（中略）
　　一、特殊尋常小学校ハ、市内細民ノ居住多キ地ヲ相シ、之ヲ設立ス
　　一、特殊尋常小学校建設費ハ、一校凡壱万四千円以内トス
　　一、就学児童ニハ教科用図書学用品一切ヲ貸与ス
　　説明　本市住民ノ子弟ニシテ、貧困ノ為メ就学シ能ハサルモノノ為メニ、特殊
　　ノ施設ヲ為シタル尋常小学校を建設スルノ必要アルニ依リ、本案を提出ス[64]
松田秀雄東京市長はこの議案の趣旨を次のように説明している。貧困層児童

への就学対策として、第一期は小学校5校を貧困地域に開設する（設置主体は東京市）。開設資金は東京市の市有地（神田区橋本町）を売却した資金をあてる[65]。この議案は東京市会で可決され、東京市直営小学校の設立が決まった。

　以上のような経過で、東京市が設立資金、学校運営費を負担する貧困層対象の特別小学校が、図表6-4に示したように順次開校されていった。鮫河橋には明治36年に開設された。最初期に設置されたうちの1校である（東京市直営小学校の具体的な運営については後述）。

　明治43年に「東京市特殊小学校後援会」が設立された。明治40年8月に東京で大水害が発生し、多数の特殊小学校児童が被災した。支援のため「特殊小学校児童救護会」が組織されたのである[66]。明治43年に社団法人となり、「東京市特殊小学校後援会」に改称した[67]。直営小学校の公的予算が不足するなか、同会は貧困地域で諸活動を展開し、経済的支援を行った（鮫河橋における同会の活動については後述）。

132　　II部　近代東京と救貧：分析枠組

7章

本書の分析枠組

7-1　福祉国家と「福祉の複合体」

救済アクター

　本書は四谷区鮫河橋の地域社会の変遷過程を明らかにすることを目的とし、近代の鮫河橋の貧困層をとりまく社会について、ミクロな生活世界、ローカルな地域社会、マクロな行政政策の3水準から分析する。貧困層を救済するしくみの運営主体を「救済アクター」という視点でとらえ、救済アクターの社会的性格、機能などについて考察する。

　明治・大正期におけるマクロな救貧行政、教育行政の推移については、既述の各章に述べた通りである。マクロ行政の貧困対策は不充分であったが、中川によればローカル地域には家計の緊張を緩和する補完的なしくみがあり、それに依拠して貧困層のミクロな生活世界が成り立っていた。近代の鮫河橋にはどのような「ローカルな補完的しくみ」があったのだろうか。多様なしくみがあったと推測されるが、地域特性とどのように関連していたのだろうか。

　近代の救済に関する研究は、社会政策、社会福祉史、歴史学などの分野で深められてきた。救済アクターに該当する行為主体について、先行研究の分析視点を整理しておこう。

福祉国家アプローチ

　20世紀は福祉国家の確立が現実的課題だったことから、救済研究の中心テーマは「福祉国家形成プロセス」「国家の福祉政策」などであった。国家的福祉の財源である「社会保障費」に着目し、社会保障制度が確立するまでの歴史的変遷や、社会保障費の配分をめぐる「社会政策」の意義について分析が深められてきた[1]。

　各国それぞれに固有の要因があり、社会保障制度が確立するまでの道のりは多様であった。日本は国費救済に関して明治・大正期に厳しい制限主義が貫徹され、法的枠組が整った時期は遅い。公的扶助義務が法律に定められたのは昭和4年「救護法」(昭和7年施行) である。

　社会政策分野では「福祉国家アプローチ」による国際比較研究が進んだ。エスピン・アンデルセンによる「福祉国家レジーム」の分析枠組で追究された福祉国家群の類型分析は代表的研究の一つである[2]。1980年代になると、欧米先進国は新自由主義が基調となり、福祉政策は変化した。

福祉の複合体アプローチ

　このような変化を反映し、学術研究では長期的視点から救済制度の変遷が考察されるようになった。歴史的な分析視点として注目されるようになったのが「福祉の複合体」概念である。近現代社会の貧困・困窮者救済には多種多様な方法があり、国家の福祉体系にすべてが収斂されたわけではなく、多様な福祉の供給主体が存続し、多元的な福祉社会を形成してきたという視点に立脚している。

　近代日本の困窮者救済に関して、このアプローチに基づく歴史的研究として、井川裕覚の宗教集団の福祉活動の分析がある[3]。明治30年代、感化救済方法をめぐって宗教集団の間で葛藤・交渉があった。結果的に活動内容および福祉の質は向上し、公的救済の不全を補完する役割を果たすようになった。救済アクターには「国家行政」や「私的領域の家族・親族」があったが、そのほかに宗教集団も救済アクターとして社会的に認知されるようになったことを述べている。

　従来の福祉国家アプローチは「国家」政策に照準を合わせ、国家以外の福祉の供給主体を一括して「民間」に分類し、「国家」対「民間」という二項対立でとらえる傾向があった。井川は「民間」に括られていた多様な社会集

団について、集団間の相違に着目し、相互作用を分析する方法が有効であることを示した[4]。

　同様に池田敬正も、従前の救済研究では「地域社会における相互扶助」を「民間」領域に括っていたが、「国家」対「民間」という二項対立を超克し、「民間」に括られていた行為主体の相違点を明らかにする必要を述べている[5]。以上のように、近代日本の救済方法に関する先行研究は、公私という二項対立を超克し、多様な救済アクターについて分析する必要性を指摘している。

　福祉の複合体アプローチは二項対立ではなく、「国家」や「私的領域の家族・親族」のほか、「中間領域の社会集団・組織」を独自の救済アクターとしてとらえ、各アクター間のダイナミズムなども分析対象にする。「福祉の複合体」はイギリスの救貧研究で深められてきた概念で、日本の研究はイギリスの研究成果を参照している。イギリスの福祉の複合体アプローチの分析枠組を概観しておこう。

7-2　救済資源

多様な救済アクター

　近代イギリスの救貧制度は公的救済の対象外となる困窮者を多く生み出した。他方、産業資本の蓄積が進行し、困窮者救済に資源を供給する層も拡大した。中間領域の社会集団に該当する多数の「チャリティ団体」が組織され、「救済資源」供給アクターとして社会的に重要な存在になった。

　福祉の複合体アプローチは「中間領域の団体・組織」に重点をおき、歴史的な視点から救済資源の調達・分配、救済アクターの役割・機能、アクター間の関係性などについて分析する[6]。

　福祉を供給する側だけではなく、福祉を受容する貧困・困窮者の行動・実践にも着目し、「メイクシフト・エコノミー（生存維持の経済）」という概念を提示している。たとえば困窮しても身体能力が維持されていれば、地域外へ転出して生計方法を模索することがある。他方、身体虚弱者や高齢者は「救済資源」を利用して、当該地域で生活を続ける場合が多い。福祉の複合体アプローチは、困窮者は各々の状況に応じて生存維持をはかる能動的な存在であるという人間観に基いている。困窮者が「短期的」に救済資源を利用

7章　本書の分析枠組　　135

したり、「ローカルな福祉資源」を利用する事例なども「メイクシフト」の視点で分析することができる[7]。

生存維持の資源

「メイクシフト」概念はこのように困窮者が救済資源を受動的に受け取る存在ではなく、能動的に生存維持の資源にアクセスする存在と捉える。救済アクターが供給する資源は、困窮者がアクセスする生存維持の資源の一つである。

既述したように、日本の都市下層の生活構造分析は、貧困層の家計が緊迫した際に、家計の緊張を緩和する「ローカルな補完的しくみ」があったことを述べていた。ローカル地域にあった補完的なしくみも「メイクシフト」すなわち生存維持の資源の一つと捉えることができよう。

以上のように「福祉の複合体」概念は、多様な救済アクターによる救済資源の調達や供給、相互作用を分析するのに適している。また、「メイクシフト」概念は、救済資源以外の多様な資源を含めて分析を深めることができる。

7-3 分析枠組：近代社会と困窮者

本書では「福祉の複合体」や「メイクシフト」概念を参照し、図表7-1のような分析枠組で近代の四谷区鮫河橋の分析に臨みたい。

「困窮者」は「生存維持の資源」の「供給アクター」と相互作用し、生活を維持している。生存維持の資源の一つに「救済資源」がある。

救済資源は多様である。公的資金（税金）を財源とし、調達（徴税）・分配を管理するアクターを本書では「公的救済アクター」とよびたい。4〜6章で既述したように、近代東京における公的救済アクターには、国家（政府：内務省）、地方行政機関（東京府、東京市）、学校・教育機関などがあった。

このほか自主的に財源を調達して、困窮者に分配する組織・団体、集団が存在する。本書では、このような組織体を一括して「社団」とよびたい。社団は自主的方法・自主的ルールに基づいて、救済資源を調達・分配する。社団は「（一般）救済アクター」として、困窮者「受容アクター」と相互作用する。

図表 7-1 「近代の四谷鮫河橋」に関する分析枠組

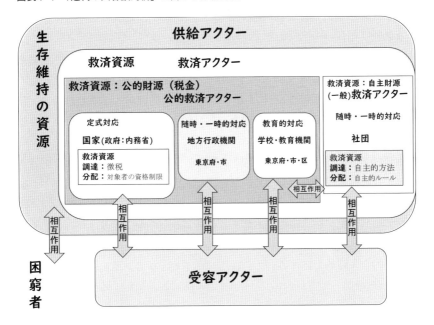

　既述したように近代日本において、国は救貧制度に関して厳しい制限主義で臨んだ。国家（政府）が救済する範囲は限定的であった。同時代のイギリス救貧制度はより広い範囲を救済対象にし、公的救済が持続するためには次のような社会的条件が必要であったことを示している。

　公的救済の財源は税金である。財源を安定的に確保するためには、納税者が「徴税（調達）」と「分配」方法について合意していることが重要である。不服がある場合は異議を表明できる機会を保障する。機会とは「選挙」である。選挙を通して、徴税・分配について「評価」可能であることを保障する。「徴税（調達）」「分配」「評価（選挙）」の3点が揃うことが基本的条件である。

　このような条件が整うことにより、救済資源の確保は安定し、「公的救済アクター」による困窮者救済が機能する。法的にこのような条件が整えられた救済対応を本書では「定式対応」とよびたい。

　定式対応が機能するには歴史的に次のような段階を踏んだ。イギリスでは1832年に第1回選挙法改正が実現した。その2年後の1834年に救貧法改正

法が成立した。選挙に関する法制度が整ったのち、救済制度に関する法改正が行われた。救済資源の持続的調達が可能になり、「定式対応」が機能するようになった。

日本の場合は、大正14年（1925）に衆議院議員選挙法改正案（普通選挙法案）が実現した。その4年後、昭和4年（1929）に「救護法」が成立した（昭和7＝1932年施行）。日本においても選挙制度が改正されたのち、救済制度が法的に整備され、救済財源の基盤形成が可能になった。日英ともに選挙改正を経て、近代国家による「定式対応」の段階へ進んだ。

近代国家における「評価（選挙）」制度がこのような一定段階まで整備されるには時間を要した。しかし、その間も、天災人災、戦争、不況などは絶え間なく発生し、困窮者が存在した。これに対し、臨時または一時的な特例措置で公的資金が投入され、困窮者救済が試みられた。本書はこれを「随時的・一時的対応」とよびたい。

随時的・一時的対応において、救済アクターとして実働したのは、おもに「地方行政機関（地方自治体）」や「社団」である。また、内務省による救貧行政とは異なる体系の文部省の教育行政があり、「学校・教育機関」が困窮家庭に対し「教育的対応」を実行したことは既述した通りである。

本書では、「救済資源」について、「公的財源（税金）」と「自主財源」に分けて考察する。また、公的救済アクターによる困窮者救済には、「定式対応」のほか、「随時・一時的対応」と「教育的対応」があったことを踏まえて分析に臨みたい。以上のような分析枠組で近代の四谷鮫河橋について、多様なアクターの救済活動や、アクター間の相互作用などについて考察を深めてゆきたい。

なお、本書では8章以降、「四谷鮫河橋」「鮫河橋」と表記する場合は、原則として「鮫河橋谷町1丁目・2丁目、元鮫河橋町、元鮫河橋南町」の4町丁目の範囲を指す。「鮫河橋谷町」の2丁目に特定して記述する場合は、「鮫河橋谷町」と表記する。

本書で引用・参照した資料等では、「四谷鮫河橋」「鮫河橋」という表記で、上記の4町丁目を指している場合と、「鮫河橋谷町」の2丁目を指している場合の2通りがあった。「鮫河橋谷町」と特定していない記述については、4町丁目の範囲を指しているとして読み進めていくのが適当と考える。

Ⅱ部　近代東京と救貧：分析枠組

III部

鮫河橋と都市下層

8章

明治前期の鮫河橋

8-1　明治 10 年代の教育問題

公立小学校の運営

　東京の貧困地域を踏査した記録が新聞・雑誌に発表されるようになったのは、おもに明治 20 年代である。そこから知ることができる鮫河橋の生活は 20 年代半ば以降のものである。それ以前、明治前半の鮫河橋について具体的に知ることができる資料は多いとはいえないが、学校関係の文書は東京府に提出・保存されており、活用可能である。学校関係の文書に基づいて、明治前半の鮫河橋（鮫河橋谷町 1 丁目・2 丁目、元鮫河橋町、元鮫河橋南町）の生活状況を探ってみよう。

　明治 11 年（1978）7 月、大区小区制が廃止された。郡区町村編制法に基づき、11 月、東京府は市部 15 区、郡部 6 郡に編制された。第三大区十一小区の「鮫河橋」区域（鮫河橋谷町 1 丁目・2 丁目、元鮫河橋町、元鮫河橋南町）は四谷区に属することになった。四谷区設置当時、区内には 3 つの公立小学校があった。鮫橋学校、四谷学校、広瀬学校である（図表 8-1、図表 8-2）。3 校いずれも開設年は明治 8 年（1875）である。

　図表 8-3 は、3 校の学校運営費の財源である。各校資料の作成年は異なるが、それぞれの時点における概況を知ることができる。学校開設当時の運営費の調達計画が記されているのは鮫橋学校である。「教員二名給料並ビニ書籍一ト通リ官費ヲ以テ下渡シ、其ノ他総テ区費」と記されている[1]。教員 2

8 章　明治前期の鮫河橋　　141

図表 8-1 「学制」による第三大区（のち四谷区に所属地域）の公立小学校

学校名	所在地（大区小区制）：東京府 第三大区	開校日	明治 8 年 扶助金	閉校・改称
鮫橋学校	十一小区 元鮫河橋 38	明治 8 年 6 月 4 日	14 円 97 銭 7 厘	明治 12 年 7 月 31 日 広瀬学校へ併合
四谷学校	十小区 四谷伝馬町 3-22	明治 8 年 8 月 15 日	14 円 97 銭 7 厘	明治 16 年 6 月 26 日 広瀬学校と合併、校名は四谷広瀬学校 明治 41 年 四谷第一尋常小学校に改名
広瀬学校	九小区 四谷尾張町 8	明治 8 年 9 月 23 日	14 円 97 銭 7 厘	明治 16 年 6 月 26 日 四谷学校と合併、校名は四谷広瀬学校

出典：[東京府学務課 1885][新宿区教育委員会 1976：46-58][新宿区教育委員会 1979：29] より筆者作成。

※参考

行政区分名（大区小区制）	学区名（文部省の規定）
東京府 第三大区	第一大学区 第三中学区

図表 8-2 四谷区内公立小学校所在地（明治 11 年時点）

地図出典：明治 25 年「新撰東京全図」大倉書店（国際日本文化研究センター所蔵）に筆者加筆。

142　Ⅲ部　鮫河橋と都市下層

図表 8-3　「学制」公立小学校の学校運営費財源

学校名	開校日	学校運営費予算記載書類			学校運営費：予算財源
		書類作成日	書類作成者、書類題目	書類提出先	
鮫橋学校	明治8年6月4日	明治8年9月	東京府知事「公立小学校設立伺」	文部大臣	官費支給：教員2名分給料、書籍代。区費：上記以外すべて。
四谷学校	明治8年8月15日	明治11年4月29日	20名連記（第三大区九小区総代人、十小区総代人、戸長兼学区取締ほか）「四ツ谷小学校新築設立伺」他	東京府知事	生徒授業料：1ヵ月27円80銭（1年累計333円60銭）区内有志金（18町丁目482戸）：1ヵ月19円44銭（1年累計233円28銭）小間割集金：1ヵ月4円1銭5厘（1年累計48円18銭）
広瀬学校	明治8年9月23日	明治13年5月12日	四谷区長「公立小学校新築伺」	東京府知事	生徒授業料：生徒1名につき1ヵ月20銭（平均）→1ヵ月累計49円。1年累計588円。区内協議費：1年300円（1ヵ月25円）

出典：［新宿区教育委員会 1979：10-18］より筆者作成。

名分の給料・書籍代は官費が支出されるが、それ以外は区費（当時は十一小区）、すなわち民費で賄うことが前提になっている。明治8年に鮫橋学校世話掛（のち校務委員）に任命されたのは3名である[2]。同年の在籍生徒は83名（男子52名、女子31名）であった[3]。既述したように、明治9年まで東京府の公立小学校の運営に府費が支出されていた。

　明治10年になると、小区が学校運営費の責任を負うことになった[4]。各小区に属する町々が組合を作り、学校世話掛（校務委員）が実務を担った[5]。小区の状況に応じて、民費の調達方法は様々であった。生徒から授業料徴収、聞小間（借地借家代収入）への賦課、地価（土地所有者）への賦課、有志の寄付金募集などがあった。

貧困地域の小学校

　明治10年6月、鮫橋学校は小区内に貧困者が多いことを理由に、東京府に救民補助を申請している[6]。また、同年9月には、夜学の開設を申請している[7]。就学年齢者の家庭に困窮者が多かったことがうかがえる。

　明治11年、鮫橋学校の運営費に関する次のような記事がある。

8章　明治前期の鮫河橋

図表 8-4　四谷学校月額「有志金」拠出者一覧

大区小区	拠出者代表	住所	拠出戸数	金額
第三大区九小区	河田定次郎	四谷伝馬町 2 丁目 3 番地　地主	41	2 円 50 銭
	大西勘兵衛	四谷伝馬町新 1 丁目	26	1 円 60 銭
	岩崎伝次郎	四谷南伊賀町、北伊賀町	64	1 円 32 銭
	高林半兵衛	四谷新堀江町 1 番地	11	20 銭
	市谷惣兵衛	片町 3 番地	16	40 銭
	竹内優	舟町 53 番地	16	46 銭
	田沢重要	愛住町 60 番地	29	51 銭
	高橋重次郎	忍町 19 番地	31	1 円 30 銭
	田宮重宜	四谷左門町 24 番地	46	1 円 37 銭
	戸田直政	右京町 5 番地	13	19 銭 3 厘
	江口重兵衛	須賀町 18 番地	6	10 銭
第三大区十小区	加藤長九郎	四谷伝馬町 3 丁目 9 番地　地主	46	4 円 40 銭
	伊藤藤四郎	塩町 2 丁目 14 番地	31	1 円 25 銭
	大森善兵衛	塩町 3 丁目 4 番地　地主	61	2 円 50 銭
	貫井甚兵衛	四谷永住町 6 番地　地主	11	40 銭
	奥山三郎兵衛	平長町 4 番地　地主	4	20 銭
	筧元忠	荒木町 15 番地	7	32 銭
	山下有慶	大番町 13 番地	23	41 銭 7 厘
月額　有志金合計			482	19 円 44 銭

出典：［新宿区教育委員会 1979：14-18］「四ツ谷小学校新築設立伺」より筆者作成。
※経常予算収入に計上

　　鮫が橋辺ハ貧乏人が多いので、四ツ谷の学校へ通はせてハ、綺羅が張るからと
て、何れも退校させ、夫より同所へ鮫が橋学校といふをたてたところが、〇
印が寄らず、何だか此節ハ金の事で紛々が有るといふ（後略）[8]。
「〇印」とはお金のことである。鮫橋学校では民費が集まらず、苦慮してい
た様子がうかがえる。
　この新聞記事のすぐあと、明治 11 年 4 月 29 日に四谷学校を新築する申
請書が東京府に提出された[9]。四谷学校は甲州街道沿いの十小区に設置され
た小学校であるが、新築の学校用地は隣接した九小区にあった。申請書は十
小区と九小区の総代人 20 名連記で提出された。十小区、九小区は甲州街道
沿いの区域である。
　図表 8-3 に記したように、四谷学校の学校運営費の収入源は、生徒授業
料、区内有志金、小間割集金である。図表 8-4 は区内有志金の拠出人数と
負担金額である。拠出戸数は 18 町丁目の 482 戸で、毎月、拠出することが

144　　Ⅲ部　鮫河橋と都市下層

図表 8-5　四谷区内の小学校（公立、私立）（明治 17 年）

	学校名	所在地	設立年	設立者	在籍数		授業料年額	
					男子	女子	円	銭分厘
公立	四谷広瀬学校	四谷新堀江町	明治 8 年明治 16 年統合	東京府四谷区	254	147	1079	775
私立	佐々木小学校	左門町	明治 7 年	佐々木鎮平	20	33	74	700
	薫染小学校	南伊賀町	明治 8 年	安田実	54	54	200	400
	井上小学校	麹町 12 丁目	明治 9 年	井上行信	157	135	600	
	石山小学校	愛住町	明治 9 年	石山清節	68	83	502	950
	開進小学校	本村町	明治 9 年	伊部広容	80	60	324	
	今野小学校	左門町	明治 12 年	今野治郎作	42	27	134	350
	愛住女学校	愛住町	明治 13 年	小具テイ	30	70	285	750

出典：［東京府学務課 1885：1-2、8］より筆者作成。

確定している有志金であると記されている。四谷学校は地域の人々によって手厚く支えられ、学校運営の基盤が整っていた。四谷学校と鮫橋学校では学校運営費の調達状況が相当異なっていたことがわかる。

格差と教育

　翌 12 年 9 月「教育令」が施行された。東京市部の公立小学校の運営費は各区が負担することになった[10]。四谷区は公立小学校 3 校の学校運営費について責任を負うことになった。学校運営の財源は区協議費で、区会が議決権を有していた[11]。四谷区会は小学校 3 校の経費について負担が大きいため統廃合を検討し、鮫橋学校の閉校を決議した[12]。明治 12 年 7 月末に鮫橋学校は閉校となり、近接地にあった広瀬学校に統合された[13]。

　広瀬学校は四谷区のはずれにあったため、通学に不便であった。一方、四谷学校は区の中央部にあり、新築校舎であった。四谷学校へ通学するほうが好まれ、生徒数も多かった。四谷区は明治 16 年 6 月に両校を合併し、四谷広瀬学校とした[14]。

　既述したように、東京府は公立小学校の設置を抑制し、生徒数に柔軟に対応できる私立学校の開設を積極的に認めていた。私立小学校のほうが公立小学校よりも授業料は低額だった。図表 8-5 は明治 17 年に四谷区内に立地していた小学校である。公立 1 校、私立 7 校であった。授業料は私立のほうが安く、就学者の合計人数も多い。私立 7 校の立地場所は鮫河橋から離れ

8 章　明治前期の鮫河橋　　145

図表 8-6　就学状況（東京府、四谷区）（明治 17 年）

	東京府	四谷区
人口	1231811	26891
学齢人口	162741	2640
就学者	66396	1109
学齢不就学者	96345	1531
未修学	69181	986
その他	27168	545

	東京府		四谷区
	学校数	就学者	学校数
公立小学校	216	31447	1
私立小学校	435	31806	7
就学 16 週未満		3143	
合計	651	66396	8

出典：〔東京府学務課 1885：1-2、28-29、30-33〕より筆者作成。

ていた。旧十一小区に公私立ともに小学校はない。

　図表 8-6 は明治 17 年の東京府および四谷区の就学状況である。四谷区の就学者は学齢人口の 42.0％ である。鮫河橋周辺に小学校はなかった。通学に不便である上、公私立ともに授業料が必要で、鮫河橋の就学率は低かったと推察される。

8-2　都市空間的特徴

皇室と貧困層の隣接

　鮫河橋は赤坂離宮（明治 5 年 3 月に離宮設置）に隣接する区域であった。明治 6 年 5 月 5 日、皇居は失火で焼失、赤坂離宮が仮皇居になった。仮皇居の敷地は手狭だったので、明治 6 年 6 月、徳川茂承が仮皇居に隣接していた旧紀伊徳川家中屋敷用地を献上し、宮内省用地に組み込まれた[15]。明治 22 年（1889）まで赤坂仮皇居に天皇・皇后が居住していた。

　明治 19 年（1886）2 月に仮皇居に隣接して青山練兵場が設けられることが決まった。大規模な土木工事が始まり、日雇などの労働力を必要とした。同時期、鮫河橋に一定数の貧困層が集積していたことが次のような出来事からわかる。

　明治 10 年代、大規模なコレラ流行が波状的に日本社会を襲った[16]。明治 12 年（1879）の流行は全国の患者数 16 万人超、死者 10 万人に及んだ。政府は内務省衛生局を中心に公衆衛生対策を強化したが、明治 15 年（1882）にも流行が発生し、コレラ対策は容易ではないことを痛感させた。

146　　Ⅲ部　鮫河橋と都市下層

明治 19 年（1886）6 月、東京でコレラ患者が発生し、厳しい感染対策がとられた。結果的にこの年も感染が拡大し、コレラが流行した[17]。

空間的懸隔

　流行拡大が懸念されるようになり、宮内省は急遽、仮皇居に隣接する鮫河橋の土地を買い上げて、宮内省用地（御料地）に編入する手続きをとった。東京府知事が四谷区役所に 8 月に指示した次の文書に買上げの理由について述べられている。

　　明治 19 年 8 月 19 日「東京府内訓第二十号、四谷区鮫河橋町近傍ニ於テ粗造
　　矮陋ノ家屋ヲ構造セザル様、地主ヘ懇諭セシム」
　　其区内元鮫河橋町并鮫河橋町南町之内、今般地所家屋買上候儀ハ、該地ハ皇居
　　接近之所、従来細民ノ住居スルモノ多ク、甚不潔ナルニヨリ、目下伝染病流行
　　之際等ニ者、其媒介トナルコトモ多ク、最モ憂慮スル場合ヨリシテ、之ヲ除ク
　　タメ、買上処分セシ義ニ有之、然ルニ各地主ニ於テ、一時目下ノ利益ニ迷ヒ、
　　其近傍ノ地ヘ、再ヒ粗造陋ノ家屋ヲ構造シ、細民等ヲシテ群居セシメ、再ヒ伝
　　染病ノ媒介トナルベキ義ヲ醸生候テハ、将来自他ノ迷惑ニモ可ニ相成候間、心
　　得違無之様、右近傍地主ヘ懇諭スベシ。明治十九年八月十九日[18]
鮫河橋に貧困層が多いため、コレラ感染を懸念し、貧困層の家屋を撤去することが目的であった。地主が貧困層の移転先を近くにして買上げを繰り返すことがないように、東京府は四谷区に注意を促したのである。

　買上げ対象地は図表 8-7 に示した区域で、元鮫河橋町、元鮫河橋南町、四谷仲町の一部である。買い上げ後に、官有地第一種「皇宮地附属地」に編入され、図表 8-8 に示したように御料地になった[19]。

　鮫河橋が御料地に隣接しているという都市空間的特徴は、明治後半期に鮫河橋で展開するようになった救済アクターの活動に有利に影響した（後述）。

　ちなみにこの時期、宮内卿伊藤博文は明治 23 年に予定されていた帝国議会開設で民権運動が活発になり、天皇の権限が低下することをおそれ、議会の影響が及ばない範囲を広げるため、皇室財産の強化を図っていた。明治 16 年に面積 1303 町だった御料地は翌 17 年には面積 1 万 5000 町に拡大した[20]。明治 18 年 12 月には宮内省に「御料局」が設置され、御料地編入の実務を担っていた[21]。鮫河橋の土地買上げは御料局によって行われたものである[22]。

8 章　明治前期の鮫河橋　　147

図表 8-7　宮内省による買上対象地（明治 19 年）

出典：東京都公文書館資料：明治 6 年東京府地券課作成「第三大区沽券地図：第三大区十一小区」（ZH-662）より筆者作成。

図表 8-8　明治 19 年の買上後、宮内省用地（御料地）となった区域

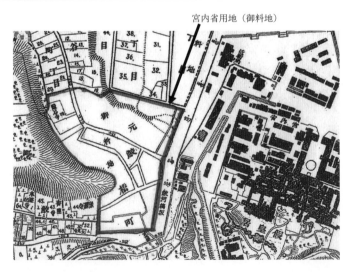

出典：「東京実測全図」内務省地理局、明治 20 年（国土交通省国土地理院所属、財団日本地図センター復刻版刊行）より筆者作成。

148　Ⅲ部　鮫河橋と都市下層

転地と伝染病

　この頃、明治天皇は脚気の症状に苦しんでいた。当時、脚気は伝染病と思われていた。5月中旬から天皇は胃弱で食欲がなく、貧血気味で体力が低下した。天皇の食材に細心の注意が払われていた。7月になると脚気の徴候が深刻になった。重篤になることを懸念した側近は天皇に転地療養を勧めた。

　　宮内大臣伯爵伊藤博文、侍医一同の建議書を上り、転地静養あらせられんことを奏請す。聴したまはず。天皇五月中旬より胃弱症に罹り、食気進まず、営養減退し、為に貧血症と為らせられ、六月に至り稍々重し。加ふるに七月に入り、脚気症の徴現はれ、御気色兎角優れさせたまはず。侍医伊東方成・池田謙斎等以為らく、此の際若し余病併発するが如きあらば、頗る憂ふべきものありと。是の日一同連署して、書を博文に上り、転地療養あらせられんことを奏請せんことを請ふ[23]。

危惧した侍医たちは宮内大臣・伊藤博文に転地療養を天皇に勧めるように要請した。

　　博文直に参内し、拝謁を請ひ、此の書を上り、侍医の乞を聴し、速かに箱根・日光或は伊香保何れにても叡慮に適はせらるる場所に転地遊ばされ、暫時たりとも静養あらせられんことを奏請す[24]。

7月12日、参内した伊藤は具体的に箱根や日光、伊香保の名を挙げたが、天皇は聞き入れなかった。

　　博文尚聴したまはざるを慮り、内大臣公爵三条実美に謀り、実美をして亦奏請せしむ。天皇遂に聴したまはず。博文等大に之れを痛む[25]。

太政大臣の三条も勧めたが、天皇が東京を離れて転地療養することはなかった。天皇の健康悪化について懸念が増していた時期、鮫河橋の一部が買い上げられ、貧困層の立ち退きが行われた。

8-3　明治20年代前半：不就学問題

小学簡易科の導入

　東京府には不就学者が多く、低就学対策が課題だったことは既述した通りである。東京府は「就学督責規則」（明治15年1月公示）に、就学猶予を認める理由の一つとして「貧困」を挙げている[26]。文部省の明治19年「第一次小学校令」は条件付きで、「小学簡易科」の設置を全国的に認めた[27]。

小学簡易科は低所得層対策で、無償を前提とし、公費で運営することが原則になっていた[28]。

東京府は明治20年（1887）8月に「第一次小学校令」に則して「小学簡易科教則」を定めた（府令第44号）。修業年限は3年、授業時間は一日3時間、科目は読書、作文、習字、算術の4科目である[29]。授業時間数や科目数が削減されていた。

鮫河橋と不就学者

明治21年（1888）6月、鮫河橋に私立小学校の小学簡易科を開設する申請が提出された（図表8-9）。発案者は鮫河橋近くの四谷の寺院住職2名（四谷永住町理性寺、四谷塩町長善寺）である[30]。校名は「各宗共立有信学校」、設置場所は鮫河橋南町の妙行寺で、住職3名が教員として授業を担当する計画であった。目的は「貧民ノ為メニ小学簡易科ヲ置ク」、受入対象は「貧民児童不就学者中、就学猶予ヲ得シモノ」である。貧困を理由に就学を猶予されている児童を対象にした就学機会の提供である。授業料は無料であった。

学校運営の財源は「東京府下各宗寺院同盟私立小学校組合」からの支援金である。東京府下各宗寺院同盟私立小学校組合は明治21年に組織された仏教系寺院による共助組織である。慈善事業として各宗派の寺院から学校運営資金を集め、加盟寺院が設立した学校を支援した。当初の加盟校は東京市部に8校あった（浅草区3校、下谷区、小石川区、本郷区2校、麻布区）。

鮫河橋の有信学校は、明治21年10月にこの組合に加盟した。支援金による年間予算は150円で、紙、筆、墨など筆記用具は無償配布を予定していた[31]。このような動きは鮫河橋に不就学者が多かったことを示している。しかし、有信学校の運営は安定せず、明治24年8月に廃校になった[32]。

救済アクターと教育的対応

「第一次小学校令」によって小学簡易科の設置が公的に認可されるようになると、仏教関係者は貧困層対象の学校設置に取り組んだ。また、小学簡易科の教員養成にも着手した。東京市の仏教関係者が中心になって、「簡易科小学校教員促成伝習所」を本郷区湯島麟祥院内哲学館と麻布区笄町高等普通学校の2カ所に開設する計画が立てられた。小学簡易科の教員を半年間の

図表 8-9　鮫河橋の初等教育機関

年	月	日	事由	名称	公私	備考	典拠資料
明治8 1875	6		開学	第三中学区 第十二番小学 鮫橋学校	公立	学区：第一大学区 第三中学区 第三大区 十一小区 元鮫河橋町38番地／設置場所／規模：教員2名、生徒数83名（男52、女31）	「公立小学設立同」明治8年9月、東京府知事→文部大輔／東京都公文書館資料：「明治八年 公立小学事設立同 指令済」607-B7-3／「鮫橋学校世話役→東京府知事」橋学校敷地交換願」明治12年2月、鮫学設立新築増築移転敷地書類」610-C7-5
10 1877	9	26	夜学開学申届	鮫橋学校より夜学開設伺開届			東京都公文書館資料：「鮫橋学校より夜学開設伺開届」608-C7-08
12 1879	7	31	閉校	鮫橋学校は、第十四番広瀬学校へ合併			東京都公文書館資料：「公立鮫橋小学校廃止の件」610-C7-05
21 1888	6		開設申請	各宗共立有信学校	私立	設置場所：鮫河橋南町の妙行寺境内／目的：貧民ノ為メ一小学簡易科ヲ置ク／規模：教員3名（寺院住職）／運営資金源：東京府下各宗寺院同盟私立小学校組合	東京都公文書館資料：明治廿一年「学務課、私立小学校願同届」617-A6-6、7。
24 1891	8		廃校	瀬宮喜一郎氏 私塾	私塾	理由：運営資金難	祥山寺門前「新宿区文化財旧跡三銭学校跡」『帰仁』26号
明治30年代前半							[横山源之助1899] 第十三節「貧民と教育」『帰仁』26号
36 1903	10	26	開学	東京市鮫橋尋常小学校（特殊尋常小学校）（のち東京市直営鮫橋尋常小学校）	公立	設立趣旨：特殊小学校：貧民子弟を教育すべき学校にて、授業料を徴収せず。	[横山源之助1899] 第十三節「貧民と教育」『帰仁』28号

出典：[東京市鮫橋尋常小学校1922]、東京都公文書館資料：610-C7-09、607-D8-04、607-B5-04、05より筆者作成。
※明治8年6月開設：第三中学区 第十二番小学区 鮫橋学校（元鮫河橋町38番地）、第十三番小学校四谷学校（四谷区舟町）、第十四番小学広瀬学校（四谷区尾張町）

図表 8-10 「各宗共立有信学校」の位置づけ

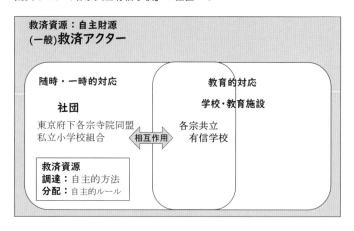

講習で養成する計画で、明治 21 年 12 月に着手された[33]。
　以上のように明治 20 年代初頭、宗教関係者によって自主財源による貧困層児童対象の救済活動があり、鮫河橋にも小学簡易科が設立された。一連の仏教関係者の活動は図表 8-10 のように図示化できる。図表 7-1 の「自主財源」救済アクターの活動内容に「教育的対応」があったことを示した。仏教系寺院の共助組織は社団の一類型といえる。また、鮫河橋の共立有信学校は、社団の自主財源を活用して、「教育的対応」を試みた教育施設の一つであったといえよう。

8-4　明治 20 年代後半の鮫河橋

貧民窟踏査記録

　明治 20 年代、鮫河橋は東京の三大貧民窟と言われるようになり、踏査記録が新聞や雑誌に発表されるようになった。中川清は東京における都市下層の生活構造分析の資料として、「貧民」の集住地（貧民窟）を踏査した現場報告・生活記録を活用し、これを「貧民窟」踏査記録としている。
　図表 8-11 は、中川がまとめた資料的価値がある貧民窟踏査記録である。民間の記者・寄稿者が実踏し、記録内容がまとまっているものである（東京市以外の踏査記録、他紙の抜粋で構成した記事は除外）[34]。本書も基本的に

図表 8-11　東京市を対象に実踏・記述した代表的な貧民窟踏査記録

	筆者	題名	発表年	発表誌	備考
Ⅰ	著者不詳	「府下貧民の真況」	明治 19 年	『朝野新聞』	鮫河橋を踏査、言及
	著者不詳	「窮民異聞」	明治 23 年	『国民新聞』	鮫河橋を踏査、言及
	桜田文吾	「貧天地饑寒窟探検記」	明治 23・24 年	『日本』	鮫河橋を踏査、言及
Ⅱ	松原岩五郎	『最暗黒之東京』	実踏：明治 25 ～ 26 年	『国民新聞』、刊行：明治 26 年、民友社	鮫河橋を踏査、言及
	著者不詳	「東京の貧民」	明治 29 年	『時事新報』	
	著者不詳	「昨今の貧民窟（芝新網町の探査）」	明治 30 年	『報知新聞』	
	横山源之助	『日本之下層社会』「第一編 東京貧民の状態」	第一編 実踏：明治 31 年	刊行：明治 32 年、教文館	鮫河橋を踏査、言及
Ⅲ	幸徳秋水	「東京の木賃宿」	明治 37 年	『平民新聞』	
	斎藤兼次郎	「下谷区万年町　貧民窟の状態」	明治 38 年	『直言』	
	横山源之助	「貧民の正月」	明治 42 年		
	横山源之助	「共同長屋探見記」	明治 44 年	『文芸倶楽部』	
	横山源之助	「貧街十五年間の移動」	明治 45 年		
	横山源之助	「下級労働社会の一大矛盾」	明治 45 年	『太陽』	

出典：［中川 1985：13-19］［中川 2000：373-399］［中川編 1994］に筆者加筆・修正。
※中川清の編集資料に依る

これを踏襲する。

　これらの踏査記録について、鮫河橋に関する記述をみると、実踏・発表年や記述内容は大きく 3 つに区分できる。「Ⅰ」はおもに明治 20 年代前半、「Ⅱ」はおもに明治 20 年代後半、「Ⅲ」は明治 30 年代後半以降である。

　記述内容は、「Ⅰ」の場合は鮫河橋を一過性で通過し、観察した印象記といった内容である[35]。

　それに対して「Ⅱ」は一定の時間を割いて、鮫河橋の生活や実情を詳細に観察したものである。記述内容も具体的でまとまっている。「Ⅰ」の時期に鮫河橋が注目されるようになり、関心が喚起されて、さらに詳しい実態把握を志し、踏査を試みたのであろう。松原岩五郎『最暗黒之東京』、横山源之助『日本之下層社会』の「第一編 東京貧民の状態」がこれに当たる。署名入りで執筆され、踏査記録の信頼性が増している。

　「Ⅲ」になると、この時期はそれぞれの貧困地域で救済活動が実動し始め、それらの活動に基づいて収集された情報が発表されるようになった。また、貧困地域の空間分布に変化が生じ、東京市外周部の貧困地域が注目を集める

8 章　明治前期の鮫河橋　　153

ようになった。鮫河橋が言及される機会は減った。

　以上のように、鮫河橋の概況について理解を深めるのに有効かつ信頼性が高い踏査記録は「Ⅱ」の時期、具体的には松原と横山の踏査記録である。

　松原岩五郎は慶応2年（1866）の生まれで、明治25年（1892）、国民新聞の記者になった。同年に東京の貧民窟踏査に着手し、「国民新聞」に発表し始めた。一括した記事が翌26年11月に民友社から『最暗黒之東京』として刊行された[36]。松原が記述した鮫河橋の状況は明治25〜26年当時のものである。

　横山は明治4年（1871）富山県の生まれで、明治19年（1886）2月に上京した[37]。横山は毎日新聞社の求めに応じて、明治28年（1895）1月2日に鮫河橋谷町2丁目を歩いたと自ら記している[38]。また、『日本之下層社会』「第一編 東京貧民の状態」は明治31年（1898）2月の調査によるものであると『日本之下層社会』冒頭の「例言」に明記している[39]。本文中に明治28年1月の調査内容を一部引用している。横山が記述した鮫河橋の状況は明治28年と明治31年のものである。

　以上の状況をふまえ、明治20年代後半の鮫河橋について考察する資料として、本書ではおもに松原と横山の踏査記録を活用する。さらに、踏査記録ではないが、本書では高野岩三郎の調査レポートも活用する。

高野岩三郎の貧困調査レポート

　高野岩三郎（1918年東京帝国大学法科大学教授、1919年東京帝国大学経済学部教授、1920年大原社会問題研究所所長）は、後年、内務省保健衛生調査会による京橋区月島の実地調査を指導した戦前日本における都市社会調査の代表的指導者である（1921年5月、内務省衛生局刊行『東京市京橋区月島に於ける実地調査報告 第一輯』）[40]。高野は一連の貧民窟踏査記録とは異なる手法で、明治26〜27年に東京市の貧困地域の実態調査に取り組み、鮫河橋にも調査に入った。調査は次のような経緯で行われたものである[41]。

　高野は明治4年（1871）長崎県の生まれで、第一高等中学校から帝国大学法科大学政治学科に入学、28年7月に卒業した。大学在学中から「私は実証的なる調査研究を好んでいた」という[42]。

　帝国大学法科大学政治学科に在学中の明治26年11月、「応用経済学」の担当講師としてドイツ人教師の Adolf von Wenckstern が着任した。高野ら2

年生有志10名前後を対象にドイツ式「ゼミナール」を開講、高野は演習報告のため、同級生の落合謙太郎と貧困地域を調査した。調査結果はおもに高野がまとめ、明治27年4月下旬に調査結果を報告、英文レポートを執筆したと自ら記している[43]。英文原題は"East London in Tokyo"で、後年、『藤本博士還暦祝賀論文集』(1944年)に収録、また高野岩三郎『かっぱの屁』(1961年)にも収録されている。自著に収録していることから、調査の主導者、レポートの主筆者は高野で、高野自身も公開の意義があると判断したのだろう。高野の研究成果の一つと考えて良いと思われる。

原題に記入されているEast London(イーストロンドン)はロンドン市内の貧困地域である。イギリスのチャールズ・ブース(Charles Booth)はここで貧困調査を実施した。高野はチャールズ・ブースの『人々の労働と生活第1巻イースト・ロンドン』の調査方法を先行研究として参照し、東京の三大貧民窟の実態調査に取り組んだ。

このように高野はイギリスの先行研究を参照して調査を設計し、調査手法、データ作成の手続きを明記している。同時期の踏査記録と異なり、学術的関心と方法が出発点になっている。調査対象地は「下谷万年町・山伏町」「四谷鮫河橋」「芝新網町」の3カ所で、記述内容は明治26・27年当時のものである。

高野の調査手順

高野は調査方法を詳しく説明しており、各種資料の入手を試みたこと、資料・情報を入手するため訪問した機関、訪問回数、面会の対象者などを明記している。情報の出典に正確を期しており[44]、明治26・27年当時、東京市で貧困調査を実施するにあたって何が可能であったかを端的に知ることができる。鮫河橋に関する情報の入手について、高野が踏んだ手順をまとめたものが下記4点である。

1点めは、統計データの作成である。貧困地域に関する統計データを得るため、鮫河橋の行政区である四谷区役所を訪れたところ、貧困層に関する統計は存在しないことが判明した。そこで高野と落合は一緒に四谷区役所に5回通い、戸籍簿と他の公文書を閲覧して、鮫河橋に関する人口、住居戸数、その他の統計表を作成した。下谷区役所へは高野単独で2回、芝区役所へは落合単独で訪問し、同様の統計表を作成した。

8章　明治前期の鮫河橋　　155

2点めは、貧困地域で日常的に貧困層に接している人物に聴き取り調査を実施したことである。鮫河橋では、長屋の管理人1名（230名分を管理）と、社会活動組織の運営者（クリスチャン・チャリティ・スクール主事）1名、合計2名に聴き取り調査した。

3点めは、高野自身が各地域を2回ずつ実踏、すなわちフィールドワークや参与観察を行ったことである。

4点めは、東京の貧困地域を先行して調査した経験者に面会し、調査結果や知見の教示を得たことである。具体的に面会したのは仏教関係者の「帝国済民会」理事原十目吉である。原は青森県出身で、明治26年に帝国済民会を設立、同年に東京の貧困地域に入り、貧困世帯を訪問調査し、世間から注目されていた。つまり、高野と同時期に、原は先行して調査を実施していた。原は半構造化した調査項目を作成して印刷し、各世帯を訪問して聴き取った内容をこれに記入していたという。500世帯以上を訪問していたと高野は記している[45]。

以上のように高野は多様な調査方法を駆使し、各種資料・情報の収集に努め、貧困地域の実態把握を試みた。多様な方法とは、行政機関で公文書を閲覧して作成した統計資料、貧困地域の状況に詳しいキーパーソンへの聴き取り調査、自分自身で行ったフィールド実踏・参与観察、調査経験者との知見の共有である。

鮫河橋の居住環境

松原、横山、高野の調査内容から明治20年代後半の鮫河橋について、どのような概況がわかるだろうか。中川清は踏査記録に基づいて、明治中後期の貧困層について、人口、住居、職業、食費、教育状況などの面から生活構造を分析した[46]。中川の着眼点を参考にして、本書でも松原、横山、高野の調査内容に基づき、明治20年代後半の鮫河橋について、人口、居住環境、生業、就学状況、摂食状況について探ってみよう。

図表8-12は高野レポートに報告されている人口数である。図表8-13は横山が記載している鮫河橋（鮫河橋谷町1丁目、2丁目、元鮫ヶ橋、鮫ヶ橋南町）の人口数である。両方の統計をつきあわせると、高野が作成した「鮫ヶ橋谷町」の人口とは「谷町1丁目」のみの人口であったと推察される。横山の統計に基づくと、鮫河橋谷町1丁目の戸数は707戸、人口は2540名、

156　　Ⅲ部　鮫河橋と都市下層

図表 8-12　高野：東京の三大貧困地域における戸数と人口

三大貧困地域	戸数	人口		
		男	女	小計
芝区：新網町（明治 22 年）	−	1950	1462	3412
四谷区：鮫ヶ橋谷町（明治 25 年）	1079	1345	1184	2529
下谷区：万年町と山伏町（明治 26 年）	1281	3234	2818	6052

出典：［高野 1944：374-375］

図表 8-13　鮫河橋の人口構成（明治 31 年）

	戸数	人口		
		男	女	合計
鮫河橋谷町 1 丁目	707	1472	1068	2540
鮫河橋谷町 2 丁目	432	816	686	1502
元鮫ヶ橋	42	92	93	185
鮫ヶ橋南町	184	392	344	737
合計	1365	2772	2191	4964

出典：［横山 1899：6-7］

鮫河橋谷町 2 丁目の戸数は 432 戸、人口は 1502 名、合計で 1139 戸、4042 名である[47]。

　居住環境に関して、松原、横山、高野いずれも、3 貧困地域（鮫河橋、下谷区万年町、芝区新網町）に共通にみられる主要な住居形態は「長屋」であることを述べている。共通点を的確に説明しているのは高野である。

　「長屋」は一棟 12〜13 戸に区切られ、各戸は路地に面して 1.5 間、奥行き 2 間で、面積はおよそ 6 畳分である。竈があるのは極めてまれで、家屋は老朽化し、内部は暗い。家賃は月額 30〜90 銭で、通常は日払いである（日額 1〜3 銭）。夕方に長屋管理人が集金するが、日常的に滞納している者が多い[48]。

　横山も日払いの方法は「十四日および三十日払い、七日払いもあれど」、1〜2 カ月の滞納者が多いと記す。横山は鮫河橋の質屋で、来店した女性が家賃について「正直なところ溜めたくはないが、からどうも仕様はございませんから」と話すのを耳にしたことを記している。鮫河橋谷町 2 丁目には月額 38 銭の家賃があり、これは「東京市中かくの如き家賃の低廉なるはあ

8 章　明治前期の鮫河橋　　157

らざらん」と述べている[49]。

　松原は鮫河橋の長屋の外見について、「客車的の長屋なれども順序よく排列して比較的に清潔なるは鮫ケ橋なり」と記す[50]。他の踏査記録でも鮫河橋の長屋について「その長屋は何れも十有余軒ずつ連接して一長屋をなしたるものなれば、あたかもワゴンを聯ねし汽車の如し」と記している[51]。一棟が長いことが鮫河橋の長屋の特徴だったのかもしれない。

生業・就学

　生業について詳細に記述しているのは横山である。横山は三大貧民窟を一括して生業について述べている。「日稼人足」「人力車夫」「くずひろい」「芸人社会」「貧民の内職」について独立した節を立て、詳細に説明している。くずひろいが多いのは下谷万年町の特徴で、芸人が多いのは芝新網町の特徴であるという[52]。

　高野もおもな生業として人力車夫、荷車車夫、日雇い、屑拾いなどを挙げている[53]。どの貧困地域にも共通していた一般的な生業は、車夫、日雇い人足、内職等の雑業だったといえよう。

　横山は鮫河橋で観察した「日稼人足」について、次のような特徴に言及している。

　　東京市中、日々数万千の日稼人足、使役せらる。貧窟にて人足として道路・橋梁等の開廃・修繕に出づるは最も多し。しかして土木用達組、有馬組、永井商会の三者、東京府庁の特許を得て、常に土木工事を請負い、更に人足親方に致して人足を募らしめ、工事を終わるを例となす。鮫ケ橋・万年町等にて人足として出づるは概ね右、請負者の下に使役せらるるなり。一日の賃金は三十二、三銭、甚だしきは、或る小請負者の下に附属せる人足の如きは、他に三十五、六銭を得つつあるにかかわらず、僅かに二十七、八銭なる物あり[54]。

東京府庁から土木工事を請け負う作業組が複数あり、各組は人足の親方を通して日雇いの作業員を集めていた。鮫河橋や下谷万年町にはこのしくみを通して仕事を得ている者がいたという。

　　親方との関係は極めて薄し。日稼人足、その大半は毎日異なりおるが如し。今日雇われおる人足にして、明日他に一銭二銭高賃金の工事あれば、直ちにそこに赴き、特に鮫ケ橋・新網等の貧窟に見るところの人足の如き、昨日道路修繕に出でたるもの、今日橋梁の架橋に出で、親方に対しては何ら徳義なく人情な

し。しかしながら一人の親方に所属して前借し、関係より離るるを得ずして僅かに二十五、六銭の賃金に、縄なきに縛られおるも珍しからざるなり[55]。

日稼人足は日銭の多寡で仕事を選ぶのが通常で、親方との関係は希薄だった。労働を通して信頼関係を築く状況ではなかったことがわかる。

明治31年に貧困地域を踏査した横山は鮫河橋で次のような教場を見かけた。

谷町二丁目二十二番地に瀬宮喜一郎なる人、寺子屋の如きを開けるとあるのみ。瀬宮氏のはあたかも新網の五厘寺子屋と相似たりといえども、一日五厘と授業料を定めず、一カ月五銭、十銭、二十銭持ち来るものあるに任せ、授業時間も制限なく、午前午後にかかわらず随時児童の来るに応じて、習字せしむるに過ぎず。一時は三十人以上、来学者ありたる由なれども、今は僅かに十二、三人を見るのみ[56]。

就学猶予の児童が私塾に通っていたのだろう。後年の記録も瀬宮氏の私塾について次のように記載している[57]。

八畳敷きくらいの二間つづきの座敷が教場になっていて、瀬宮氏が手習い子の勉強を見ていた傍らで、奥さんがお針娘に裁縫を教えていたということです。実は、瀬宮氏の寺子屋に通っていたという方が何人も健在されておるのです。

私の知人では、当時から「トトヤ」で通っていた魚屋さんの石川国蔵氏（満七十二才）と、その店の左筋向い、ただ今の「レイ美容室」の所にあった荒物店の「油屋」さん、岩本清四郎氏（満七十五才）、それと岩本さんの奥さんで（後略）。

石川さんの話ですと、「瀬宮さんの所へ行ったのは、私が五ツの時でしたから明治三十五年ですか、先生は六十近い年配で、大きな体の人でした。延べの寸の長いキセルを持っていて、私たちの勉強振りを見ていました。」

岩本さんにお聞きした話は、「生徒は二、三十人くらい居たと思います。裏の方からも可なり来ていました。手習い草紙は（中略）、時々綺れいな半紙に清書をして先生の方へ出して観て貰うのです。そんな時、先生はそれを屋敷の囲いにしてある（中略）低い板塀の表側の方へ吊るっておいて、近所の人達に展示して観せたものでした。」

明治30年代半ば、瀬宮氏の私塾に通っていたことが記されている。寺子屋同然であるが、児童の来室や識字状態に合わせて臨機応変に教える方法は貧困層の児童に適していたのだろう。学校教育制度の枠外に識字の機会があっ

8章　明治前期の鮫河橋　159

たことがわかる。

残飯摂食

　摂食状況について詳細に記述しているのは松原である。松原は鮫河橋で実
地体験を志し、仲介者を通して残飯屋に住み込み、残飯の仕入れ・販売を手
伝った。貧困層の残飯摂食を通して知った鮫河橋の生活について克明に記録
している[58]。高野、横山も貧困地域で残飯摂食が日常的であることを述べ
ている。

　松原の踏査記録に基づくと、明治25〜26年当時の鮫河橋の残飯摂食はお
およそ次のような状況だった。残飯屋は残飯を仕入れて、売りさばく商売で
ある。松原が住み込んだ残飯屋の屋内には仕入れ用の笊、桶、樽などが雑然
と散らばっていた。荷車にこれらの道具を積み込んで、松原は残飯の仕入れ
に付いて行った。

> 　毎日、朝は八時、午は十二時半、夕は同じく午後の八時頃より大八車に鉄砲笊
> と唱えたる径一尺あまりの大笊、担い桶、または半切、醬油樽等を積みて相棒
> 二人と共に士官学校の裏門より入り、三度の常食の剩り物を仕入れて帰る事な
> るが、何をいうにも元来箸よりほかに重き物を持たる事のなき身が、俄かにか
> かる荒働きの仲間に入りたる事なれば、その労苦は実に容易の事にあらず[59]。

残飯の仕入れ先は陸軍士官学校（牛込区市ヶ谷加賀町）であった。鮫河橋か
ら士官学校がある市ヶ谷加賀町まで遠くはない。朝昼晩一日3回往復して
仕入れする。荷車を曳いて士官学校の裏門から入る。残飯を積むと相当の重
量になった。

> 　（貧人は）これを兵隊飯と唱えて旧くより鎮台営所（陸軍の兵営）の残り飯を
> 意味するものなるが、当家にて売捌くは、即ちその士官学校より出づる物にて、
> ひと笊（飯量およそ十五貫目）五十銭にて引取り、これを一貫目およそ五、
> 六銭位に鬻ぐ[60]。

仕入値は15貫目50銭、売値は15貫目あたり75〜90銭である。軍隊から
出る残飯は「兵隊飯」と俗称されていた。「株切」「土竈」「虎の皮」などの
隠語があり、それぞれ漬物、パンの耳、焦げ飯のことである。

　鮫河橋に荷車が戻ってくるのを人々は待ち構えていた。

> 　我らが荷車を輾きて往来を通れば、彼らは実に乗輿を拝するが如く、老幼男女
> の貧人ら皆々手ごとに荒、面桶（一人盛りの曲げ物の食器）、重箱、飯櫃、小

図表 8-14　明治 20 年代後半の鮫河橋における生存維持の資源

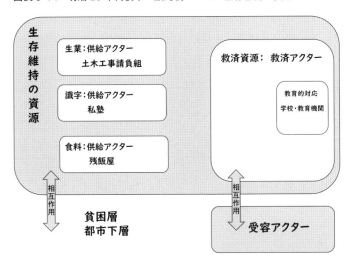

　桶、あるいは丼、岡持などいえる手頃の器什を用意しつつ路の両側に待設けて、今退たり、今日は沢山にあるべし、早く往かばやなどと銘々に囁やきつつ荷車の後を尾いて来るかと思えば、店前には黒山の如く待構えて、車の影を見ると等しくさざめき立ちて宛然福島中佐の歓迎とも言うべく颯と道を拓きて通すや否や、我れ先きにと笊、岡持を差し出し、二銭下さい、三銭おくれ、これに一貫目、茲へも五百目と肩越に面桶を出し脇下より銭を投ぐる様は何に譬えん[61]。陸軍士官学校の払い下げ時間は決まっており、荷車の帰着時間に合わせて人々の行動はパターン化されていた。このように松原の体験記録は具体的で臨場感がある。残飯購入者の生活時間が定型化されていること、残飯をめぐって特有の呼び名や隠語があり、残飯摂食の習慣が「独自の習俗」ともいえるものになっていることを活写している。残飯をめぐり、貧困層の生活が構造化されていたことを記述している。

　高野のレポートに、当時、鮫河橋に残飯屋は 6 軒あることが記されている。残飯の出所は兵営・学校で、残飯の値段は 4 杯分で 1 銭、焦飯は 6 杯分で 1 銭、野菜 1 食分で 1 厘、汁は 2 厘と記している[62]。松原と高野の調査手法は異なるが、同時期の調査であり、記述内容に共通点が多い。

明治 20 年代後半：生存維持の資源

　松原、横山、高野の調査内容から、明治 20 年代後半の貧困層の生活概況を探ると、鮫河橋に多様な「生存維持の資源」があったことがわかる。それを図示化したのが図表 8-14 である。重要な知見は残飯を供給する恒常的なしくみがあり、「残飯屋」という生業が成り立っていたことである。

　中川によれば、明治 20 年代の貧民の支出構造の二大費目は家賃と食費で、エンゲル係数は 7 割を超えていた。「都市で生存し続けるための住居」と「生存するための最低限の飲食物」に収入の大部分が消費された。主食をすべて米で賄うことはできず、食費 3 割相当は芋類で摂取していた[63]。残飯摂食は食費を抑制する手段の一つであった。残飯摂食は日常化しており、残飯確保は生存維持のため生活構造化された行動だった。

　中川は明治中後期に貧困層の集積地域に「家計を補完するしくみ」があったことを述べていた。残飯は「生存維持の資源」の一つであり、残飯の供給・確保は貧困層集積地域の「補完的しくみ」の一つであったといえるであろう。

　明治 20 年代後半の諸調査は残飯摂食を不可欠とする貧困層の生活構造を描出していた。次章では残飯屋の営業を可能にしていた社会構造について分析する。

9章

残飯業の社会構造

　残飯業の存立を可能にしていた社会構造を分析するにあたり、残飯に関与していた3つの関係アクターに着目する。「供給アクター」「販売アクター」「消費アクター」である。鮫河橋では、恒常的な「供給アクター」の一つは軍隊（陸軍士官学校）であった。「販売アクター」は残飯屋（残飯業者）である。「消費アクター」は残飯を摂食する貧困層である。

9-1　残飯の供給アクター：軍隊と残飯処理

東京における軍施設

　鮫河橋の残飯業者の主要な仕入れ先は軍隊であった。近代東京は多数の兵卒・憲兵が駐屯している軍事都市であった。残飯の「供給アクター」すなわち軍隊の残飯処理規定について、防衛省防衛研究所所蔵資料などから探ってみよう。

　東京西部は「山の手」台地が軍用地として開発され、軍事機関・軍施設が集積しているという地域特性があった。四谷区鮫河橋もこの範域に含まれる。東京には陸軍の近衛師団と第一師団の2個師団が駐屯していた。近衛師団は皇室警護が主務である。師団を構成しているのは、歩兵連隊、騎兵連隊、砲兵連隊、鉄道連隊、電信連隊、飛行大隊である。第一師団は、歩兵連隊、騎兵連隊、砲兵連隊である。師団所属の兵卒は、兵科ごとに設けられた兵営に駐屯していた。

　このほか、陸軍を統括する中央機関（参謀本部）、軍教育諸機関（陸軍大

学校、士官学校）も多く立地していた。軍教育諸機関は寄宿舎を備え、軍律に基づいて寝食をともにし、教育・訓練を行っていた。このような軍施設から残飯が払い下げられていた。

陸軍と残飯処理

　残飯は軍隊から出る廃棄物である。軍隊には廃棄物に関する規定があり、それに即して処理されていた。陸軍、海軍ともに、各部隊が兵営で食事した際に出る残飯について、払い下げて残飯代金を貯めることを許可していた。

　陸軍省は明治7年に各部隊に対し、「残飯代」「下肥代」「隊中ノ注意節倹ヨリ生スル残余金」の蓄積金に関して、部隊長の裁量で使用することを認めている（各鎮台は用途に関与しない、ただし部隊内で出納・用途を公表する）[1]。

　海軍省は明治9年、海兵士官学校を兵学校に統合したが、その際、海兵士官学校から引き継いだ諸物件のなかに「貯蓄金」があった[2]。これは海兵の部隊が組織された明治4年から9年までの間の残食代、残飯払下代、諸品払下代、下掃除代の蓄積金で、合計3489円86銭4厘あった。その3分の1以上は、残飯代金であったという[3]。このように陸海両軍とも設立初期から残飯払い下げが行われていた。

　明治8年（1875）陸軍省は廃棄物の払下代金が100円以上になる場合は、入札で払い下げ業者を決める方針を伝達した[4]。しかし、残飯は払下価格が廉価で、払い下げ後の用途も限定されている。残飯について入札制度が導入されたのは後年のことであった。

　廃棄物払下げによる蓄積金は、各部隊の臨時出費などに充当されていた。ところが、明治10年（1877）地租減額による国庫減収で、軍予算が削減されることになった。1月20日、陸軍卿山県有朋は経費節減を訓示した。これを受けて2月6日、陸軍卿代理・大山巌は蓄積金を各部隊の野営演習費などに当てる方針を示した。西南戦争で戦費が膨張する直前の時期のことである。これ以降、臨時出費ではなく経常費へ充当するようになり、軍務会計上、残飯払下代金は貴重な財源の一つになった[5]。

歩兵の食事と残飯

　個別部隊における食事内容、および残飯払下代金に関して、明治13年

（1880）7月の東京鎮台歩兵第一連隊第一大隊の記録がある[6]。部隊の規模、食費、残飯売却代金は次のようであった。

　歩兵第一連隊第一大隊は4つの中隊から構成されていた。そのうち第一中隊の標準人員は178名（下士官26名、兵卒152名）であった（7月）。軍隊では1人1回分の食事を1賄と表記する。1日3食、合計538賄分である。毎食、人数に増減があった。他隊への出張分遣、転隊、入隊など理由と増減数が詳細に記録されている。必要人数を正確に把握し、過不足なく準備する決まりだったのだろう。

　たとえば、7月1日の賄数は536である。この日の食材量は、精米1石7升2合、味噌2貫5百目、醤油8升、漬物1貫2百目、薪65貫目、茶85目、魚菜7円63銭分である。魚菜品目は生鰹、小鯵、酢、生姜、牛蒡、胡瓜である。この日は魚中心だが、魚菜は毎日変えて、翌2日は肉食で牛肉、干瓢、蒟蒻、葱、豆腐であった。

　7月の予算は、第一中隊は1万5325賄、合計金額304円63銭5厘で、1賄の平均金額は1銭9厘8375である。第二中隊は1万5168賄、合計金額301円80銭05厘、1賄の平均金額1銭9厘8322である。

　前月6月分の残食売却費は27円30銭である。部隊会計の「雑収金」に分類されている。明治13年6月雑収金明細表には、他に紙屑代83銭、下肥代17円47銭が記載されている。残食売却代と合わせて雑収金合計45円60銭であった。

　以上のように178名の部隊で、1カ月の食費が300円余、残飯売却代金は27円30銭である。食費の1割弱相当を残飯売却代金で回収している。残飯売却代金は無視できない金額であったといえよう。

　歩兵第一大隊では、下士官、兵卒の賄料は同一で、1賄につき約2銭、1日当たり約6銭の予算であった[7]。

廃棄物と会計

　明治14年（1881）に会計法が改訂された。慣行になっていた軍隊の蓄積金使用は会計法に抵触するおそれが生じた。陸軍省は厳しい予算配分のなか、慣行維持を望み、明治14年10月12日、陸軍卿大山巌は太政官に伺書を提出した。各鎮台が蓄積した「準備金」（残飯その他の蓄積費用）を経常費に充当してきた慣例などを説明し、次のような趣旨を願い出た[8]。

9章　残飯業の社会構造　165

図表 9-1　陸軍省　雑収入科目表　臨時雑収入

大科目	小科目	細目
官有物払下代	物品払下代	備付品払代 消耗品払代 兵器払代 弾薬払代 被服払代 陣具払代 生産物払代 竹木石払代 食餌残余物払代 金属払代 （後略）
	家屋払下代	建家建物払代
	馬匹払下代	官馬払代 廃斃馬払代
	雑収	下肥代 （後略）

出典：防衛研究所資料：「雑収入科目表改正」明治 17 年 10 月 3 日、陸軍省大日
記、陸軍省達全書より筆者作成。

　各鎮台の「準備金」（「陸軍給与概則」第十二章第四条）はもともと残飯その他について、各隊が節倹に留意して蓄積してきたものである。各隊隊長からの要請があれば、定額外の出費に当ててきた。余剰金がある場合は、司令官からの要請によって、臨時行軍費用、射的演習費用など軍事教練上の費用補填に当ててきた。準備金を有効に使うことは軍務上有益で、歳費を間接的に補填してきた。各隊に還元されるからこそ節倹に努める。今後も慣例を認めてほしいという趣旨であった。翌 15 年 2 月 1 日、会計検査院は願い出を認めた。

　以上のように残飯売却代金はもとは慣行的に運用されていたが、払下げに関する規則が整備されるにともなって、会計上に位置づけられる費目になっていった。明治 18 年以降、陸軍省の払下品による雑収入は軍務会計上、図表 9-1 のように分類されるようになった[9]。

　明治 22 年 5 月、第一師団監督部は廃品売却の場合、半年または一年ごとに入札を行うように指示した。しかし、残飯や下肥などの処理方法は特別であることから、従来通りの払い下げ方法で可とした[10]。

9-2 残飯の販売アクター：残飯業者

残飯屋：情報交換の結節点

　高野は明治25～26年に鮫河橋に残飯屋が6軒あったことを記している[11]。残飯が搬入される時間がほぼ決まっているので、松原はその時間になると残飯屋に人々が集まり、情報交換が活発に行われている様子を次のように活写している。

> 予が居るところの残飯屋はあたかも彼の人たちの社交倶楽部とも言うべきものにして下男の境界にありし予は即ちここの書記役なりしなり。
>
> 　いかに貧民倶楽部が、社員の数多をもって賑わいしよ。彼らの銘々は一個の面桶、一個の笊、あるいは小桶、あるいは味噌漉を手に手に携えて、倶楽部の庭に蹲み、あるいは腰掛け、あるいは立ちながら若干の時間を待ち受くる間において、おのおのその平常の実験談を材料として例の談話会を催すにありき[12]。

松原は残飯屋に集まって情報交換する様子を「談話会」「社交倶楽部」「貧民倶楽部」と表現している。「販売アクター」は残飯を売りさばく機能だけでなく、情報交換の「結節点」の機能を果たしていたといえる。松原が残飯屋で聞いた話には次のようなものがあった。

> 運動会の余慶─かつて青山の練兵場において某法律学校の春季大運動会の催うされし時、行厨方より弁当として生徒一人に一個ずつの箱をあてがいたりしが、衆くの学生中にはこれを食うもの少く、千二百人前の弁当配り合せてやがて三、四百も遺したりければ、その幹事なる人心得て、早速その最寄に見物居たりし一人の貧児を招き、さて今日の恩恵として汝らにこの土産を遺わさんとす、いかに衆くの夥伴を集え来らずやと言いければ、貧児大に走って檄を伝え、原に学校のお葬礼あり皆の衆往ずやと触れたるほどに忽ち集る者百余人、施与に福のありし、かつてこの日の如きはあらざりし。這うようなる小児の手にも一つずつの所得ありて家内五人一日の食膳を儲け、近年珍しき施餓鬼なりしとて、そのたまか〔つましいこと〕なる御馳走を喜び合いしが、他の貧窟の人々またこれを聞伝えて後れ馳せに駆け付けしに、練兵所の中央に山の如く弁当殻の積重なりしを見出して、そのうちより飯の残れるを拾い出して持ち還りしが、これまた一廉の所得なりし。最後に五、六人の乞食どこからともなくこの事を嗅ぎ付けて来たり[13]。

図表 9-2　明治 33 年（1900）の残飯業者

地名	残飯業者	残飯仕入先	仕入価格 （三合当たり）	売上 （一日当たり）
四谷鮫ヶ橋町	浅野源右衛門	兵営	1 銭	2〜3 円
	高橋ナミ	兵営	1 銭	2〜3 円
	白瀬勇吉	兵営	1 銭	2〜3 円
	池田亀吉	学校寄宿舎	2 銭	3〜7 円
信濃町	松山金作	兵営	1 銭	2〜3 円
市ヶ谷	島田常吉	学校寄宿舎	2 銭	3〜7 円
新宿北台町	平野亀次郎	兵営	1 銭	2〜3 円

出典：読売新聞：明治 33 年 8 月 12 日より筆者作成。

鮫河橋に近接していた青山練兵場で法律学校が大運動会を開催した。弁当の
残飯が出たので子どもたちに与えたところ、大人たちも多数来たという話で
ある。残飯を入手する機会に人々が敏感だったことがうかがえる。

残飯の販売アクター

　図表 9-2 は明治 33 年（1900）の新聞に記載された残飯業者すなわち残飯
「販売アクター」である。鮫河橋に 4 軒、周辺に 3 軒、合計 7 軒が記されて
いる。

　　島田、池田ハ学校の残飯を、其の他ハ兵営の残飯を販売し居る由にて、其の価
　　ハ学校飯三合量二銭、兵営飯同一銭にして、各人一日の売上高、島田、池田ハ
　　三円乃至七円、其の他ハ二円乃至三円を平均とすと[14]。

仕入れ先は、学校寄宿舎や兵営である。「学校飯」のほうが「兵営飯」より、
仕入価格は高く、売上はよかった。

　明治 36 年頃、鮫河橋の残飯屋について次のように記されている。

　　鮫ヶ橋に残飯屋あり。毎日大厨房より残飯残菜を仕入れて販売するものにして、
　　一貫目五、六銭に鬻ぐと言ふ。残菜は尤も無代にて譲り渡され、之も一杯（飯
　　茶碗）五厘位に売り捌く。残飯は彼等の社会には頗る親密の関係を有し、常に
　　鎮台飯、兵隊飯と言ひて重用せらるるものなり。（中略）彼等細民にありては
　　最も貴くして且つ経済なり。五人家内にありては一日二十銭足らずを支払へば
　　残飯によりて一日の飢を凌ぐことを得べき便宜のものなれば、其の珍重せらる
　　るも蓋し至当なることと言ふべし[15]。

168　　Ⅲ部　鮫河橋と都市下層

陸軍の諸施設に近い鮫河橋は残飯を仕入れるのに利便性が良く、明治後半、常時一定数の「供給アクター」が営業していた。残飯供給量はある程度安定し、貧困層の生活構造に残飯摂食が組み込まれていたことがわかる。

明治37年4月22日の新聞に、鮫河橋の残飯屋で起きた次のような事件が報道されている。

　　昨朝六時頃、四谷区鮫橋谷町一ノ二十九番地関口亀吉（二十五）ハ、同町三十
　　九番地残飯商若国清吉方へ残飯を買ひに行き、銭の不足なるより、雇人の小沢
　　鉄五郎（六十三）に断ハられしを怒り、鉄五郎を殴打して十二日の拘留を頂
　　戴[16]。

残飯を買うお金にも事欠く貧困層の姿が浮かぶ。残飯屋は経営者のほか、雇人がいる営業形態が一般的であったことがこの記事にも示されている。

残飯業の利権集団

明治39年（1906）に第一師団の管轄下で残飯払下の入札をめぐり奇妙な騒動がおきた。市ヶ谷の陸軍士官学校に隣接して中央幼年学校があった。市ヶ谷の旧尾張徳川家藩邸に明治7年、陸軍士官学校、中央幼年学校が造営されたのである[17]。それぞれの学校に寄宿舎があり、残飯が出る。その払い下げをめぐり、残飯業者たちが結託し、陸軍省の担当官に強引に迫った。

出来事の次第は次のようであった。明治39年7月に陸軍士官学校、9月に中央幼年学校で残飯払下の入札があった。図表9-3は入札に参加した残飯業者の一覧である[18]。両方の入札に西山熊太郎という残飯業者が参加している。

明治39年7月14日、陸軍士官学校の入札は次の通りで、西山は2番札だった。

　　東京府豊島郡千駄ヶ谷九百九十九番地　高木彦次郎、残飯百食につき35銭
　　東京市下谷区入谷町三百八十七番地　西山熊太郎、残飯百食につき27銭
　　東京市四谷区鮫河橋谷町一丁目三十七番地　冬野国太郎、残飯百食につき24
　　銭

残飯百食とは、兵員百人分の残飯のことである。落札できなかった西山は腹を立てて退場した。ところが1番札の業者は間違えて入札価格を高く書いてしまったという理由で辞退した。結果的に3番札の冬野が払下対象になった。冬野は鮫河橋の残飯業者である。

9章　残飯業の社会構造　　　169

図表 9-3　入札参加の残飯業者（明治 39 年）　　　（明治 39 年 7 月 14 日入札実施）

残飯業者	住所	残飯仕入先
高木彦次郎	東京府豊島郡千駄ヶ谷 999 番地	陸軍士官学校入札
		中央幼年学校入札関与
西山熊太郎	東京市下谷区入谷町 387 番地	陸軍士官学校入札
		中央幼年学校入札
冬野国太郎	東京市四谷区鮫河橋谷町 1 丁目 37 番地	陸軍士官学校入札
		中央幼年学校入札希望
白瀬勇吉	四谷区鮫河橋谷町	中央幼年学校入札関与
所庄三郎	四谷区鮫河橋谷町	中央幼年学校入札希望
磯部良蔵	不明	中央幼年学校入札参加
今井栄三郎	不明	中央幼年学校入札参加
中村吉太郎	不明	中央幼年学校入札参加

出典：防衛研究所資料：「中央幼年学校残飯払下契約解除に関する訴願の件」明治 39 年
12 月 13 日、陸軍省大日記、壱大日記より筆者作成。

　2 ヵ月後、明治 39 年 9 月 26 日午後 1 時、中央幼年学校（市ヶ谷須賀町）で残飯払下の入札があった。落札したのは西山熊太郎で、破格の入札価格が記されていた。払い下げの契約が結ばれたが、幼年学校の担当官は高額の見積価格を不審に思った。10 月上旬の日曜朝、担当官の自宅に西山の代理人・白瀬勇吉が訪ねてきた。払下価格の値下交渉だった。白瀬も鮫河橋の残飯業者である。担当官は西山は入札価格の代金を納める意思がないと判断した。担当官は西山を呼び出し、保証金を 2 倍納めるよう言い渡した。払下代金納入の初回日、西山は納付せず、召喚したが出頭しない。手代が残飯を引き取りにやって来た。担当官は西山自身が出頭するように命じたが応じない。契約は打ち切りとした。

　改めて入札することになった。担当官は指名入札の業者 3 名を選んだ。ところが呼んでもいないのに入札することを聞きつけ、幼年学校にやって来たのが冬野国太郎と所庄三郎である。両者とも鮫河橋の残飯業者である。入札のことは西山に聞いたという。西山は第三者をそそのかし、入札を攪乱しようとしていると担当官は判断した。

　すでに払下げた残飯代金が未納である上、別の残飯業者がやってきて威嚇的な態度で担当官を責めた。さらに西山は陸軍大臣宛に不服の書面を提出した。幼年学校側は陸軍省第一師団経理部長宛に事情説明の報告書を出す羽目

になった[19]。

このように残飯業者たちは結託・談合し、極端に高額の落札価格、突然の契約辞退や不履行、出頭命令の無視、威嚇による値下げ交渉、非公開の入札情報の入手など、陸軍省を相手に超法規的な手段で攪乱を辞さない動きをみせた。日露戦争後の明治30年代後半、残飯払下をめぐって業者の利権集団が形成されていたことがうかがえる。

9-3　残飯業の変化

残飯業者の移転

鮫河橋の残飯業に大きな変化が生じたのは大正10年前後である。大正8年（1920）、鮫河橋には5軒の残飯業者があった[20]。図表9-4は大正11年（1922）の東京府の残飯業者である。鮫河橋を本拠とする残飯業者はいないが、四谷区では新宿旭町、永住町、須賀町に残飯業者がいる[21]。新宿南町（大正9年から町名変更により旭町）は「宿屋営業取締規則」（明治20年公布）で指定された木賃宿営業地で、数十軒の木賃宿が集積し、貧困地域になっていた。図表9-3に記載されていた白瀬勇吉の住所は四谷区鮫河橋谷町であったが、図表9-4では四谷区永住町になっている。白瀬は永住町に転出したのだろう。

このほか、大正11年に残飯業者の分布は深川区や郡部など、東京市周辺部に広がっている。大正期に北豊島郡には軍需工場群が形成された。また、陸軍施設は東京西部へ展開し（代々木練兵場の開設、世田谷村における兵舎建設など）、残飯業者も郡部に分布している。残飯業者すなわち「販売アクター」の分布の変化は、「供給アクター」「消費アクター」の変化と連動したものと考えられる。

図表9-5は大正11年（1922）、鮫橋尋常小学校の児童について、主食物を調査した内容である（後述）。米食が多いが、昼食、夕食に1割強が残飯を摂食している。一定数の貧困層は依然として残飯摂食の生活構造を余儀なくされていたと推察される。鮫河橋に拠点をおく残飯業者は確認できなかったが、鮫河橋の貧困層は残飯摂食から抜け出したとはいえない。

昭和期に東京市内の残飯業の状況を詳細に調べあげたのが、東京市社会局の主任だった草間八十雄である[22]。草間が調査したのは、昭和5年（1930）

9章　残飯業の社会構造　　171

図表 9-4　東京府の残飯業者（大正 11 年）

残飯業者	住所	残飯仕入先
池田嘉一	神田区三河町 4-6	軍施設、兵営など
西山龍之介	下谷区入谷町 387	
岡本林平	小石川区　掃除町 47	
金子栄三郎	芝区新網町	
山田定次郎	麻布区龍土町 36	
中村タキ	四谷区新宿旭町 45	
白瀬勇吉	四谷区永住町 1	
鈴木勝五郎	四谷区須賀町 17	
宮崎菊次郎	本所区緑町 3-22	商船学校など
染谷吟蔵	本所区太平町 2-72	
伊藤忠二	本所区花町 25、小川屋方	劇場（市村座）など
小堀由三郎	深川区富川町 31	劇場（明治座、新富座）、弁当屋
田中トミ	深川区富川町 31	
伊藤熊吉	深川区富川町 31	
澤崎弁吉	深川区富川町　豊田屋支店内	
滝沢カネ	深川区猿江裏町 199	
河原文治郎	北豊島郡日暮里町元金杉 1435	劇場（帝国劇場）、弁当屋
松井国三	北豊島郡日暮里町元金杉 1432	
金子栄太郎支店	北豊島郡板橋町　字　宿の坂	軍施設、兵営など
霜島弥三郎	北豊島郡板橋町　字　宿の坂 2687	
森善三郎	北豊島郡板橋町　字　宿の坂 2686	
平野録助	北豊島郡志村前野 191	
吉野カツ	荏原郡目黒村上目黒 756	軍施設、兵営など
吉田デン	荏原郡目黒村上目黒 783	
平野三郎兵衛	荏原郡世田谷村　字　神原	
山崎竹松	荏原郡世田谷村三宿 97	

出典：［東京市社会局 1923b：26］より筆者作成。
※大正 11 年（1919）12 月調査

2〜3 月である。図表 9-6 は残飯の供給アクターと販売アクターの残飯業者
の所在地（住所）である[23]。

　草間によると、残食物の供給アクターは 4 種類で、軍隊（45.1％）、学校
（7.7％）、百貨店（31.0％）、その他（16.0％）である（カッコ内残食物総量
に占める割合）。依然として軍隊が主要な供給アクターだったことがわかる。
昭和期になると残飯は畜産飼料として利用されるようになっていった。

172　　Ⅲ部　鮫河橋と都市下層

図表 9-5　鮫橋尋常小学校児童の主食物

	朝食（人数）	昼食（人数）	晩食（人数）	合計のべ人数
米飯	350	320	321	991
米麦飯	33	31	28	92
残飯	12	43	49	104
粥	2	0	0	2
パン	1	4	0	5
合計	398	398	398	1194

出典：［東京市鮫橋尋常小学校 1922］より筆者作成。
　　　［東京市社会局 1923a：134-135］にも転載されている。
※大正 11 年（1922）6 月調査、398 名対象

残飯と「生存維持の資源」

　明治期から昭和戦前期までの東京府における残飯業の変遷をたどった結果、残飯業の存立を可能にした社会構造について、次のような知見を得ることができた。

　1 点めは、主要な「供給アクター」である軍隊にとって残飯売却代金は軍事予算の一部に充当される財源の一つになっていたことである。払下品として入札制度が整備され、残飯流通は安定的に持続するように制度化されていた。残飯業は供給・販売のしくみが構造化され、戦前期の東京においては「業種」の一つとして成立していたといえよう。

　2 点めは、「販売アクター」である残飯業者について、明治 30 年代から追跡可能で、大正 10 年代には残飯業者の分布状況に変化が生じていた。明治後半と大正後半では残飯業者の営業拠点は移動しており、横山が指摘した貧困層集積地域の遷移と一致する。一部の業者は営業拠点を移転して長期にわたって営業していた。「供給アクター」と「販売アクター」は持続的に営業可能な形態を形成し、相互に不可欠な存在になっていたと考えられるが、「販売アクター」のなかには利権集団化していた者もいたことを示す資料もあった。「業種」として構造化されていたことを示している。

　3 点めは「消費アクター」の「生活構造」に関して、高野岩三郎は貧困層の住居に調理用具の竈がないこと、家に竈が必要ないのは、出来合いの食べ物を買うためであることを指摘していた。出来合いの食べ物とは残飯のことであろう。調理用具も習慣もない。調理用の燃料も必要としない。残飯摂食

9 章　残飯業の社会構造　　173

図表 9-6　残飯屋データ：残飯の需給関係（昭和 5 年）

供給主体	残飯業者所在地
軍隊	
近衛　歩兵　第一連隊	神田区三河町
近衛　歩兵　第二連隊	四谷区永住町
近衛　歩兵　第三連隊	郡部　高井戸
近衛　歩兵　第四連隊	郡部　日暮里
近衛　騎兵	神田区三河町
近衛　砲兵	郡部　世田谷町
近衛　工兵	郡部　岩淵町
近衛　輜重	郡部　世田谷町
第一師団　歩兵　第一連隊	郡部　玉川村
第一師団　歩兵　第三連隊	神田区三河町
第一師団　騎兵　一	郡部　目黒町
第一師団　砲兵　一	郡部　松沢村
第一師団　工兵　一	郡部　志村
第一師団　輜重　一	郡部　世田谷町
野戦重砲	郡部　松沢村
陸軍士官学校	牛込区　加賀町
陸軍幼年学校	郡部　世田谷町
陸軍自動車学校	郡部　松沢村
陸軍砲兵工科学校	小石川区八千代町
陸軍砲兵工科学校　分校	郡部　板橋町
学校	
学習院	郡部　長崎町
青山師範	四谷区旭町
豊島師範	郡部西巣鴨池袋
東京鉄道教習所	郡部　長崎町
百貨店	
日本橋白木屋	郡部　亀戸町1丁目
日本橋三越	不詳
新宿三越　食堂	不詳
上野松坂屋	郡部　新宿町
銀座松坂屋	郡部　新宿町
銀座　松屋	郡部　亀戸町1丁目
新宿　松屋	四谷区旭町
日本橋高島屋	郡部　南綾瀬村
新宿布袋屋	四谷区旭町

供給主体		残飯業者所在地
その他		
官庁食堂	宮内庁警手合宿所	郡部　亀戸町1丁目
	内務省食堂	郡部　亀戸町1丁目
	印刷局食堂	郡部　亀戸町1丁目
	中央郵便局食堂	郡部　亀戸町1丁目
	東京府庁構内食堂	郡部　亀戸町1丁目
一般食堂等	東京駅・周辺ビル食堂	郡部　日暮里町
	新宿　精養軒	四谷区旭町
	丸の内　永楽ビル食堂	四谷区旭町
	新宿明治製菓売店	四谷区旭町
病院	浜田病院	郡部　板橋町
	帝国劇場	郡部　日暮里町
弁当屋	日本橋　柴田弁当屋	不詳
	日本橋　柴垣弁当屋	不詳
	神田川　弁当屋	郡部　亀戸町1丁目
	神田　寺井弁当屋	郡部　亀戸町1丁目
	神田　鈴木弁当屋	郡部　亀戸町1丁目
	神田　宝亭	郡部　亀戸町1丁目

出典：〔草間 1936：207-211〕を筆者修正。

図表 9-7 残飯をめぐる生存維持の資源

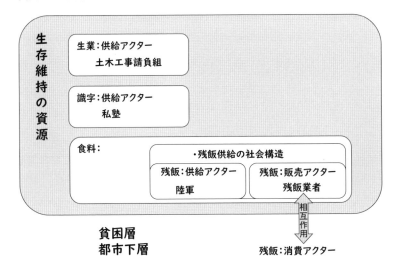

は貧困層にとって経済的合理性のある行動様式でもあった。

　貧民窟踏査記録に「独自の習俗」として記述されていた残飯摂食であるが、残飯業の存立を可能にする社会構造があり、その上で「消費アクター」の残飯摂食を組み込んだ生活構造が成り立っていた。

　残飯は鮫河橋の貧困層にとって、「生存維持の資源」の一つであった。それを図示化したのが図表 9-7 である。軍施設集積地域という地域特性が、生存維持の資源としての「残飯」を現出させていた。

──10章──

明治後期の鮫河橋
：就学対策

10-1　公的財源と就学対策

貧困地域と教育

　明治前半、鮫河橋に設立された初等教育機関は公立、私立を問わず、運営を継続することが難しかった。鮫河橋には明治30年代半ばまで私塾があり、教え方が柔軟な私塾に通って読み書き能力を身につける児童が一定数いたことは既述した通りである。

　貧困層の低就学問題に対し、公的財源を用いた対策が始まったのは明治30年代後半である。明治36年（1903）、鮫河橋に東京市直営小学校が設立された。また、明治39年（1906）、私立二葉幼稚園が鮫河橋に移転した。この二箇所の初等教育施設は本来の目的である教育的機能を果たすと同時に、貧困層の生活支援の機能も担うようになった。教育施設が鮫河橋における貧困層の生活改善の拠点として重要な役割を果たすようになったのである。

　この両教育施設が機能していたことにより、明治30年代以降の鮫河橋について教育分野を中心に一定程度の資料が残っている。両施設の教員・職員などが作成した資料である。また、明治33年（1900）生まれで鮫河橋で成長し、昭和46年（1971）まで鮫河橋に居住していた長尾保二郎という人物が、昭和39〜46年に編集・発行した『帰仁』1〜39号という手記が新宿区立図書館に所蔵されている。生活者の視点から、明治30年代以降の鮫河橋の生活について知ることができる貴重なアーカイブ資料である（『帰仁』に

ついての詳細は後述）。これらの資料に基づいて、明治後半から大正期の鮫河橋の生活状況をたどってみよう。

初等教育の課題

明治前半、東京市における公立小学校の設立・運営基盤は脆弱であったため、明治30年代半ばまで貧困地域における低就学対策は進んでいなかったことは既述した通りである。明治33年（1900）3月15日「市町村立小学校教育費国庫補助法」公布、続いて明治33年8月18日「第三次小学校令」公布により、政府による教育行政の財源基盤強化の方針が示された。明治34年（1901）7月10日、東京市は「東京市特殊尋常小学校設立ノ件」の議案を市会に提出、貧困地域に東京市直営小学校を設立する案を諮り、可決された[1]。

図表6-4に示したように明治36年（1903）以降、貧困層の就学対策を目的に、東京市が設立・運営費を負担する直営小学校が、順次開校され、明治末までに10校になった。最初に開設された4校のうちの1校が明治36年10月26日開校の鮫橋尋常小学校である。

開校20年めに作成された学校要覧がある（東京大学大医学図書館所蔵資料：東京市鮫橋尋常小学校、1922、『大正11年6月学校概覧』）。この要覧を中心に開校以来20年間の鮫橋尋常小学校における教育課程と学校運営・支援体制の整備状況をたどってみよう（図表10-1）。貧困層の児童を対象にした就学対策として、公的財源および自主財源はどのように投入されていったのだろうか。

東京市の低就学対策

鮫橋尋常小学校が設けられたのは鮫河橋谷町1丁目42番地である。図表10-2に示した場所で、鮫河橋谷町の端である。明治6年の資料によると、江戸期は寺社地で陽光寺という寺院があったが、明治6年には寺院跡地になっている。学校建設時は空き地だったのだろう。学校用地は625余坪で、教室2つを備えた121余坪の木造平屋校舎が建築された。東京市が建設費を負担し、総額1万4672余円であった。明治36年10月26日に開校式を行った。

直営小学校は通学区域について規定していない。通学者の基準をゆるやか

178　Ⅲ部　鮫河橋と都市下層

図表 10-1　鮫河橋における教育環境の整備過程

年	社会の動向	東京市鮫橋尋常小学校（四谷区鮫河橋谷町1丁目42番地）教育課程（昼間部）	施設整備	夜間部	分校（四谷区旭町56、58番地）
明治34　1901	「東京市特殊尋常小学校設立ノ件」案可決				
35　1902					
36　1903		10月26日　鮫橋尋常小学校開校（4学年）			
37　1904					
38　1905		4月　特別手工科設置	2月　児童浴室　整備		
39　1906	東京市「市立特殊夜学校学則」制定				
40　1907	尋常小学校6年制、明治40年8月大水害→特殊小学校児童数減少				
41　1908			2月　職員室、雨天体操場、校長住宅増築落成	4月　特殊夜学部設置、7月　授業開始	
42　1909			3月　文部省、設備費補助金40円交付	4月　特殊夜学部で5学年開講	
43　1910	7月　東京市特殊小学校後援会　設立				
44　1911					
大正元　1912				4月　東京市立鮫橋夜学校に改称	
2　1913			3月　増築大工事落成（経費1万円）		
3　1914	12月　鮫橋長屋落成（東京市特殊小学校後援会による）	昼間部で5学年、6学年開講			
4　1915					
5　1916	「東京市立尋常夜学校学則」制定			5月　東京市立鮫橋尋常夜学校に改称	
6　1917	東京市、女子補習科認可	5月　女子補習科設置			
7　1918					
8　1919					
9　1920					
10　1921					
11　1922					
12　1923					
13　1924					
14　1925					4月　仮教室設置（旭町二葉保育園内）
15　1926					4月　旭町分教場新築校舎落成（旭町内）

出典：［東京市鮫橋尋常小学校 1922］［加登田 1983］より筆者作成。

図表 10-2　鮫橋尋常小学校所在地

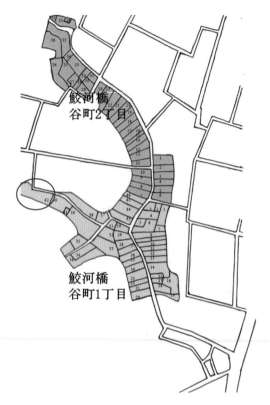

出典：［不二出版復刻　2011］「第 20 図（四谷区）谷町 1 丁目・2 丁目」
をもとに筆者作成。

に設定しており、明治 36 年 2 月に東京市が示したのは次のような内容である。該当校の教員が通学を勧誘した者、区役所が通学するように指定した者、家主・差配人、医師、警官、僧侶などが紹介した貧困者である。貧困者に該当する世帯職業例として、紙屑拾、日雇人足、下層の日給取り、人力車夫、荷車挽、刃物研、内職者などが挙げられている[2]。つまり、貧困地域の状況に詳しい者が通学を勧めたり、該当世帯の保護者が直営小学校へ通学することを選択した場合による。直営小学校への通学は任意であり、授業料は無償であった。

就学意欲の涵養

明治 30 年代後半、教育基準を満たした正規小学校への就学督促が鮫河橋でも厳しくなっていたことが『帰仁』に次のように綴られている。

> わたしも少しばかり（瀬宮さんの私塾へ）行っていたのでしたが、規則がやかましくなって来まして、正規の小学校へ行かなければならないことになりましたので、わたくしたち表通りに住んでいる家の児は、皆んな第一学校（四谷第一尋常小学校）に上ることになったのでしたが、裏の方の児は、大概、出来たばかりの鮫河橋小学校へ行ったようでした[3]。

鮫河橋谷町には「表通り」と「裏の方」があった。「表通り」には店舗などがあり、自営業者も住んでいた。「裏」には貧困層が住む長屋があった。この手記には「表通り」居住者は以前からあった公立小学校へ通学したが、「裏」の長屋の児童たちは新たに開校した直営小学校に通学したことが述べられている。

また、鮫橋小学校の校長は明治 40 年代頃を振り返り、次のように述べている。

> 特殊小学校といふと、社会は生徒どころか教師迄も侮蔑の眼を露骨に向けたものでしたが、私はそれらには一切無関心に、只愛と熱とを持つことを忘れずにコツコツとやって来ました。十年前迄は無籍の者や、三、四年も入籍手続きを怠った者もかなり多かったし、それに家庭へ就学するよう勧誘に行けば怒鳴られるばかりか、殴られかねまじい頃もあったが、（後略）[4]。

貧困層の家庭に就学の勧誘をするのは根気がいる仕事で、識字力・知力の向上という抽象的な目的で説得するのは困難だった状況がうかがえる。

10-2　鮫河橋の直営小学校

鮫橋尋常小学校の教育課程

明治 33 年「第三次小学校令」で定められた尋常小学校の修業年限は 4 年である。開校した鮫橋尋常小学校の教育課程は 4 学年制、教員 3 名の体制であった。明治 37 年 1 月から授業を開始、当初は午前・午後の二部制で授業を行った。図表 10-3 は明治 36 年度から大正 11 年（1922）まで 20 年間の就学状況の推移である。開校 2 年めの明治 37 年に在籍児童数は 284 名であるが、中途退学者数が 153 名に達している。通学を始めたが、就学困難

10 章　明治後期の鮫河橋：就学対策　　181

図表 10-3　鮫橋尋常小学校　就学状況

年度	在籍児童数	中途退学者	卒業者
明治 36	231	5	0
37	284	153	10
38	343	25	29
39	364	73	30
40	345	63	60
41	347	97	0
42	390	79	0
43	420	106	26
44	454	119	27
大正元	514	93	34
2	509	119	58
3	562	111	32
4	580	127	41
5	626	67	38
6	612	134	54
7	612	104	54
8	600	35	68
9	550	111	54
10	532	65	83
11	521		

出典：［東京市鮫橋尋常小学校 1922］より筆者作成。

の児童が続出したことが読みとれる。児童の生活状況に即した対応を考える必要があったのだろう。教育課程では明治38年4月に特別手工科が設けられた。また、学校設備については、明治38年2月に児童浴室が付設された。

　明治38年までに直営小学校5校が開校しているが、公立小学校一般と異なり、貧困層対象の取り組みが必要な直営小学校の場合、運営体制構築の指導的役割を果たしたのが下谷区万年町の萬年小学校校長の坂本龍之輔である[5]。明治34年、坂本は東京市教育課の課長心得山田久作から特殊小学校設立構想への協力依頼を受けた。坂本は麹町小学校訓導の職籍で、明治35年から東京市教育課で特殊小学校の設立計画に関わり、萬年小学校校長に委嘱された。特殊小学校教育の制度設計、運営方針の策定に携わった中心人物である。萬年小学校開校後は校長として貧困層に即した実践方法の改良に取り組んだ[6]。

教育機能の補完手段

特別手工科の設置は坂本の発案による。萬年小学校においても欠席・中途退学など就学困難者が多いことから、明治37年度に男子に楽焼玩具、女子にレース編など「市価あるもの」の製作を指導し、工賃を得る機会を作った。子どもの通学を渋る親に対し、通学することの意義を高める対策である。東京市は翌38年度から教育課程に「特別作業」を組み込むことを認可し、複数の直営小学校に特別手工科が設置された。鮫橋尋常小学校もそのうちの1校で、第4学年の生徒が対象である。半日は正課の教科授業を受け、午後に「手工」の授業で工賃を得る「特別作業」を行った(7)。「特別作業」の内容は学校によって異なった(8)。

「特別手工科」を設置し、「特別作業」を必要とする事情について、坂本が次のように説明している。

> 半日は学科の教授、半日は賃仕事、又は家事の手伝をなさしむ。（中略）児童を単に普通の学校の如く学科教授のみに登校せしむることは保護者の事情上許さぬのである。其事情といふのは、高利貸などが借金の催促に来て、お前の所の子どもは何処に往って居るかと聞くと、学校へやって居ると答ふれば、それは贅沢じゃないか、稼ぎに出せば何程にかなるものを学校などへやる位ならば、己の貸した金も速かに返済せよと促まる。中にはまた子どもを寄越せと金の方へ拉へ去りて何かの奉公に住み込ませ、之にて利息だけは猶予してやるといふのもある。其の他親類あたりから米代くらいの補助を受けて居るものがあれば、やはり其の親類が子供の就学について抗議を持ち込む。そういう風であるから、学校に於いて半日間は児童に賃仕事の手芸をさせて居る。男子なれば博多人形とか、女子なればバテン（輸出の編物皿敷）などをやらせる。賃金としては何程でなくとも、これによって学校へ遣るのは贅沢のためではなくて、何程かの金を儲けて来るという口実を保護者に供給する訳になる(9)。

男子が製作する博多人形とは粘土で製作する焼き物で、成形、彩色の作業は創造力の涵養になることから採用したのであった。家計補填が目的ではないことが述べられている。貧困層の生活環境に応じて、通学の目的の幅を広げる独自の取り組みが必要であった。特別手工科の設置は公立学校の教育的機能を高めるための補完手段の一つであった。教育面においても貧困地域に適した補完的しくみが必要とされていた。

10章　明治後期の鮫河橋：就学対策　　183

生活支援機能の付加

　同様に補完的手段の一つだったのが児童浴室である。鮫橋小学校では明治
38年2月に児童浴室が整備された。入浴は1週間に1回、土曜日に行われ
た。入浴時間は1学級につき1時間で、教員は白衣を着て付き添った[10]。
明治40年に公刊された鮫橋小学校来訪者の記録には次のように記されてい
る。

　　児童は却って面倒がり、一年生などはややもすると、その入浴を脱せんとする
　　ものが少なくないといふことであるが、それをよく監督して残らず入浴せしめ、
　　遂に喜んで入浴するに至らしむるのは、これまた骨の折れることに相違な
　　い[11]。

低学年の児童に入浴の習慣をつけ、身づくろいや生活環境を整えることを教
えるのも教育活動の一環であった。

　　もと鮫河橋は都下の貧民窟にして、本校生徒の如きも、甚だしきに至りては、
　　一箇年を通じ、嘗て入浴せざるものすら之ありと云ふ。されば浴槽を学校内に
　　設けて、児童に入浴を為さしめ、且つ放課の後、職員交代して、白色の被服を
　　着け、児童の理髪を為せり。其他、手工科を設けて、独立自営の精神を養成し
　　つつあり[12]。

このほか衛生環境面では、必要に応じて教員が生徒の散髪を行った[13]。
　このように直営小学校では就学を継続するため、教育的機能と生活支援機
能が同時並行で進められた。

生活環境の整備

　生活支援に該当するものとして、直営小学校では就学児童に対する「給与
品」があった。校長は「児童費」「需用費」などの名目で学校運営上、必要
な物品を購入することが可能であった[14]。児童に支給された給与品には2
種類あり、「第一種」は学用品（半紙、筆墨、鉛筆、絵具、帳面、手工用品、
裁縫用品、作業訓練用材料）、「第二種」は生活用品（沐浴用石鹸、手拭、理
髪用品、履物、手巾、洗濯用品衛生用品、食品）である[15]。
　明治40年公刊の鮫橋小学校来訪者の記録では、鮫橋小学校で支給してい
た給与品は図表10-4に示した通りである。同記録には、雨傘や下駄を持っ
ていないため、雨の日には欠席者が多い。鮫橋小学校では毎年、全生徒に下
駄や白木綿の手拭いを支給、雨傘は貸与していると記されている[16]。これ

184　　Ⅲ部　鮫河橋と都市下層

図表 10-4　鮫橋尋常小学校の給与品（第一種学用品）

品名	数量
半紙	15 帖
墨	1 挺
太筆	4 本
細筆	1 年：1 本、2 年：2 本、3・4 年：各 3 本
石筆	1 本
鉛筆	3 本
色蠟筆	1 函
綴方帳	2 年：3 冊、3・4 年：各 4 冊
雑記帳	1 冊
裁縫帳	3・4 年：各 1 冊
石盤拭	2 個
護謨	1 個
裁縫用品	若干
手工用品	若干
その他臨時品	若干

出典：［日本弘道会編 1907：26］より筆者作成。
※明治 40 年、1 年間に児童 1 人当たりの支給量

らは「第二種」生活用品に該当するものであろう。開校翌年、鮫橋小学校 3 年生が書いた文章には、給与品をもらった感謝が次のように綴られている。

私は昨日がっこうで本やえんぴつやふでなどをいただきまして、たいそーありがたく思ひました。いまは家がこまってをりますから、このやうなものまでいただいて、がっこうでけいこをさしていただきますが、かならず大きくなって、このごをんおかへしたいと思ひます。わすれないため、この本のはじめにしるし、毎日おもいだして、はやく人のおせはにならないやうに心がけます[17]。

このほか 40 年公刊鮫橋小学校来訪者の記録には、鮫橋小学校に次のような学校花壇があったことが記されている。

運動場の一部に小なる植物園がある。それは余が参観した数日前の日曜日に、教師が自らつくりたるもので、各種の植物は校長自身が諸所へ請うて貰ひ集めたもので、園の周囲の柱及び各植物の札などは、いずれも求めて買ひたるものではなくて、廃物を利用したのである[18]。

廃物を利用して学校花壇を作り、工夫して生活環境を整えることを教師が身をもって示していたことを知ることができる。

10 章　明治後期の鮫河橋：就学対策　　185

以上のように、直営小学校の開校後にまず必要だったことは、教育的機能を補完する生活支援機能の整備であった。各直営小学校は学校敷地内に校長住宅が付設されていた。坂本の提案によるもので、教員が児童の生活環境を深く理解する一助にするためである[19]。鮫橋尋常小学校では明治41年に学校敷地内に校長住宅が増設された[20]。

10-3　児童労働者の就学対策

夜学部の併設

　鮫橋尋常小学校で次に行われた教育課程上の改善は夜学部の併設である。明治39年4月27日、東京市参事会は「市立特殊夜学校学則」を議決した。昼間に就労して通学できない児童に対し、「夜学校」を開設して就学の機会を与えるものである。科目数や授業時間数を軽減したので、小学校ではなく各種学校としての設置である。修業期間は2年で、夜間授業、科目数は3科目（国語、算数、修身）である[21]。市直営小学校に併設する場合は「特殊夜学部」と称された。明治39年5月に4校に設置され、直営小学校では萬年小学校に特殊夜学部が設けられた[22]。

　翌年の明治40年3月21日、「小学校令」が一部改正され、尋常小学校の修業年限が6年間に延長された[23]。これまで義務教育4年修了で就労していたが、就学期間2年延長に対応する準備が必要になったのだろう。

　鮫橋小学校では明治41年4月25日、「特殊夜学部」設置の認可を得て、7月11日から夜学部の授業が始まった。授業時間は午後6時〜9時である。翌42年に夜学校授業は5学年・6学年の授業履修として位置づけるようになった[24]。6年修業に対応するための布石と思われる。明治45年に特殊夜学部は独立して、東京市立鮫橋夜学校に改称した。

　明治41年（1908）の特殊夜学部開設時に担当教員として着任したのが庄田録四郎である。庄田はその後大正11年（1922）まで15年間にわたって在職し、鮫橋尋常小学校の校長も勤めた。貧困地域での教育活動を希望して転任してきた教員である。

　　細民教育の必要ということをしみじみ感じ、十分手にかけてみたい希望があったのです。十五年前ここに転任させてもらいました。顧みると何等の事蹟も上がらず、力の足りぬことを痛感いたしますが、然し業を卒へていそいそと校門

を出てゆく児らを見るごとに、私の身はほんとに涙ぐましいほど喜ばしさを感じます[25]。

庄田は尋常夜学校・鮫橋尋常小学校の経営に長く携わった。夜間・昼間の両方の教育に意義を感じて尽力した。直営小学校の教育的機能、生活支援機能が貧困地域に浸透していくには、このような中核教員の存在が重要だったと考えられる[26]。

就労と就学の調整

夜学校は修業期間2年である。夜学校修了としての卒業証書は出るが、各種学校なので、尋常小学校6年間の教科修了、つまり義務教育修了には該当しない[27]。夜学校で5・6学年授業を履修しても就学中退者の扱いになる。この問題は、大正5年（1916）5月18日に「東京市立尋常夜学校学則」が制定されることによって解決された。尋常夜学校では修業期間は3年となり、科目数、授業時間数は増加したが、尋常小学校の教科修了、つまり義務教育修了と認定されるようになった[28]。

また、大正3年度から、鮫橋尋常小学校では昼間に5年6年生の授業が開講されるようになった。つまり、5年6年生授業は昼間と夜間の両方に開講されるようになった。生活形態に応じて昼間・夜間の選択が可能になり、就労・就学の調整が柔軟になった。

学校としては児童保護の見地から、昼間の通学を奨励したが、昼間・夜間の学籍異動が学期途中でも可能になっていた[29]。このように高学年の授業履修が貧困層の生活形態に合わせて柔軟に対応できるようになっていたことは、直営小学校の特色の一つであった。

庄田は昼間就労・夜間就学の苛酷さについて、次のように自己の見解を表明している。

申す迄もなく夜間教授を受くる児童は昼間の労働児である。八時間、甚だしき十時間も労働しつつある児童であるのである。疲労の極度に達する児童をして、如何に義務教育なればとて、此の二重課税を十二、三歳前後の児童に課して、而も吾人は平気で居らるべきか。況んや彼等は概して普通の児童より虚弱のものである。これをしても児童虐待と云はずして何ぞや[30]。

同年代より身体虚弱である児童が長時間労働で疲労困憊しているのに、夜間授業で登校する。現場で日々、子どもたちと接しているからこそ見える深い

矛盾が吐露されている。

就学者数の推移

明治 36 年の開校以降、おおよそ明治末までに鮫橋尋常小学校の教育課程と学校設備の基本体制が整った。明治前半には公立私立を問わず、初等教育機関の継続が困難だった貧困地域で、就学が持続するように生活実態に合わせた教育体制を整えるのに開校から 10 年を要したといえる。

図表 10-3 の就学状況の推移を概観してみよう。開校まもなく明治 38〜40年は、就学者は増えず、中退者は多い。開校後 5 年間、明治 41 年頃までは学校運営の試行錯誤期だったといえるだろう。

日露戦争後、明治 39 年に東京市は「市立特殊夜学校学則」を制定、明治40 年に国は「小学校令」一部改正で義務教育年限を延長した。これは就学率向上のための公的政策が、第一段階は明治 33 年「第三次小学校令」で就学督促を厳格化、第二段階は日露戦争を経て、明治 40 年代に初等教育高学年の不就学者の就学率改善に焦点を合わせたことを意味する。国と地方行政の教育政策の目標が明確になり、鮫橋尋常小学校でも教育課程や学校設備の改善に公的予算が付くようになった。

そのような教育基盤の強化を反映し、鮫橋尋常小学校においても、就学者数は明治 42 年以降、大正 5 年頃まで増加している。しかし、毎年度 100 名前後の中途退学者が出ている。大正期においても高学年の就学率の改善は依然として課題であったといえるだろう。

労働者の質向上

大正 5 年の「東京市立尋常夜学校学則」制定は昼間就労・夜間就学者を義務教育修了者とみなす改案であった。当時の社会的背景として、日露戦争前後の工業化の進展で、都市部の労働需要が拡大、とくに低賃金で雇用できる高学年児童は昼間就労へ誘引される状況にあった。昼間就労の労働力として一定の識字力・理解力を身につけ、規則正しい生活習慣の自律的な労働者が必要とされた。労働市場においても就労と就学の調整は課題だった[31]。

鮫橋尋常小学校で進められた教育課程、学校施設の整備は、マクロ的には産業化にともなう労働者の質・人数の両面の向上という社会的要請があり、それを受けて公的教育政策が高学年の就学率向上を推進していたことの反映

図表 10-5　貧困地域における就学対策と公的財源の投入

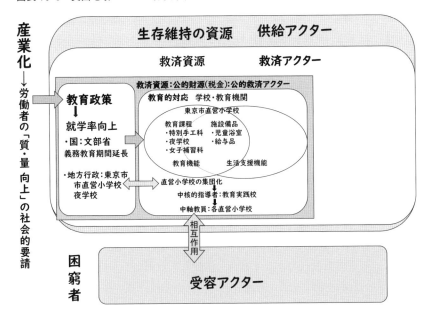

といえる。

　図表 10-5 はこのようなマクロ社会の動向と連動し、東京市というローカル社会において貧困層対象の公的政策が実施され、公的財源が投入された状況を図示化したものである。東京市の教育政策に基づく公的財源は、市直営小学校による教育的機能と生活支援機能を通して、貧困地域の学齢児童の世帯に配分されていったといえよう。

　その際、市直営小学校が複数校あって、萬年小学校の坂本龍之輔のように貧困層に適した教育方法を案出する先駆的な指導者と教育実践校があったことは重要と思われる。直営小学校の集団があって要望をまとめやすく、牽引する中核的存在があった。

　また、鮫橋小学校においては、庄田録四郎のように現場に長期在職の中軸教員がいた。直営小学校集団の中核的指導者、現場の小学校における中軸教員というように、教育資源の供給アクターが重層的に構成されることによって、公的財源が貧困地域児童の就学継続に持続的に投入されていくことが可

能になったといえよう。

10-4　自主財源による教育・生活支援

緊急救援の臨時対応

　東京市直営小学校の教育的機能、生活支援機能の維持には、公的財源だけではなく、社団による自主的財源も投入された。社団とは明治43年（1910）7月に設立された「東京市特殊小学校後援会」である。社団は次のような経緯で設立された[32]。

　明治40年8月下旬、関東甲信越で大規模な水害が発生した。東京市でも東部を中心に広範囲にわたって浸水した。とくに浅草区、下谷区、本所区、深川区の被害は深刻で、東部の浸水家屋は6万戸と報道されている[33]。

　東部の直営小学校4校（玉姫、三笠、霊岸、萬年）の在校児童が多数被災した。被災児童救援のため「特殊小学校児童救護会」が組織され、翌月9月21日の雑誌記事に設立目的と会則、直営小学校児童の被災状況が掲載されている[34]。

　救護会の発起人は東京市の教育課長や名誉職である。会則に「東京市特殊学校に通学する児童中、明治40年8月中に起れる洪水の為、悲惨なる状況に陥れるものを救済する為め」と記されている。幹事は教育課長と直営小学校4校の校長である。事務局は東京市役所内におき、篤志家の寄付を募った。義援金の使途は被災児童への被服・履物の支給、疾病医療費の補助である。被災状況は図表10-6の通りであった[35]。水害による緊急の救済活動を終えると、193円の余りが出た[36]。

　「特殊小学校児童救護会」の事務局は東京市役所におかれていたので、残金193円の処理について、幹事になっていた教育課と直営小学校校長が検討したのだろう。直営小学校への公的予算は限られているので、残金は直営小学校の児童の教育に生かしたいというのが教育関係者の要望だったと推測される。

社団の組織化

　水害が契機になって被災児童への緊急救援の臨時活動が行われ、「自主財源」の調達が可能であることが認識されるようになった。この経験は持続的

190　Ⅲ部　鮫河橋と都市下層

図表 10-6　明治 40 年 8 月の水害における直営小学校 4 校の被災児童数

学校名	所在地	必要な対策（必要人数）		
		衣服の給与	下駄の給与	施療
玉姫　尋常小学校	浅草区浅草町	360	396	80
三笠　尋常小学校	本所区三笠町	140	300	100
霊岸　尋常小学校	深川区霊岸町	70	100	60
萬年　尋常小学校	下谷区万年町	30	65	70
合計		600	861	310

出典：［日本教育社編 1907：3］より筆者作成。

な社団を組織する動きにつながっていった。

　水害の翌年、明治 41 年 4 月、東京市教育課は直営小学校 6 校の校長と協議して、残金 193 円を引き継いで「東京市特殊小学校後援会」を設立する構想を公表した[37]。定款を作成し、後援会会長は尾崎行雄市長を予定した。

　このような段取りを経て、明治 43 年 4 月 9 日に東京市役所で発起人会が開かれた。市助役の田川大吉郎が司会を務め、萬年小学校の坂本校長が原案を説明した[38]。発起人として東京市の教育・行政関係者、政財界関係者 43 名が名を連ね、5 月に社団法人の設立が申請された[39]。

　7 月、社団法人「東京市特殊小学校後援会」が発足した。会長は尾崎行雄市長、副会長は田川大吉郎市助役、理事の一人は戸野周次郎教育長である。趣意書は尾崎行雄市長名で発表された[40]。

　支援対象は「在学児童」「学齢児童」「幼童」「卒業生」の 4 者である。つまり、就学児、不就学児、未就学児、就学修了者など幅広い年代の子どもたちを支援対象にしていた。具体的な支援内容は、「在学児童」に対しては「衣服・履物」「食料品・栄養品」支給、疾病治療費の補助、労賃の補助などである。「卒業生」に対しては「職業周旋」「善行の表彰」「補習」「修学継続」補助などが予定されていた[41]。

　このように東京市の教育・行政関係者が主導して、民間から広く資金を集めて、市直営小学校の運営を支援する社団が組織された[42]。翌年、明治 44 年には東京市特殊小学校後援会の通常会員は 220 名、終身会員は 121 名、特別会員は 73 名である[43]。会員数規模は大きく、資金調達力がある社団になったといえるだろう。明治 44 年 4 月 5 日には東京市から教育補助金 5 百

10 章　明治後期の鮫河橋：就学対策　　191

円が後援会に交付された[44]。東京市の積極的な推進は、社団の活動に対する信頼性を増し、会員増加、民間資金の調達に資するものであったと考えられる。

持続的な教育・生活支援

　水害被災者への緊急救援・臨時対応は、行政機関の主導により社団の組織化につながり、広範囲から持続的に民間資金を集めて、水害被災地域以外の児童生徒を含めた対象者に救済資源を供給する自主財源ルートを確立していった。

　鮫橋尋常小学校の要覧には同会の支援について次のように記されている。

　　「特殊小学校後援会の事業」市内細民児童の為め、特殊小学校（市直営小学校）の設立により、彼等就学上の便宜を得たるも、児童中、極貧のものありて、無月謝、学用品給与だけにては就学困難の事情あり。是に於いて明治四十三年七月、東京市特殊小学校後援会の設立を見るに至れり。爾来、在校生、卒業生の受くる恩恵は非常のものにてありし[45]。

公的財源で、授業料無償、学用品支給の便宜がはかられていたが、補完手段がないと貧困層児童が就学を継続することは困難であることが述べられている。後援会による持続的な教育・生活支援は直営小学校の運営に不可欠のものになった。

　　「児童の救済および職業の周旋」東京市特殊小学校後援会より、直接間接に救済を受くる場合多し。食料および営養品の給与、衣服および附属品の給与、疾病の治療、労働賃金補助、（中略）なお卒業生に対し、学費貸与をなす[46]。

後援会は衣料、食料、疾病医療、職業斡旋など、持続的に救済資源を貧困児童・貧困世帯に配分する役割を果たしたといえよう。

生活支援の拡大

　東京市特殊小学校後援会による特筆すべき活動の一つは、賃長屋の建設・経営である[47]。直営小学校の保護者向けに東京市内3カ所に建設され、そのうち1カ所は鮫河橋にあった。正式名称は「東京市特殊小学校後援会附属鮫橋長屋」である。図表10-7は後援会附属貸長屋3カ所の詳細である。「玉姫長屋」「橋場長屋」「鮫橋長屋」と略称された。不動産の賃貸は管理を必要とする。貸長屋経営のため、後援会は事務嘱託職員2名をおいてい

192　　Ⅲ部　鮫河橋と都市下層

図表 10-7　東京市特殊小学校後援会「貸長屋」

名称	玉姫長屋	橋場長屋	鮫橋長屋
住所	浅草区浅草町 85 番地	浅草区橋場町 256 番地	鮫河橋谷町 1 丁目 40 番地
開設日	明治 45 年 4 月	明治 45 年 3 月	大正 3 年 12 月
建築費	8963 円 37 銭	5137 円 25 銭	20283 円 36 銭
土地	無料借地	借地	借地
建築棟数	5	6	4
住居戸数	3 棟 = 33 戸	6 棟 = 30 戸	3 棟 = 24 戸
間取り	2 畳 + 3 畳	5 畳	2 畳 + 3 畳
附属施設	共同浴場、託児場		託児場
家賃／日	12 銭	13 銭	11 銭
入居世帯数	38	30	24
貸家料	609 円 3 銭	498 円 8 銭	605 円 5 銭 8 毛

出典：[東京市社会局 1920a：70-73][東京府社会事業協会編 1922b：119-123] より筆者作成。
※入居世帯数、貸家料は大正 8 年の状況

た[48]。資金力を必要とするこのような事業が始まったのは次のようないきさつによる。

　明治 44 年 4 月 9 日、浅草区新吉原で出火し、浅草区、下谷区を中心に広域に延焼し、焼失戸数約 1 万 5000 戸と報道される大火になった[49]。この火事で、市直営の玉姫小学校の児童の住居がほぼ焼失した。住居を失った児童多数という状況に、「児童の教育上まずもって一大事」と判断した東京市特殊小学校後援会は敏速に動いた。後援会資金から 3600 円を拠出し、5 日間で玉姫神社境内にバラック 84 戸を建て、4 月 22 日から入居申し込みを受け付けた。避難所ではないので家賃は必要で、一日 4 銭であった[50]。

　翌 45 年、当時あった中央新聞社が玉姫尋常小学校在学児童の保護者・家族が入居する住宅の建築費として義援金を募集したところ、9495 円が集まった[51]。

　この義援金は東京市特殊小学校後援会に寄付され、これを基金に後援会は、罹災生徒保護者のため「玉姫学校生徒保護者収容所」として住宅建設に着手した。建設を主導したのは東京市で、設計担当は市の営繕課である。

生活環境の改善

　特筆すべき点は、住戸だけでなく、設計段階で生活環境を整える配慮がなされていることである。最初に建設が始まった玉姫長屋では、附属施設とし

て託児場1棟が作られた。1階が「託児場」で、2階は母親たちが内職作業ができる「作事場」である。後援会にはバラックの建設経験があったが、託児場の設置は初めての試みである。託児棟を設計にした理由を後援会理事である戸野教育課長が次のように説明している。

> 今迄積んだ経験上出来る丈け便利に、そして愉快に、住む人も住心地のよいやうにと思つて設計した筈である。又夫れに附属した作事場と託児場は後援会としては初めての試みで、設備としても決して劣る所は無いと思うている。（中略）周囲の空地には細い砂利を布き、戸外の運動を自由にし、一面には草花など植付けて美的思想を養ひ、新鮮な空気を呼吸せしむるやうにするし、塀一重で学校に接しているのであるから、大勢の運動などには学校の運動場を使用することも出来る、戸外の運動と云ふことは最も必要な事で、天気のよい日は成るべく戸外の運動をさせる。（中略）二階は作事場で、女親が子供を預け、乳のある人は一度乳を含ませれば直ぐに二階で内職の出来るやうになつている[52]。

内職仕事が不可欠の貧困層の生活形態を熟知し、母親や幼児の動線に配慮した設計案であった。このような附属施設を備えて、明治45年4月22日に「玉姫長屋」の落成式が行われた[53]。

　貸長屋事業が始まった経緯から、当時の東京市の教育行政管理職が優れた見識と熱意に冨み、後援会の支援活動を発展させる原動力になっていたことを知ることができる。貸長屋事業の場合も、発端は「火事」被災者への緊急救援であった。未曾有の災害発生に対し、予断の余地なく救援活動を開始した。これが突破口になり、自主財源調達の拡大につながっている。災害対応の緊急活動、すなわち「随時・一時的対応」が持続的な財源調達への契機になっている点は、後援会の出発点が水害だったことと共通している。

　「玉姫長屋」着工に続いて、浅草区橋場町でも着工した。鮫河橋には大正3年に建設された。この時期に鮫河橋に建設されたのは次のようないきさつによる。明治45年7月30日、明治天皇が崩御し、青山練兵場に葬場殿が設けられた。9月13日に大喪の儀がとりおこなわれた。大葬終了後、葬場殿に使われた用材の一部が民間に下賜された。鮫橋尋常小学校ではそれを用いて屋内体操場を増築した。後援会も同様に用材の一部を用いて、学校の隣接地に「鮫橋長屋」を建設したのである。鮫橋長屋にも託児場が併設された[54]。貸し付けの対象は鮫橋小学校の児童保護者である[55]。

政府からの用材交付の機会を貸長屋建設に生かしたこと、託児場を付設する設計案を採用したことなど、東京市の教育行政関係者が主導していたと推測される。このように後援会による生活支援は、住宅建設、複数の貸長屋経営まで拡大した。後援会の事例は、最初は「災害」対応の緊急救援で開始したが、その「随時・一時的対応」の経験が自主財源供給の持続的「定式対応」に発展していったプロセスを示している。また、社団の組織化にあたっては、行政機関による相当の関与、推進が必要であったことも示している。実態としては半官半民、行政の外郭団体のような位置づけといえるのかもしれない。

10-5　生活支援基盤の形成

自主財源の随時流入

なお、社団を経由せず、個人が自主的に直営小学校に金銭・物品を寄付することも行われていた。寄附者には、東京市長から感謝の「賞与」として、褒賞が公示された。鮫橋小学校への寄附金100円について次のような褒賞案がある。

「賞与案稟申」[56]

本市特殊小学校へ、金品寄付候者、別表之通有之、取調候処、不都合之廉無之候間、相当御褒賞相成度、此段及稟申候也　　明治四十一年二月二十日　　東京市長　尾崎行雄

東京府知事　男爵千家尊福殿

別表　金百円、寄付の目的：鮫橋尋常小学校小学基金、寄付年月日：明治四十年十一月

　住所：四谷区南伊賀町、氏名：波多野友江

寄附者は四谷区南伊賀町9番地に住む波多野友江で、父は政府高官を務めた波多野尹政である。波多野尹政は農商務省で下総牧羊場長を務めた。官界を辞して、四谷銀行頭取などの職にあった[57]。波多野家は四谷区の名望家の一人といえよう。

長男友江は東京帝国大学を卒業、東京市電気局技師で、のち四谷区学務委員を務めた[58]。波多野友江は明治40年10月に東京市養育院にも百円寄附している[59]。波多野家は適宜、個人的に救済組織・団体に寄附をしていた

のだろう。同一区内にあった鮫橋尋常小学校にも深い関心を抱いていたことを知ることができる。自主財源の「随時・一時的対応」の流入例である。直営小学校の運営を支援する自主財源は、「社団経由」ルートのほか、このような「個人的」ルートでも随時寄せられていた。

多様な救済資源の集積

また、近郊で栽培した野菜を小学校まで運ぶ少年団体のボランティア活動もあった。

> 「少年団　野菜を荷車で運ぶ、宮益坂下から鮫ヶ橋小学校へ」東洋家政女学校の能勢哲氏が組織する少年体育会では、明九日午前九時、会員の少年達を青山宮益坂下電車停留場に集め、予てその少年たちが種を蒔いて栽培していました代々木農園のツケ菜を荷車に積み、運動シャツ、半股引に、制帽、足袋、跣という甲斐々々しい姿で、之を四谷の細民町鮫ヶ橋の小学校まで挽いて行き、午前十時頃、そこの生徒たちに分配するさうであります。少年達は皆弁当と水筒とを持参し、無駄食ひや危険な水を飲んだりなどせずに、切々と汗をかいて荷車を挽くのですから運動にもなり、兼ねて少年自身の作った野菜を細民の子供たちに与えますので、自然と博愛慈善の意義を体得せしむる結構な催しであります[60]。

自主財源の「随時」流入には多様な形態があった。市直営小学校は多様な救済資源の受け入れ拠点になっていた。このような多様な救済資源が一定程度集積することにより、直営小学校の生活支援が機能するようになっていたことを示している。

教育行政における「定式対応」

本章で考察してきた市直営小学校を介した救済資源の供給状況を図示化すると図表10-8のようになる。国の救貧政策は厳格な制限主義で運用されていたが、東京市の教育行政においては、明治末までに公的財源による「定式対応」、自主財源による「定式対応」がある程度成立するようになっていた。公的財源、自主財源の両方が貧困地域の困窮者に配分される構造が構築されている。

救貧行政そのものよりも、教育行政で貧困層対象の「定式対応」成立が早かった要因は、マクロ的には産業資本による労働者の質向上という社会的要

196　　Ⅲ部　鮫河橋と都市下層

図表 10-8　鮫河橋における教育環境の整備

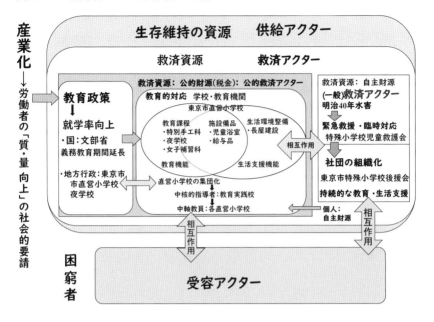

請があったことによる。就学率向上による効率的な労働者管理を必要とする産業面の変動が影響しているといえよう。

　また、自主財源の配分ルート確立の契機になっていたのは、「災害」である。水害、大規模火災などの発生で緊急救援を必要とした。その「随時・一時的対応」の経験が「定式対応」の礎になっていたことを特殊小学校後援会の発展プロセスは示している。

　資本主義社会の成長にともなう労働力強化と、災害に直面して露呈する社会の脆弱性という両面の課題が教育行政による「定式」の成立を促す要因であったと考えられる。

　なお、鮫橋尋常小学校で教育を受けた貧困層の生活実態、卒業生の職種などについては、大正11年（1922）時点の統計が学校要覧（[東京市鮫橋尋常小学校 1922]）に掲載されている。次章で二葉幼稚園の取り組みを検討し、その後に大正11年における救済資源の「受容アクター」の状況について考察する。

11章

貧困地域と幼児教育

11-1　社会改良と幼児教育

貧困地域の子ども

　鮫橋尋常小学校と同様に、鮫河橋における貧困層の生活改善の拠点として重要な役割を果たした教育施設が私立二葉幼稚園である。明治33年（1900）に設立され、明治39年（1906）に鮫河橋に移転した。教育的機能と同時に、貧困層に対する生活支援の機能も担うようになった。

　二葉幼稚園（大正5年に二葉保育園に改称）については、幼児教育分野や福祉分野で研究が蓄積されている。おもに教育内容や教育理念、設立者の個人史・家族史、貧困層の幼児教育に取り組むようになったきっかけや思想的背景、運営の経過などが明らかにされている[1]。

　二葉幼稚園は設立以来、年次報告を公表しており、一次資料として活用可能である。図表11-1が『二葉保育園八十五年史』（二葉保育園編、1985年刊行）に掲載されている年次報告や「主意書」などの一覧である。

　先行研究を参照しつつ、二葉幼稚園が作成・公表した基本資料に基づいて、二葉幼稚園が地域外からどのように救済資源を調達したのか、また社会改良に取り組む他の社団・組織との連携・協力や影響などについて考えてみたい。

　本章では設立者の女性2名について、設立構想を具体化するに至るまでの社会的資源や社会的背景について考察する。

図表 11-1　私立二葉幼稚園 年次報告一覧

年次報告名	掲載内容期間	出典
私立二葉幼稚園第一回報告	明治 33 年 1 月〜6 月	［二葉保育園編 1985：資料編 11-40］
私立二葉幼稚園第二回報告	明治 33 年 7 月〜34 年 6 月	［二葉保育園編 1985：資料編 41-68］
私立二葉幼稚園第三回報告	明治 34 年 7 月〜35 年 6 月	［二葉保育園編 1985：資料編 69-90］
私立二葉幼稚園第四回報告	明治 35 年 7 月〜36 年 6 月	［二葉保育園編 1985：資料編 91-122］
私立二葉幼稚園第五回報告	明治 36 年 7 月〜37 年 6 月	［二葉保育園編 1985：資料編 123-148］
私立二葉幼稚園第六回報告（※ 1）	明治 37 年 7 月〜38 年 6 月	［二葉保育園編 1985：資料編 149-170］
私立二葉幼稚園第七回報告（※ 2）	明治 38 年 7 月〜39 年 6 月	［二葉保育園編 1985：資料編 171-202］
私立二葉幼稚園第八回報告	明治 39 年 7 月〜40 年 6 月	［二葉保育園編 1985：資料編 203-220］
私立二葉幼稚園第九回報告	明治 40 年 7 月〜41 年 6 月	［二葉保育園編 1985：資料編 221-254］
私立二葉幼稚園第十回報告	明治 41 年 7 月〜42 年 6 月	［二葉保育園編 1985：資料編 255-280］
私立二葉幼稚園第十一回報告	明治 42 年 7 月〜43 年 6 月	［二葉保育園編 1985：資料編 281-308］
私立二葉幼稚園第十二回報告	明治 43 年 7 月〜44 年 6 月	［二葉保育園編 1985：資料編 309-324］
私立二葉幼稚園第十三回報告	明治 44 年 7 月〜45 年 6 月	［二葉保育園編 1985：資料編 325-348］
私立二葉幼稚園第十四回報告	明治 45 年 7 月〜大正 2 年 6 月	［二葉保育園編 1985：資料編 349-376］
私立二葉幼稚園第十五年報告（※ 3）	大正 2 年 7 月〜3 年 6 月	［二葉保育園編 1985：資料編 377-424］
私立二葉幼稚園第十六年報告	大正 3 年 7 月〜4 年 6 月	［二葉保育園編 1985：資料編 437-478］
私立二葉保育園第十七年報告	大正 4 年 7 月〜5 年 6 月	［二葉保育園編 1985：資料編 479-512］
私立二葉保育園第十八年報告（※ 4）	大正 5 年 7 月〜6 年 6 月	［二葉保育園編 1985：資料編 513-558］
二葉保育園第十九年報告	大正 6 年 7 月〜7 年 6 月	［二葉保育園編 1985：資料編 559-584］
二葉保育園第二十年報	大正 7 年 7 月〜8 年 12 月	［二葉保育園編 1985：資料編折り込み］
二葉保育園第二十一年報	大正 9 年 1 月〜12 月	［二葉保育園編 1985：資料編 585-586］
二葉保育園第二十二年報	大正 10 年 1 月〜12 月	［二葉保育園編 1985：資料編 587-590］
二葉保育園第二十三年報	大正 11 年 1 月〜12 月	［二葉保育園編 1985：資料編 591-598］
二葉保育園第二十五年報		［二葉保育園編 1985：資料編 599-640］
私立二葉幼稚園設立主意書	明治 33 年 2 月	［二葉保育園編 1985：資料編 3-10］
私立二葉幼稚園拡張主意書	大正 2 年 9 月	［二葉保育園編 1985：資料編 425-436］
二葉保育園（昭和三年五月）	昭和 3 年 5 月	［二葉保育園編 1985：資料編 641-684］
二葉保育園改築落成報告書		［二葉保育園編 1985：資料編 685-718］
二葉保育園（昭和九年一月）	昭和 9 年 1 月	［二葉保育園編 1985：資料編 719］

出典：［二葉保育園編 1985：資料編 2］より筆者作成。
※ 1　御料地拝借許可　　※ 2　明治 39 年 3 月鮫河橋へ新築移転
※ 3　大正 2 年 9 月分園設立準備開始　　※ 4　大正 5 年分園設立

設立者

　私立二葉幼稚園は明治 33 年 1 月 10 日に設立された（大正 5 年に二葉保育園に改称）。設立者は野口幽香と森島峰（のち斎藤に改姓、年次報告には峰子と表記している）である。両名については先行研究で家族史・個人史が明らかにされている[2]。ここでは二葉幼稚園設立前の両名の経歴を簡述する。

　野口は慶応 2 年（1866）、姫路藩（現在の兵庫県）の士族の家に生まれた[3]。上京して勉学、20 代はじめに両親が相次いで死去したが、勉学を継続、明治 23 年 4 月 2 日に高等師範学校女子師範学科を卒業した[4]。

200　　Ⅲ部　鮫河橋と都市下層

同年 10 月 14 日、「女子高等師範学校官制」が公布された[5]。官制には女子高等師範学校附属幼稚園の保姆の定員は 3 名と記されている[6]。野口はその 1 名として、女子高等師範学校附属幼稚園の保姆に嘱任され、現場で幼児教育に携わるようになった[7]。

明治 27 年、華族女学校附属幼稚園が設立された[8]。野口は華族女学校附属幼稚園の保姆に嘱任された。同時期、同様に保姆の一人として着任したのが森島峰（のち改姓して斎藤）である。野口、森島ともに受洗してクリスチャンであった[9]。

以上のように、野口は女性の高等教育修了者が稀な時代に、官立学校で高等教育を修めた専門職女性である。学歴という業績的資源を得て、華族女学校教員として自立し、自分の職業を基に社会的信頼を得ることが可能な状況にあった。また、受洗して教会に通う信徒で、官立学校や華族女学校では得られない価値観にも関心があったと思われる。知的関心の幅が広く、実践力や求道的側面がある女性だったということができよう。

森島峰の経歴に関する資料は多くないが[10]、先行研究ではおおよそ次のことが明らかにされている。森島は明治元年（1868）に生まれ、下谷区に居住、明治 15 年に下谷区の小学校を卒業した[11]。その後、津田梅子に英語を学ぶ機会があった。津田は明治 18 年に華族女学校の教師になった。在職のまま米国に留学する許可を華族女学校から得て、津田は明治 22 年 7 月に再度の米国留学に出発した。同時期に森島も渡米、カリフォルニアの中等教育機関で 1 年半、英語を学んだ。その後、幼稚園教員の養成学校に 1 年ほど通った[12]。津田は明治 25 年に帰国、華族女学校の教師に復職、同じく華族女学校に勤める従姉と一緒に麹町区下二番町の住居に住んだ。森島は津田と同時期に帰国し、津田宅に同居した[13]。『津田梅子伝』には「友人森島みね子」と記されている[14]。明治 27 年に華族女学校附属幼稚園の保姆の職を得た[15]。

アメリカの無償幼稚園

森島が通った幼稚園教員の養成学校はサンフランシスコにあった「カリフォルニア・キンダーガーテン・トレーニング・スクール（The California Kindergarten Training School）」である。「シルバー・ストリート・キンダーガーテン（The Silver Street Kindergarten）」という幼稚園に併設されていた[16]。こ

図表 11-2　The Silver Street Free Kindergarten

出典：[Bloomfield 1995/1996：382]

の幼稚園と教員養成学校には次のような特色があった。

　19 世紀、サンフランシスコには移民や貧困層が多い通称「タールフラット（Tar Flat）」と呼ばれる地区があった[17]。そのなかの一街区「シルバーストリート（Silver Street）」64 番地に、1878 年、幼稚園が設立された[18]。移民や貧困層の子どもたちを対象に無料保育を行う「無償幼稚園」である。これが「シルバー・ストリート・キンダーガーテン」である（図表 11-2）。

　この幼稚園設立を契機にカリフォルニア各地に同様の無償幼稚園が増えた。貧困層や貧困問題を理解して幼児教育を行う教員がさらに必要になった。このため 1880 年、無償幼稚園の教員養成を目的に開設されたのが「カリフォルニア・キンダーガーテン・トレーニング・スクール」である[19]。

　カリフォルニアで無償幼稚園が増加したのは次のような社会的背景による。1870 年代にアメリカではフレーベル主義に基づく幼児教育の理念や方法を貧困地域に適用する動きが活発になった[20]。ニューヨークで無償幼稚園「アドラー・チャリティ幼稚園」を運営し、ニューヨーク倫理文化協会会長を務めていたアドラー・フェリックス博士（Dr. Felix Adler）が、1878 年 7 月、サンフランシスコでフレーベル教育関係者などを対象に連続講演を行った。その際に「タールフラット」で移民・貧困層を対象に無償幼児教育を行うこと、その運営資金を集める団体を組織することを促した。運営資金団体

として発足したのが「サンフランシスコ公立幼稚園協会（San Francisco Public Kindergarten Society）」である[21]。中心メンバーにフレーベル主義の教員養成指導者マーウェデル（Marwedel, E）がいた[22]。マーウェデルは教え子のケイト・D・スミス（Kate D. Smith, のちウィギン Wiggin）を幼稚園実務の適任者として推薦した。このようないきさつで、「サンフランシスコ公立幼稚園協会」が運営資金団体、ケイト・D・スミス（のちウィギン）が幼稚園の実務担当者として、1878年9月1日、「シルバーストリート幼稚園」が設立された[23]。

アメリカ西海岸で最初の無償幼稚園だったことから、「シルバーストリート幼稚園」への関心は高く、多くの見学者が訪れた[24]。カリフォルニア各地で同様の無償幼稚園の設立が相次いだ[25]。教員需要が増えたことから、1880年に、「シルバーストリート幼稚園」敷地内に教員養成学校が開設されたのである。

「シルバーストリート幼稚園」の運営資金団体は1882年1月に改組された。新たに「シルバー・ストリート・キンダーガーテン・ソサエティ（The Silver Street Kindergarten Society）」が運営資金団体として発足した。傘下の複数の無償幼稚園、および教員養成学校の運営資金は、このチャリティ団体が寄附金を募って集めた[26]。

同時期に、ケイト・D・スミスは結婚してサンフランシスコに常住しなくなった。妹の幼稚園教員ノラ・スミス（Nora A. Smith）が幼稚園実務および教員養成実務を引き継いだ[27]。

森島はこの学校を1892年5月に卒業した[28]。教員養成カリキュラムには、連携している無償幼稚園での実習、指導計画案作成のほか、貧困層の生活状況に応じて、家庭訪問、母親の会の運営、生活環境を整える指導、衣類配布などの生活支援活動が組み込まれていた[29]。

以上のように、森島は津田梅子のネットワークにつながる人物であり、渡米経験と英語力があった。とりわけ、「カリフォルニア・キンダーガーテン・トレーニング・スクール」に在学し、貧困層対象の幼児教育について一定の知識と経験があったことは重要であろう。貧困層の教育・生活支援を指導する先進的な学校で森島は学んだといえよう。野口は森島について次のように述べている。

森島さんは、津田梅子先生のお世話で、アメリカの西海岸で貧民幼稚園の勉強

11章　貧困地域と幼児教育　　203

をしたのち、麹町平河町で一年ばかり私立の幼稚園を開いておられた新知識の
方でありました[30]。

「新知識」とは幼児教育と社会改良を連動させる取り組みなどを指すであろ
う。森島はそれを実践しているアメリカの女性たちの意欲的な活動、チャリ
ティ団体の組織化と支援、幼稚園の教育現場における具体的内容などを知っ
ていた希有な存在だったと思われる。

専門的知識と実践力

附属幼稚園が設立された当時、華族女学校は麹町区永田町にあった。近く
に皇族の北白川宮家があった。幼稚園ができると、早速5月5日に北白川
宮の三女武子が入園した[31]。5月11日に昭憲皇后が華族女学校に行啓、複
数の学年の授業を見学、附属幼稚園も参観した。「保姆野口ゆか子、森島峯、
坂井鈴」の指導のもと、「幼稚園児の遊戯」する様子を見学したことが報告
されている[32]。

野口は高等師範学校女子師範学科（改称して女子高等師範学校、東京女子
高等師範学校）の卒業生である。昭憲皇后は同校に御歌を下賜、校歌になっ
ており、女高師と縁が深い。女高師から華族女学校の幼稚園に移った野口が
活躍している場面を実際に目にしていたことになる。野口・森島は皇后も関
心を寄せる幼児教育の最前線を担う実践者たちであったといえよう。

野口は官立学校による女子高等教育の成果を体現している人材である。ま
た、森島は津田とつながりがあり、米国で得た専門知識を生かして華族女学
校の教員として尽力することが期待されている存在である。野口・森島は自
らの努力と実践力で業績的に獲得した職業があった。家柄や出自が重視され
ていた明治期の社会において、業績的資源を活動基盤に、自分の価値観に基
づいて、自分が求めるものを追究可能な状況に二人はいたといえる。

11-2　ミッションの追究

身近なロールモデル

自分が求めているもの、取り組むべきミッション（使命）とは何か。ミッ
ション追究に真剣に向き合い、格闘している存在が二人の身近にいた。津田
梅子である。森島は津田と同居していた。また野口も津田の存在について次

のように述べている。

　明治 14 年（1881）、野口がまだ故郷の兵庫県にいた頃、父親は兵庫県明
石で役所勤めをしていた。野口は父親に役所にあった『米欧回覧実記』を借
りてきてもらい読んだ。岩倉使節団一行と渡米した津田について、その本で
知った。

　　津田梅子さん、山川捨松さんら、五人の女子留学生の記事が私の心を強く刺戟
　　しました。私も勉強をして、この人たちのやうに洋行してみたい。昔風の高島
　　田をのせた頭のなかを、そんな空想が駆け巡っていたのでありました[33]。

津田たち先行ロールモデルの存在が野口の勉学継続の原動力の一つになって
いたことを述べている。

ミッションの探究

　津田は明治 18 年（1885）から華族女学校に勤めたが、3 年経過した当時
の心境について、『津田梅子伝』に次のように叙述されている。

　　教壇に立ってから三年になる。その間、自分は何をして来たか。職務に不熱心
　　であったとは、自分ながら考えないが、名実ともに英語の教師である。英語の
　　教授も悪くはない。しかし英語の知識を与える丈では満足できない。現に毎日
　　熱心に英語を教えながら、心の奥には寂しさがある。開拓使が長い間私を留学
　　させたのは何のためか。（中略）単なる英語教師で満足していることは出来ぬ。
　　もっと魂をうち込み得るような仕事がありそうなものだ。（中略）国民全体が
　　立ち上がるには、どんな方法をとるべきか。わたしのなすべき仕事は何である
　　か。ともかくも今の生活を打ち破って、新しい境遇を切開こう[34]。

ミッション探究を深めるために、津田は再度渡米・研鑽の機会をつかんだ。
米国滞在中、自分が求めているものについて徐々に展望が開けていった。

　　明治維新後二十余年を経たが、日本はまだ旧い習慣に囚われて、女子に教育の
　　機会を与えない。（中略）女子教育のみ依然としてその途が開けないのは、ど
　　うしたことか。それでよい社会の出来ようはずがない。しかも少数の目ざめた
　　女性はすでに高等教育を望んでいる。また新しい日本は教育ある婦人を求めて
　　いる。女子にまず教育の機会を与えよ。生まるべきものは自ら生まれて来よう。
　　あるいはここに私の生涯の事業があるのではあるまいか[35]。

再度の留学で自分の進むべき方向を見出した津田は、日本女性が同様の機会
に恵まれることを望み、アメリカ女性の協力を得て、在米中に「日本婦人米

国奨学金」を創設、女子教育の機会拡大に着手した。

津田のミッション追究は地道で手堅いものであった。明治30年頃、米国の知人へ宛てた書信に日本女性の状況について、次のような見解を述べている。

> 日本の婦人界の次のような事情を了解していただきたい。即ち日本ではまだ教育を受けた婦人が少ないこと、婦人は自分の財産を持たないこと、高等女学校以上の学校はなく、その学校も少ないこと、（中略）こういう事情を考えると、婦人が差向き何か大きな事業を企てることはむずかしく、始めは小規模でなければならぬと思う。（中略）今はまだ大組織の事業を行う時期ではなく、精々働く人を引きたてる時である。婦人の社会的地位は低く、勢力もなく、教育も不充分である。男女間の教育と進歩には、非常なへだたりがある。今は組織よりも、むしろ形を作る時期である[36]。

冷静に日本社会を分析し、当面、女性は少人数の同志で着実に活動領域を固めていくことに重点をおくべきという考えが示されている。

ミッション追究の道程

津田は明治31〜32年にアメリカで万国婦人連合会に参加、イギリスでナイチンゲールに面会する等の海外視察を経て、明治33年に華族女学校と女子高等師範学校の職を辞し、9月、女子英学塾を開学した[37]。塾生は10名と少数であったが、開塾主旨で津田は次のような確固たる信念を述べている。開学の目的は「将来英語教師の免許状を得たいと望む人々のために、確かな指導を与え」ることで、「真の教育は生徒の個性に従って、別々の扱い」が望ましく、「真の教育をするには少人数に限る」。また「形こそ見る影もない小さなもの」であるが、「婦人にりっぱな働きを与えるこういう学校は、これからの婦人になくてはならぬもの」である等、ミッションを明確に述べている。さらに、取るに足りない些細なことで批判しようとする世間の動きもあるだろうから、「何ごとによらず、あまり目立たないように、出すぎないように」気をつけるようにと注意を促している[38]。ミッション実現の道には様々な障害が出現するので、枝葉末節の些事で挫折しないように慎重さが必要であることを示唆している。

森島は明治25年から津田宅に同居、明治28年に旅行中の津田にあてた森島の手紙が現存し、津田不在中も諸用務が滞りなく進捗していることを報

告している[39]。また開学 3 カ月めに塾内で感染症患者が発生した時、「下二番町の旧宅に友人森島みね子がいるのを幸い、翌日からそこを借りて教場にあてた」[40]とあり、森島は明治 27 年に華族女学校の保姆に就職したのちも旧津田宅に居たことがわかる。

　つまり森島は、津田が明治 22 年再渡米から 33 年開学にいたるまでのミッション追究の経過を身近で知っていた人物の一人である。ミッション追究の重要性や、長期的な展望と日常的努力を並行させることが必要であることを感受していたであろう。森島・野口にとって、ミッション追究に地道に取り組んでいる津田梅子が身近にいたことはロールモデルとして大きな意味があったと思われる。

契機と推進力

　野口・森島も華族女学校附属幼稚園の仕事に物足りないものを感じていた。野口は次のように述懐している。

　　森島さんと私は、麹町の近くに住んで、いつも二人で永田町にあった幼稚園に通っておりました。その途中、麹町六丁目のところを通りますと、往来で子供が地面に字を書いたり、駄菓子を食べたりして遊んでいる姿を、よく見かけました。幼稚園の帰りに、夕方そこを通っても、やはり往来で遊んでいます。一方では、蝶よ花よと大切に育てられている貴族の子弟があるのに、一方では、かうして道端に捨てられている子供があるかと思ふと、そのまま見過ごせないやうな気がしてきました。

　　華族女学校の幼稚園の経営は、大体のところ、保姆である私どもの自由になって、大へん働きよい場所ではありましたが、ただお乳母日傘式に育てるだけで、信仰を中心として子供を導くことは許されておりません。その点で、いくらか物足りないものを感じていた折でしたから、かうした道端の子供を集めて、フレーベルの理想通りにやって見たい、といふ希望が期せずして若い二人の胸に湧いてきたのであります[41]。

富裕な華族層と貧困層という厳しい格差の現実を日常的に目の当たりにしていた。見過ごすことができない気持ちはあったが、具体的に何から手を付けるべきか漠然としていた。とりあえず通っていた番町教会で、気に懸かる貧困層の子どもたちのことを話してみた。

　　その頃、私どもの通っておりました番町教会で、ミッショナリィのミス・デン

トンになに気なくこの話をいたしますと、大へん結構なことだと賛成されたばかりでなく、私どもの先きに立って、募金のための慈善音楽会の開催に骨を折ってくださいました[42]。

二人が語る貧困層の子どもたちへの関心を、幼稚園設立という具体的計画に昇華するように、背中を押してくれたのは女性宣教師のデントンであった。二人の漠然とした考えが具体的目標となるには推進力を必要とした。

デントンの幹旋で、発起人6名による慈善音楽会が計画された。発起人には、津田梅子の父・津田仙や、番町教会の信徒の中心的存在であった三好退蔵（大審院長経験者）、感化救済事業の留岡幸助（同志社出身）が名を連ねた。音楽会のチケットを売り、収益を2つの慈善事業に寄付することを目的とし、演奏者として帝国大学文科大学の外国人教師ケーベル（モスクワ音楽院卒業、明治31年5月より高等師範学校附属音楽学校講師兼務）が協力した[43]。二つの慈善事業とは、一つは野口・森島が構想している貧困層対象の幼稚園設立、もう一つは本郷定次郎が運営していた「育児暁星園」（孤児救済事業）である[44]。困難な環境におかれている子どもたちを救済する事業への募金を目的にした音楽会であった。

明治三十一年の三月、東京音楽学校の講堂で、音楽会が開かれました。（中略）めったに公衆の前でピアノを弾いたことのないこのケーベル先生の出演が人気を呼びまして、音楽会は大成功、七百何円の純益を、私どもの幼稚園と本郷育児暁星園（孤児救済）に分けていただくことができました[45]。

3月19日に開催された音楽会の収益金は七百余円であった。明治33年7月発行の「私立二葉幼稚園第一回報告」には、「音楽会の純益金および利子」として「428円11銭」が記載されている[46]。また、本郷定次郎の「育児暁星園」は三百余円の寄付金を受け取ったと記されている[47]。

デントンの尽力で、二葉幼稚園設立の基金が準備された。デントンが野口・森島を支援した社会的背景について、デントンの経歴から探ってみよう。

11-3　社会改良の活動基盤

アメリカ・ボードと女性宣教師

M. F. デントン（Mary Florence Denton 1857-1947）はアメリカのプロテスタント宣教師団体「アメリカ伝道評議会（略称：アメリカ・ボード、

American Board of Commissioners for Foreign Missions)」が日本に派遣した宣教師の一人である。デントンが初めて来日したのは1888年である[48]。

アメリカン・ボードは「会衆主義（Congregationalism）」に基づき海外伝道を行う法人組織で、1810年にアメリカのマサチューセッツ州で結成された。19世紀前半、海外派遣は男性宣教師が中心だったが、南北戦争中の戦争協力活動で女性が組織運営力を向上させ、南北戦争後、女性の社会的活動領域の拡大を求める動きが活発化した。教会など宗教活動は女性が活動しやすい領域であったことから、海外宣教に関心を持つ女性が増加、海外宣教師は教師や看護婦とならんで、女性の適職と見なされるようになった[49]。

女性を海外伝道に送り出すため、女性の支援組織が設立された。アメリカン・ボードでは補佐機関として、1868年、ボストン中心に「（東部）ウーマンズ・ボード（Woman's Board of Mission）」、シカゴに「中部ウーマンズ・ボード（Woman's Board of Mission of the Interior）」、1873年、サンフランシスコに「太平洋ウーマンズ・ボード（Woman's Board of Mission of the Pacific）」が発足した[50]。

ウーマンズ・ボードは海外に派遣する女性宣教師を上位機関のアメリカン・ボードに推薦するが、任命権はアメリカン・ボードにあった。宣教師の派遣先、活動内容はアメリカン・ボードが管理したが、女性宣教師の渡航費、給料などの生活費、伝道費、伝道事業に必要な建物の建設資金などは送り出しのウーマンズ・ボードが負担した[51]。

ウーマンズ・ボードが女性宣教師に期待する役割は明確で、派遣先における「女性への宣教活動」である[52]。女性や子どもへの宣教機関の設立、教育事業、医療看護事業を重点的に奨励した。具体的には日曜学校、幼稚園、女子高等教育機関、孤児救済事業、病院などの運営・支援である[53]。デントンは「太平洋ウーマンズ・ボード」が派遣費用を負担した女性宣教師で、京都の同志社女学校の運営に深く関わり尽力した（後述）[54]。

「会衆派（Congregationalism）」の日本伝道

アメリカン・ボードの日本宣教の経過についても概述しておこう。アメリカン・ボードが送り出した日本最初の宣教師は、1869年来日のD. C. グリーンである。関東地方では他のプロテスタント諸派が伝道基盤を固めていたので、グリーンは関西地方に拠点をおき、伝道活動を進めた。1872年（明

治5）、日本伝道の母体として「日本ミッション」を組織し、ボストンのアメリカン・ボード本部と密接に連絡をとりながら、会衆派の宣教活動を展開させた[55]。

明治7年（1874）、新島襄がアメリカン・ボードの準宣教師として帰国、翌8年に京都に同志社英学校を開校した。アメリカン・ボードは資金援助をはじめ同志社の運営を全面的に支援し、アメリカン・ボード宣教師が教師として講義を担当した[56]。グリーン自身も1881年から1890年の間、同志社で教鞭をとった[57]。

同志社を卒業して牧師になった同窓生たちは、日本各地で宣教活動を行い、会衆派の独立教会を設立していった。他のプロテスタント諸派が傘下の教会を組織化する動きを強めたことから、明治19年（1886）、会衆派は連携協力のため「日本組合教会」と命名した組織を設立した（のち日本組合基督教会）。各教会は独立した自治的組織であり、「日本ミッション」に所属するアメリカン・ボード宣教師は「連携支援」という立場で関わり、各教会の決議には関与しない[58]。東京の「日本組合教会」（組合系と略称）として、番町教会、霊南坂教会、本郷教会があった[59]。

番町教会の社会階層

番町教会の設立は明治19年（1886）である。初代牧師は同志社出身の小崎弘道、信徒の中心は三好退蔵である[60]。明治23年新島襄が逝去すると、小崎は同志社の第2代社長を務めることになり、番町教会の牧師を辞任した[61]。同年7月に第二代牧師として番町教会に着任した金森通倫（同志社出身）の回顧によれば、着任時の番町教会の印象は次のようであった。

> 司法次官の三好退蔵が執事の上席を占めて教会の一切を切り廻わし、外務次官の青木周蔵、和田垣謙三帝大教授、大山陸軍大臣夫人、桂太郎陸軍次官夫人、巌谷小波、田川大吉郎など知識階級の青年もいて、すこぶるハイカラな教会であった[62]。

グリーンは1890年まで京都に在任し、同志社で教えていたが、1890年に東京に転任した。アメリカン・ボード「日本ミッション」宣教師であるグリーンの任務は、東京および関東近県の組合教会の活動支援および宣教活動である[63]。グリーン一家は牛込区市ヶ谷仲町22番地に住んでいた[64]。番町教会（麹町区中六番町10番地）に近いので、グリーン一家は番町教会およ

び信徒の活動に密接に関わった。その一つが片山潜のキングスレー館である[65]。

　片山潜は10余年におよぶ米国留学中、複数の学校に在籍し、その一つに会衆派のアンドーヴァー神学校があった。グリーン、新島襄もアンドーヴァー神学校の卒業生で、片山と同窓生である。片山はエール大学を卒業し、明治29年（1896）に帰国、番町教会に信徒の籍をおいた。片山は自伝に「番町教会の一理事として、或は日曜学校の幹事として、毎日曜には教会へ行って働いた」と記している[66]。

　同じ明治29年に、同志社卒業生でエール大学留学の綱島佳吉が帰国、番町教会に牧師として着任した。同年12月に行われた「牧師就任式」兼「教会創立十年記念」のクリスマス祝会では、片山潜が司会、グリーンが就任祈禱、小崎弘道が祝文、三好退蔵が演説を務めた[67]。番町教会は会衆派教会（組合教会）の中核教会の一つであり、裕福な社会上層、欧米留学経験者の信徒が多く、欧米の社会的潮流についてある程度の知識を持った人々の集まりであったといえよう。

社会改良の潮流

　片山は米国留学中、1894年に渡英、ロンドンのトインビーホールに滞在し、セツルメント活動を実体験したほか、貧困地域、孤児院、監獄、感化院など社会改良事業を見て回った[68]。この経験をもとに、日本帰国後、東京でセツルメント活動を構想した。片山は次のように記している。

> 入院四ヶ月間の経験は予をして、英語教師など止めて、兼ねて研究して来た社会改良事業をやって見る事にした。組合派の宣教師長をして居った、グリーン博士が、月に二十五円呉れる事となったので、予は、神田三崎町一丁目に一軒の家を借りキングスレー館と云ふ看板を掛けて、例のセツルメント間暇事を始めたのは、明治三十年の夏の事であった[69]。

片山のセツルメント構想をグリーンは支援し、アメリカ・ボードから毎月25円の資金援助が得られるように取り計らってくれた。社会改良事業の拠点として、片山は1897年、東京神田区三崎町にキングスレー館を開設、収益事業と社会的事業を兼ねて幼稚園、夜学校などを始めた[70]。

　片山は開設した幼稚園に「しばしばグリーン博士夫婦も来て援助した」と記している[71]。しかし、グリーン一家は1897年5月から1898年12月まで、

アメリカン・ボード宣教師の賜暇休暇を取得、本国へ一時帰国した。その間、代替の宣教師として東京に来たのがデントンである。デントンは市ヶ谷仲町22番地のグリーン宅に住んだ[72]。

グリーン同様、デントンも番町教会および信徒の社会活動に密接に関わった。キングスレー館の幼稚園では同志社女学校同窓生の豊田谷子が働いていた。デントンもキングスレー館の幼稚園に関わり、片山は「デントン嬢も在京中は大いに世話をした」と記している[73]。このような時期に、デントンは野口・森島の話を聞き、貧困層対象の幼稚園構想が実現するように音楽会を開催して設立基金を用意してくれたのである。

片山は次第に労働運動に重点を置くようになった。宗教活動とは異なる方向であるため、アメリカン・ボードの支援は1899年春以降、打ち切りになった。キングスレー館の運営は長くは続かなかった[74]。

11-4　女性と社会的活動

ウーマンズ・ボードと社会的活動

1888年（明治21）のデントン来日当時の京都に話をもどそう。デントンを送り出した「太平洋ウーマンズ・ボード」の派遣方針は女性への宣教・支援活動である。京都に着任したデントンは同志社女学校の教職を本務とし、女子高等教育の向上に注力した[75]。教職は繁忙を極めたが、日曜日は子ども対象の伝道活動に取り組み、着任5年めには京都市内3カ所で日曜学校を運営していた[76]。

着任して8年め、明治29年（1896）に同志社とアメリカン・ボードの間で、教育内容等をめぐり対立が発生、6月にアメリカン・ボード宣教師団は同志社からの総引き上げを決議した[77]。

デントンも決議に従い、同志社の宿舎を出ることになり、アメリカン・ボード宣教医師宅に転居した。同志社女学校同窓生4名も同居し、デントンと一緒に京都市内で伝道活動に従事した。翌30年（1897）、デントンは京都市の今出川に出町幼稚園を開設した[78]。園舎として借りることができたのは老朽家屋で、次のような様子だった。

　　界隈で、一軒だけ借りられた空き家と決まった。その家には狭い部屋が三間あったが、どの部屋も日が射さず薄暗くて、汚くて、嫌な匂いがし、雨漏りがし

212　　Ⅲ部　鮫河橋と都市下層

た。（中略）狭い真ん中の部屋（四畳半）は、直射日光が全く当たらない。一番奥の部屋は少しマシだった。というのは、障子を開けると、小さな箱庭のような裏の空き地があったからで、そこが遊び場となった。確かに、およそ幼稚園らしくない建物だった。（中略）まず障子はガラスに変え、天井や床や木造部分の汚れを落として清潔にした。（中略）、玩具など教材を準備した。最後に「出町幼稚園」と親しみやすい字で書いた表札を掲げた。（中略）近所の住人といえば、北側は小さな焼き芋屋で南側は油屋だったが、どちらとも壁一重。南の塀のそばには井戸があって、幼稚園とご近所さんとの共用。さらに北と南、そして向かい側には、材木置き場、荷車の製造所、みすぼらしい商品を売る小さなお店、（中略）。入園者はほとんどこれらの店からだった。親はそもそも幼稚園が何のためにあるかは知らず、ただ子供たちが外で危ない目にあったり、家で邪魔をしたり、間食をしてお腹をこわしたりしないようにしてくれるところくらいの認識だった[79]。

零細商業者が密集している区域で、生活水準は高くない。通園者は零細商業者の子どもたちである。資格をもった保姆と同志社女学校の同窓生3名が幼稚園の仕事に取り組んだ[80]。

　出町幼稚園を創設して2カ月めにデントンはアメリカン・ボードから転任指示を受け、京都を離れた。明治30年5月からグリーンの代替として東京に1年半在任した。在京期間、デントンは同志社女学校卒業生の松田幸を助手兼通訳として伴った。松田幸は音楽教育を専門的に深めるため、留学を志しており、在京を機会に帝国大学文科大学の外国人教師ケーベルにピアノを習っていた。その縁で、明治31年の慈善音楽会ではケーベルの協力を得ることができた[81]。

　グリーンの代替期間終了後、デントンは鳥取に転任して1年間宣教活動に従事、その後、賜暇休暇を取得してアメリカに一時帰国（1900年3月〜1901年9月）、1901年に再来日して、対立が解消した同志社女学校に復職した。アメリカ帰国中は「太平洋ウーマンズ・ボード」の集会に数多く出席し、日本の女子高等教育充実のため寄付金集めに力を注いだ[82]。

女子高等教育と社会改良

　このように明治29年（1896）にアメリカン・ボード宣教師団が同志社から一時的に総引き上げしたことにより（対立はのちに解消、宣教師団は同志

社復帰）、デントンが東京に来て番町教会の信徒と交流する機会が生まれた。野口・森島がデントンの協力を得ることができたのはこのようないきさつによる。

東京に来る以前、デントンは京都で 10 年弱、女子高等教育に従事していた。社会的関心が高い女性の支援について経験が豊かで、構想を具体化させる手続きに習熟していた。また、出町幼稚園の開設に示されているように、生活水準が高くない地域での幼児教育に関心があり、東京のキングスレー館では社会改良としての幼児教育を支援していた。

デントンのバックグラウンドは「太平洋ウーマンズ・ボード」である。女性への宣教という明確な方針のもと、資金収集、海外の女性支援を行う団体であった。「ウーマンズ・ボード」に支援されたデントンは、資金収集、組織運営力を身につけており、二葉幼稚園の設立基金の形成にも生かされた。

野口・森島は教育を受け、社会的信頼性が高い職業に就いていた女性たちであるが、本務のほかに社会的活動に着手するには、強いミッションと資金が必要だった。ミッション追究のモデルは身近に津田梅子がいた。ただ、津田は日本女性の社会的活動力はまだ弱いと述べていた。野口・森島の社会的活動の推進力になったのは、アメリカの女性団体とつながっていたデントンで、資金収集・組織運営力のロールモデルの役割をはたしたと考えられる。

社会的活動の萌芽

津田梅子、デントンは 19 世紀後半のアメリカで教育を受けた女性たちである。アメリカの女性活動との関連を整理しておこう。

「ウーマンズ・ボード」がアメリカに設立されたのは南北戦争後の 1860 年代後半である。西海岸に伝播し、サンフランシスコで「太平洋ウーマンズ・ボード」が発足したのは 1873 年である。同じく 1870 年代に、フレーベル主義の幼児教育を貧困地域で試みる動きが始まった。サンフランシスコに「シルバーストリート幼稚園」が設立されたのは 1878 年である。

デントンが海外宣教師を志し、「太平洋ウーマンズ・ボード」の支援で初来日したのが 1888 年、津田が再留学したのは 1889 年（明治 22）である。森島は 1890 年代に西海岸で貧困層対象の幼児教育を学んだ。野口・森島が幼稚園設立を構想し、慈善音楽会が開かれたのは 1898 年（明治 31）である。1890 年代に日本でも女性の活動領域拡大の萌芽が生じている。

マクロ的視点で整理すると、1860年代後半以降1870年代に、アメリカ東部から西海岸へ女性の活動領域拡大を求める動きが広がり、女性が中核を担う多様な社団が形成された。女子高等教育機関も多様な社団に該当する。多様な社団を通して、1880年代にアメリカ女性の社会参加が促進され、組織運営力が向上した。1890年代になると、海外宣教師（教師）や、女子留学生の本国帰還により、女性の活動領域拡大を求める動きが海外にも広がっていった。

　活動領域拡大を求める動きのなかで、女性が参入しやすい領域があった。その一つが幼児教育である。「フレーベル主義」の人間観は幼児だけではなく女性自身の解放や可能性拡大を期待させる面があり、女性たちを惹きつけ、「幼児教育」への関心が高まった。

　同様に、「異文化の女性」も「解放」するにふさわしい対象で、宗教は女性が活動しやすい分野であることから、女性による海外宣教に関心が集まった。女性の活動領域は「幼児教育」や「異文化の女性」と関連が深い領域で拡大していった。野口・森島の幼稚園構想はそのような動きの影響を受けた萌芽の一つと考えることができる。

　明治30年代に東京市直営小学校が開設されたように、東京の貧困層の教育水準は依然として就学率向上が課題だった。初等教育の問題が解決していない段階で、貧困地域で幼児教育が始まった背景には女性の社会的活動領域拡大を求める国際的な動きがあったといえよう。

11章　貧困地域と幼児教育　　215

12章

貧困の生活様式と生活支援

12-1　私立二葉幼稚園の運営体制

開園

設立基金集めの慈善音楽会が開催されたのは明治 31 年（1898）3 月 19 日だったが、実際に幼稚園が発足するまでそれから 2 年弱を要した。その間の事情について野口は次のように述べている。

> かうして、資金は与へられましたが、森島さんにしても、私にしても、本職をやめてこの幼稚園に専念するだけの事情にまだなっていませんでしたから、私どもの手足となって働いてくれる同志の人を探しているうちに、のびのびとなり、人も家も見つかって、麴町下六番町に小さな家を六円で借り、集まってきた六人の近所の子どもを最初の園児として、二葉幼稚園の第一歩を踏みだしたのは、明治三十三年一月のこと、私が三十五、森島さんが三十三のときでありました[1]。

野口と森島は華族女学校附属幼稚園に勤め続けることを前提にしていたようで、野口は大正 11 年（1922）3 月まで 28 年間にわたり、同幼稚園に勤続した。

二葉幼稚園で子どもたちを保育する専任保姆を引き受けてくれたのは「平野まち」という女性である。麴町区下六番町に家屋を借り、明治 33 年（1900）1 月に近隣の子どもたち 6 人を受け入れて開園した。

「私立二葉幼稚園第一回報告」平野まち氏を専任保姆に依頼し、森島・野口両

12 章　貧困の生活様式と生活支援　　217

人は公務を終りてより、隔日に出園して監督し、重大なる事務を取り扱ふ[2]。
森島と野口は華族女学校の仕事を終えたのち、一日おきに二葉幼稚園に出勤
し、運営に関する事務を執り行う、という体制で幼稚園は始動した。

開園翌月、明治33年2月に「森島みね、野口ゆか」連名で「私立二葉幼
稚園設立主意書」が記された。設立の目的について次のように述べられてい
る。

> 「私立二葉幼稚園設立主意書」社会の下層に沈淪せる貧民に至りては、全くか
> かる恩沢に浴すること能はず、加ふるに彼等の両親は概して教育思想無く、か
> つ生計の為に心志を労すること多く、愛する子女を顧るに暇あらざるが故に、
> 彼等は幼稚の時代より街路に立ちて塵埃の内に寒風に打たれ、暑熱にさらされ
> て、思ふままに悪戯を為すに至る。加ふるに楽しかるべき父母の傍に帰るも、
> そが家は、辛うじて風雨を凌ぎ膝を容るるに足り、食物衣服またいふに忍びず、
> （中略）おのれ等多年中等以上の子女を保育し、其の経験により、益々貧児の
> 境遇を憫むの余り、彼等の為に特殊の幼稚園を興さんと欲し、微力をも顧みず
> 計画する所あり、既に世の教育家慈善家の賛助を得て、今年一月十日此の目的
> をもて貧民幼稚園を開き、名づけて二葉幼稚園といふ[3]。

「貧児の境遇」改善を目的にした「特殊な幼稚園」、すなわち貧困層を対象に
した幼稚園であることが明記されている。

二葉幼稚園は明治33年設立以来、移転、名称変更、事業拡大など運営体
制の改変を重ねながら、現在も「社会福祉法人二葉保育園」として事業を継
続している。昭和戦前期までの運営は大きく四期に区分できる。「Ⅰ 麹町区
時代（文部省所管教育事業：二葉幼稚園）：明治33年1月〜39年2月」「Ⅱ
鮫河橋時代：明治39年3月〜大正5年6月」「Ⅲ 社会事業時代（内務省所
管救済事業：二葉保育園）：大正5年7月〜昭和10年3月」「Ⅳ 財団法人
時代：昭和10年4月〜昭和19年6月」である。本章では、鮫河橋移転前
の「麹町区時代」と、鮫河橋へ移転後の「鮫河橋時代」を主な考察対象とす
る。

救済アクター

開園時、運営資金の調達について見通しをもった計画が立てられていたわ
けではない。「私立二葉幼稚園第一回報告」には次のように記されている。

> 「私立二葉幼稚園第一回報告」本年一月、貧民幼稚園を設立致し候ひしが、其

当時は一人の賛成者もなく、寄付の予約もなく、唯四百円以内の金額にて一年間の維持を見込み、不幸にして世の同情を得ざれば止むより外なし、との考にて相始め候処、皆様の御賛成を得、実に意外の結果を奏し、或は金子に、或は物品に、各々真心を籠めさせられたる御寄付は絶えず集まり来たり[4]。

慈善音楽会で得た寄付金を基に、実在する「かたち」にすることが最優先にされた。運営費の調達方法については、そのあとに手探りで次のように進められていった。

果して二葉が伸びて行くものかどうかには、大して自信がありませんでした。資金の一部は設備費に使いましたが、一月の経費二十五円と見て、一年間は賄ふことはできます。そのあとのことは、賛成者があればやるし、なければやめる位のつもりで、私の知人や上流社会の人たちに当たってみますと、毎月五十銭づつ出してくださる支持者が、五十人すぐ集まりました。これで、前途の見込みも立ち、上流社会の人たちをこうした事業に結びつけて行く、といふ私の抱負も、どうやら実現の緒についたわけでした[5]。

始めてみると、思いがけず多くの賛同者が集まった。

図表12-1は明治期の運営費で、費目別の「収入」内訳である。「麹町区時代」は通園者から保育料を集めたが、「鮫河橋時代」には保育料は徴収していない。当初6年間、保育料を集めていたのは次のような理由による。

「私立二葉幼稚園第一回報告」一種の慈善事業でありますから、必ずしも其園児等から、束修や月謝を取るのではありません。けれどもまるで無報酬では、また却って依頼心を起して、種々の弊害が起りますから、兎も角も其御礼として、日に一銭宛持って来させるのです[6]。

過度の救済依存になることを避けるために、保育料を徴収していることが記されている。1銭のうち5厘を保育料として受け取り、残り5厘は各園児の貯金にして、貯蓄の観念を教えた（後述）。

運営資金源

幼稚園運営の資金源は、図表12-2に示したように、「寄付」である。寄付は3種類に分けて、年次報告に氏名と寄付内容を記載した。「定期寄付」は毎月50銭の定額寄付である。寄付予定者は登録してもらい、前もって定期寄付全額を把握し経常費に充てた。「臨時寄付」は基本金、準備金に充当した。「物品寄付」は雑巾、古袋から他機関月報にいたるまで、受け取った

図表12-1　二葉幼稚園運営費

項目	総収入			前年繰越			定期寄付金			臨時寄付金			保育料			利子・雑収入・他			定期寄付登録人数	備考
	円	錢	厘	円	錢	厘	円	錢	厘	円	錢	厘	円	錢	厘	円	錢	厘		
私立二葉幼稚園第一回報告	1245	50		428	11		222	45		577	11		17	83					98	前年分は音楽会純益および利子
私立二葉幼稚園第二回報告	1986	80	6	988	85	5	686	14		165	88	6	53	24	5	92	68		108	
私立二葉幼稚園第三回報告	2267	50	6	1253	69	6	750	20		94	72		76	51		92	38		113	
私立二葉幼稚園第四回報告	2549	81	4	1488	48	3	683	10		197	4	1	68	45		112	74		107	
私立二葉幼稚園第五回報告	2782	7		1857	47	8	615	90		155	77	2	38	12		114	80		102	
私立二葉幼稚園第六回報告	2973	49	7	2065	23	7	620	20		141	95	5	40	45	5	105	65		101	
私立二葉幼稚園第七回報告	5935	77	1	2286	82	2	793	50		2744	5	8	28	63	5	82	75	6	138	保育料は2月まで、39年3月鮫河橋に移転
私立二葉幼稚園第八回報告	2731	89	2	1479	99	5	807	55		348	7	5				96	27	2	132	
私立二葉幼稚園第九回報告	3077	48	8	1596	56	3	847	50		482	7	5				111	7	5	152	
私立二葉幼稚園第十回報告	3555	34	7	1763	8	4	995	76		680	26					116	24	3	162	明治42年2月11日慈恵数済事業助成「内務大臣下付金」300円
私立二葉幼稚園第十一回報告	4244	68	9	2470	56	7	1013	70		621	31	5				139	10	7	163	明治43年3月26日慈恵数済事業助成「内務大臣下付金」300円
私立二葉幼稚園第十二回報告	3541	19	9	1796	8	4	1016	10		615	52					113	49	5	159	43年11月より、徳永が主任保姆
私立二葉幼稚園第十三回報告	1941	43	1	193	61	1	965	70		589	74					192	38		156	明治44年11月3日事業助成「内務大臣下付金」400円
私立二葉幼稚園第十四回報告	2476	90	3	2561	9	3	1040	35		1301	75					134	80		158	大正元年11月3日事業助成「内務大臣下付金」500円
私立二葉幼稚園第十五年報告	5871	63	1	902	71	1	2200			1802	19					966	73		408	大正2年9月分園設立準備開始

出典：［二葉保育園編 1985：資料編 1-719］より筆者作成。
※年次報告の掲載内容期間は、表 11-1 参照。

図表 12-2　二葉幼稚園の運営資金

区分	内容	充当費目	集金・収集方法
定期寄付	毎月 50 銭	経常費	毎月、集金人が回収
臨時寄付	定額なし	基本金 準備金	通知を受け、請取人が回収
物品寄付	玩具 絵画 紙類 衣類等		

出典：［二葉保育園編 1985：資料編 10］「寄附の方法」（「私立二葉幼稚園設立主
　　　意書」明治 33 年 2 月）より筆者作成。

ものはすべて年次報告に細かく記した。このように二葉幼稚園に寄せられた
救済資源の全容は年次報告で公開され、集まった救済資源の内容が誰にとっ
てもわかりやすいように示されている。

　二葉幼稚園運営の基盤は「定期寄付」である。図表 12-1 に記した「定期
寄付登録人数」の推移をみると、「麹町区時代」は 100 余名、「鮫河橋時代」
は 150 名前後である。大正期になると事業拡充のため登録人数の増加が図
られた。

　定期寄付は、毎月、「集金人」が登録者宅を回り集金した。開園当初 3 年
間、集金人を務めたのは「三村唯右衛門」という人物である。「私立二葉幼
稚園第四回報告」に次のように記されている。

　　「私立二葉幼稚園第四回報告」「集金老人の事」毎月御寄附を頂戴に上った老人、
　　三村唯右衛門と申します。去る身分のよい御隠居なんですが、働くのが好きで、
　　特に慈善心が深かったので、私共の仕事が大賛成、老体をもかまはず、暑い時
　　も寒い時も、随分よく辛抱して助けて下さいまして、毎月集金料の幾分を寄附
　　して、それはそれは丁寧にしてくださいました[7]。
同報告に、三村は体調不良で逝去したことが記されている。

　年次報告の「定期寄付」登録者名は、家族であっても夫と妻それぞれ個別
に登録している例が散見される。同一世帯をまとめてしまうのではなく、女
性を独立した支援者として評価している姿勢が記名方法にも表れている。

12 章　貧困の生活様式と生活支援　　221

救済アクターの特徴

「定期寄付登録者」の内訳について、先行研究で次のような諸点が明らかにされている。明治33年1月〜42年6月の期間（「私立二葉幼稚園第一回報告」〜「第十回報告」）、「定期寄付登録者」の実人数は270名、うち207名が女性である。また270名のうち56名は有爵者または姻戚者である。救済資源の供給アクターには華族など社会上層が多い。野口・森島が華族女学校に勤務していたことが支援ネットワークの形成に効果的であったと先行研究は分析している[8]。

以上のように、「定期寄付登録者」が二葉幼稚園の運営基盤である。このような運営体制は森島が留学していたサンフランシスコのチャリティ団体「シルバー・ストリート・キンダーガーテン・ソサエティ」が「シルバー・ストリート・キンダーガーテン」の運営を支援していた形態に類似している。救済資源の供給アクターを登録して支援集団として明確化し、救済資源の持続的供給を安定させる方法である。二葉幼稚園は教育機関で、このときはまだ法人化していない（のち昭和10年に財団法人化）。「定期寄付登録者」は固有の名称を冠した社団ではないが、「シルバー・ストリート・キンダーガーテン・ソサエティ」同様の機能を担うチャリティ集団であったといえよう。

東京市特殊小学校の場合は、東京市が教育機関を設立し、その後、災害救援を契機に支援社団の「東京市特殊小学校後援会」が組織された。二葉幼稚園の場合は、教育機関の発足時に、救済資源供給のチャリティ集団が形成され、教育機関と一体化して運営される形態になった。

12-2　運営の基本体制

麹町時代

二葉幼稚園の運営が安定するのに重要だった資源は、経常費の財源である「定期寄付」、保育主任を務める「専任保姆」、適切な規模・価格の「園舎」である。「定期寄付」は早い段階で見通しが立った。しかし、「専任保姆」と「園舎」については安定しない状況が続いた。最初の専任保姆平野まちは開園後1年経った頃から体調不良になった。代替の保姆を手当するなど臨時対応が続き、専任保姆（主任者）の問題が落ち着いたのは開園して2年余の明治35年5月である[9]。また、森島は開園した明治33年に結婚、共同設

222　　Ⅲ部　鮫河橋と都市下層

図表 12-3　在園者 14 名の父母の生業（明治 33 年 7 月）

父親	人数	母親	人数
車夫	8	巻煙草	9
大工	3	髪結	2
指物師	1	仕立物	3
小使	2	煎豆	1
蠟燭の真巻	1	焼芋	1

出典：［二葉保育園編 1985：資料編 17-18］「私立二葉幼稚園
第一回報告」より筆者作成。
※重複あり

　立者として二葉幼稚園の仕事に関与し続けたが、主力を担うのは難しく、次第に野口が「園の仕事も自然私が主になって働くやうになっておりました」[10]という状態になった。
　園舎に関しては、麹町区内に園舎があったのは 6 年間である。その間 2 回転居した。最初の開園場所は麹町区下六番町 27 番地で、園舎は狭かった。広い家屋を求めて、開園 8 カ月後に麹町区土手三番町 7 番地へ移転した。家屋の持ち主が変わったため、明治 35 年 5 月に麹町区下六番町 47 番地に移転した[11]。
　通園者は園舎近隣の児童で、貧困層対象という目的に沿った子どもたちを受け入れた。最初の園舎（下六番町 27 番地）の時期、明治 33 年 7 月の在園者は 14 名で、父母の生業は図表 12-3 の通りである。都市下層に該当する生業といえよう[12]。
　2 カ所めの園舎（土手三番町 7 番地）では、明治 34 年 7 月の在園者は 46 名で、次のように報告されている。
　　「私立二葉幼稚園第二回報告」昨年土手町三番町へ移りましてから、入園志願者の身分が、幾分かよくなりました。それは、近所に貧民が少なき為、貧民の内でも上等の貧民が来るので、私共は其撰択に非常に困難を感じて居ります。併し上等と申ても、困るはもとより困る事ゆえ、入園を許さぬといえば、大道で遊んで居るのは誰も同じですから、事情を調へては入れてやります。つまりはもっと下等社会の中に建てる必要があると考えます。それにしても家のこと、よきお考えがありましたら、どうぞお知らせくださりませ[13]。
　麹町区内でも貧困層の生活水準に差があることが記されている。設立目的に

12 章　貧困の生活様式と生活支援　　223

図表 12-4　二葉幼稚園：在園者・卒園者数の推移

年号		在園者数	卒園者数	備考
明治 33	1900	16	6	麴町区で開園
34	1901	46	4	
35	1902	37	15	
36	1903	44	11	
37	1904	50	13	
38	1905	45	19	
39	1906	100	10	明治 39 年 3 月鮫河橋へ移転
40	1907	120	18	
41	1908	120	50	
42	1909	120	41	
43	1910	124	42	
44	1911	120	44	
45	1912	120	46	
大正 2	1913	120	37	大正 2 年 9 月分園設立準備開始
3	1914	253	52	

出典：〔二葉保育園編 1985：資料編 1-719〕より筆者作成。

即して、より必要性の高い貧困地域で幼稚園を運営することを望んでいる。

基本体制

　開園して 6 年間、麴町区時代は「園舎」が課題であり続けたが、この 6 年間に運営や保育内容など基本体制は整った。図表 12-4 は開園以来、15 年間の在園者数と卒園者数の推移である[14]。

　年次報告は年 1 回発行し、会計、保育概況、在園者数、父母の生業、運営上の課題などを詳細に記し、寄付者に幼稚園の状況を細かく伝えた。

　保育時間は、午前 9 時から午後 3 時まで（のち地域状況、運営状況に合わせて改変）、保育内容は通常の幼稚園と同様、遊戯、唱歌、談話、手技である。園児は毎日 1 銭持参して納める決まりになっていた。麴町区時代は、そのうち 5 厘を保育料、残り 5 厘を義務貯金（郵便切手 5 厘分を幼児が台紙に添付）とした。鮫河橋に移転後は、毎日のおやつ代に 5 厘、義務貯金に 5 厘とした。義務貯金は幼児期から貯蓄の観念と習慣を身につけ、卒園時に自分の貯金がある喜びを感じてもらうことを目的にしていた[15]。

　貧困層対象という目的に即して、二葉幼稚園は子ども対象の保育だけでなく、子どもをとりまく生活環境を改善するため、親への啓蒙・教化も重視し

た。開園当初から毎月「親の会」を開催し、親との関係を密にする努力・工夫が続けられた(16)。外部の有志に依頼して、親対象に禁酒、育児、衛生などについて講話してもらい、規則正しい生活習慣や、見通しをもった生活設計に関する知識を伝えた(17)。

貧困生活の緊張緩和

「親の会」では音楽で親の気持ちを和らげる工夫もされた。

> 「私立二葉幼稚園第四回報告」子どもの母親は、朝から晩まで働いてかせぐばかりで、一年中一日も楽しく遊ぶという日がありませぬ。これも私共は同情にたへない事なので、楽しませながら何か為になる話をするといふのが此の会の主意、いつも何か音楽を致しますが、つい此の間の事、坂井乙名氏が其の御老母と共にお出下さって、琴と胡弓の合奏をして下さった、(後略)(18)。

母親たちに対し細やかに心を配り、貧困生活の緊張が緩和される機会になるように配慮していたことが表れている。

開園して3年めの冬、明治35年12月26日に二葉幼稚園で行われたクリスマス行事に、支援者の一人生田葵山が同席した。見学した光景を「幼児の祝会」というタイトルで一文に記し、年次報告に掲載されている。野口・森島（齋藤）との会話や、支援者からクリスマス用の寄付品が届く様子が次のように綴られている。

> 「私立二葉幼稚園第四回報告」時が来る迄、待つ間、自分は野口幽香嬢、斎藤夫人（森島峰）と物語った。現在、収園の児は男女合せて三十八名で、日常託している保姆は二人、自分達は外に職務があるので日毎に来る事はならないとの事であった。何しろ貧乏な園の事なので、何事も思ふ様に行かず、もっともっと事業を拡張し、多くの園児を集め、ならば所々支部を設けたいとの願であるが、女二人の力では思ふ様に行かないとの嘆息話であった。（中略）続いて門が開くと、之を男の車夫体の男であったが、桂総理大臣の奥から寄附の品物を持って来たのであった。小児に附添ひの三井家の女中の目端の利いたのが居て、能く取り捌いて、其の品物を受け取り、其れを野口、斎藤の両氏に致すのであった。（中略）続いての人は、神保町の三井家の使者で西陣それも二反を置いて行くのであった。之を直ぐ、幼児並びに今日集うた児の母達にクリスマスの贈物の中に加え様と、野口、斎藤、並びに三井家の女中と寸法を計り、剪刀を入れるのに忙しかった（中略）、其れから保姆達の手で、クリスマスの贈

物が、園児並びに其の母親たちに分けられるのであった[19]。

野口・森島は将来的に分園を設けて貧困層対象の幼児教育を複数地域に広げたいという構想を語っている。クリスマス会には三井家の女中が付き添って、華族女学校の幼稚園に通う三井家の子女が来ていた。気が利く三井家の女中が臨機応変に野口・森島を手伝い、次々と届く寄附品を捌き、一同が会合の準備に勤しんでいる様子が綴られている。園児や母親に楽しんでもらうため、忙しく立ち働く野口・森島（斎藤）の姿が生き生きと伝わってくる。

園地の模索

　麹町区に開園して3年が経ち、運営体制はほぼ軌道に乗った。残る課題は「園舎」である。園地として適当な土地探しが続いた。

　「私立二葉幼稚園第四回報告」幼稚園の目下最大急務といふべきは、此の家の事で御座います。（中略）四谷鮫ヶ橋の方角で、どうかやすい地所が借りたい。ただで貸して下さる方があればそれは頂上ですが、ただでなくとも安くさへあれば、二三百坪も借りて、千五百円ばかりあるお金で家が建てたいのです。家さへ自分のものが出来れば、そろそろしたい仕事も出来てくるわけ、どうぞ毎度申事ながら地所にお心当たりがありましたら御周旋を願います[20]。

希望する地域として四谷鮫河橋の名前が具体的に挙げられている。三大貧民窟として知られていたからであろう。園舎を新築する構想が述べられている。

　「私立二葉幼稚園第四回報告」相変わらず希望の第一は家の事、前にも申しました通り、家さへ適当の物が出来ましたら、あとは何もかも準備は出来て居ります。いろいろ始めたい事もありますが、唯家の不都合で日々困って居ります。どうぞここを御読み下さった方は、常に御心懸けを願ひます。重ねて申しますが、四谷辺のやすい地所二三百坪借りたいので、四谷でなくても適当と思召す所がありましたらどこでもどうぞお知らせ下さります様に願ひます[21]。

年次報告のなかで繰り返し、「園地」探しへの協力を述べている。他誌への寄稿記事でも同様の協力依頼をしている[22]。地道に園地探しの努力が続けられた。

12-3　鮫河橋と二葉幼稚園

鮫河橋への移転

　努力が実り、明治38年（1905）、四谷区にある御料地の一部を無料で拝借できることが決まった。年次報告「第六回報告」に次のように記されている。

　　「私立二葉幼稚園第六回報告」四谷鮫ケ橋に甲武線の直北（すぐ）に当たって、貧民窟とは地続きの最適当なる御料地がありまして、今度とうとう無料拝借といふ有り難い御許可を得ました。これに就いては同地の直お隣りの松平伯爵が、一方ならぬ御尽力を給はりました其の結果で御座いまして、私共は只感謝の涙より外、申す一言もありませぬ。どうぞ皆様お喜び下さいませ。四百余坪の地所、しかも貧民はすぐお隣で、思ふままに収容が出来ます。私共多年の希望もかかる成効を得やうとは予期以上で、これからは少しでも多くの子供の世話の出来ますやうに建築に取りかかりたいと思ひます。されば私共は此喜びを感謝すると同時に、一方では資金の不足募集の為に極力皆様に願はねばなりませぬ。どうぞ此上御同情の益々深からん事を切に祈ります。拡張すれば従って毎月の経費も増加致す事になりますから、定期御寄附の方を一人にても増えます様に御尽力を願ひます。余りに願ふ事許り多い様にも思ひますが、鮫ケ橋に行ってみますと、ぢっとはして居られません[23]。

　拝借が許可された御料地は四谷区の「元鮫河橋町66番地・67番地」である。明治19年のコレラ流行の際に、宮内省が仮皇居の隣接区域を買い上げて、御料地（皇宮附属地、帝室林野管理局）に組み込んだ土地の一部である。

　拝借を仲介した松平直亮は旧出雲松江藩主の四男で、明治17年に伯爵を叙爵した貴族院議員である[24]。邸宅は図表12-5に示したように「四谷区元鮫河橋町58番地」にあり、そこは高台の高燥地であった[25]。松平直亮には明治31年生まれの娘と、明治35年生まれの息子がいた[26]。華族女学校附属幼稚園に子どもを通わせていたのかもしれない。

　二葉幼稚園が拝借した「元鮫河橋町66番地・67番地」は、松平邸がある高台の崖下である。江戸期には「龍谷寺」という寺院があった。寺社跡地で、鮫河橋谷町に隣接している。

　当初の拝借面積は446坪だった[27]。明治38年に園舎建築に着工、明治

図表12-5　元鮫河橋町　地番地図

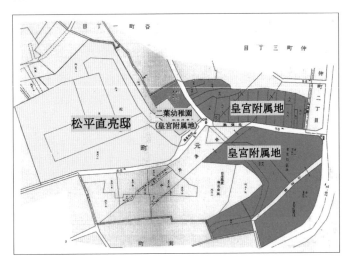

◆皇宮附属地（御料地、管理者：帝室林野管理局）4筆
・元鮫河橋町1〜43番地
・元鮫河橋町46〜57番地
・元鮫河橋町66〜69番地（二葉幼稚園拝借地）
・元鮫河橋町71〜92番地

◆松平直亮　所有地　4筆
・元鮫河橋町58-1番地
・元鮫河橋町59-1番地
・元鮫河橋町60番地
・元鮫河橋町63-1番地

出典：[不二出版復刻 2011]「第17図（四谷区）元町」をもとに筆者作成。

39年（1906）に竣工、3月1日に鮫河橋に移転した。同番地の御料地に空地があり、明治41年3月21日に地続きの438坪9勺をさらに拝借する許可を得た[28]。図表12-5に示した二葉幼稚園の園地は明治41年3月以降の拝借地合計884坪9勺である[29]。

園舎新築

　園児120名規模の園舎新築が計画された。明治38年8月までに積み立てた「基本金」は1604円30銭4厘である[30]。不足分は臨時寄付を募り、明治38年7月〜39年6月に「臨時寄付金」2744円5銭8厘が集まった。このうち1500円は三井家同族会の寄付である[31]。

　図表12-6は園舎新築費の一覧である[32]。真珠王・御木本幸吉が土地造成「地上ヶ代」を220円寄付、隣接地の松平直亮が「樹木代」50円を寄付して

図表 12-6　二葉幼稚園：園舎建築費

用途	円	銭	厘
建物	3027	46	5
備品	181	32	
地上げ土代	166	91	
下水模様替費	62	83	
水道敷設費	44	40	
周囲垣根費	53	15	
雑工費	40	90	2
樹木費	13	40	
手当	36	49	
絵画	10	0	
合計	3636	86	7

出典：〔二葉保育園編 1985：資料編 177〕「私立二葉幼稚園第
　　　七回報告」より筆者作成。

いる[33]。

　竣工した二葉幼稚園の施設概況は図表 12-7、施設配置は図表 12-8 の通り
である。保育室が 5 室、児童が入浴する浴室があり、保育主任の専任保姆
が園内に居住できるように保姆住宅が併設された。明治 39 年 3 月 10 日付
で東京府知事宛に、新築移転の「幼稚園移転認可請求書」が提出されてい
る[34]。

　以上のように鮫河橋移転は、御料地の無料拝借という好条件に恵まれ、積
立金と臨時寄付金で新築費用を賄うことができた。支援者の協力を得ながら、
手堅く移転作業が進められた。図表 12-4 に示したように、移転翌年の明治
40 年から園児 120 名を受け入れ、41 年以降、毎年 40 余名が卒園している。
設立者は的確な時期に支援者に要請して、着実に運営基盤を固め、実績を出
していった。野口・森島が的確な判断力、着実な実践力に富んだ女性たちで
あったことがうかがわれる。

貧困地域の生活様式

　移転後 2 年経過し、明治 41 年の年次報告に、鮫河橋における貧困層の居
住環境が次のように詳しく記されている。

　「私立二葉幼稚園第九回報告」四谷鮫ヶ橋といへば、東京に於ける貧民窟の一

図表 12-7　二葉幼稚園：施設概況

用途	室数
保育室	5
職員室	1
物置	1
浴室	1
休息室	1
附属　二階家　　2階：保姆住宅	1
1階：小使住宅	1
附属　平家　　　保姆住宅	1

出典：［二葉保育園編 1985：資料編 227-228］「私立二葉幼稚園第九回報告」より筆者作成。

図表 12-8　二葉幼稚園：施設配置図

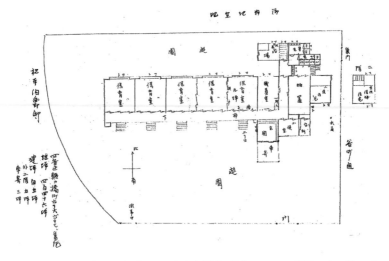

出典：東京都公文書館資料：「明治 39 年文書類纂・学事」627-B6、明治 39 年 3 月 10 日「幼稚園移転認可請求書、私立二葉幼稚園設立者野口ゆか、外一名」より筆者作成。

つであります。表通りを歩いてはさしたる事もみえませぬが、気を付けて見ますと、酒屋の横町、豆腐屋の横といった風に、三尺ばかりの入口が処々にあります。これが即、貧民窟への入口なので、中に入りますと、所謂棟割長屋が建ち並んで、六畳一間の家、四畳半一間の家が、限りもなく列んで、しかも其の

六畳の中には、二家族、三家族の同居して居るものもあります。きけばまるで
お話の様なれど、これが実際なので、しかも其衣服から食物の有様を委しう見
たならば、誠に眼も当てられぬといふより外、言葉はありませぬ。何も知らぬ
子供は此家に生まれ此中に育ち、五つにもならぬ中から金銭の味を知り、寒さ
暑さと戦ひ、虱やら蚤やらに攻められ、悪い事のありたけを見せられ、不道徳
不衛生の中に大きくなるのであります。誰でも茲の有様をよく見たならば、ジ
ッとして居られなくなります。わが幼稚園は此家々の隣に建って居ります⁽³⁵⁾。
二葉幼稚園は鮫河橋谷町に隣接し、幼稚園「裏門」は谷町につながる表通り
に面していた。その表通りには零細自営業の商店が並んでいたが、商店の間
に狭い路地があり、そこを入ると内部は間口の狭い棟割長屋が建て込み、貧
困層が集積していたと記されている。

厳しい生活状態は、園児が持参する弁当の中身にも如実に表れていた。

「私立二葉幼稚園第十一回報告」其お弁当を見ますと、私共慣れた眼にも涙な
しには見られませぬ、尤中には豆など入れてありますから、試に豆いくら買っ
たかときいて見ますと、一銭などと答へます。私共のまだ味を知らぬ物では、
牛の皮といふ物を持って参ります。中には新漬の大根を極僅かしか入れてない
のもあって、塩気が不足はせぬかと思はれるのもあります。又何か煮たお汁を
御飯にかけたばかりのなどもありまして、可愛い顔して嬉しげにたべてるさま
を見ますと、泣かないでは居られませぬ⁽³⁶⁾。

貧困の生活様式は食習慣、園児たちの言語表現、行動様式に反映され、保姆
たちの想像を超えるものであったことが記されている。園児を通して、貧困
家庭の生活状況をつぶさに知り、実情に応じた幼児教育が模索されていった。

12-4　運営基盤の確立

教育と生活支援

貧困層対象の幼稚園として、一般の幼稚園にはない独自の取り組みが考案
された。その一つは最年長組の「手技」に「袋張り」を取り入れたことであ
る。支援者に寄付してもらった雑誌を裁断し、小皿にいれた糊と、寄付の古
筆を用意した。折紙を折る要領で、古紙で袋を折り、古筆を刷毛にして糊付
け作業をし、袋を作った。幼児教育の観点からすると折り紙と同じ教育効果
があった。園児たちは喜んで取り組み、保育室はまるで袋工場のようになっ

12章　貧困の生活様式と生活支援　　231

た。仕上げた袋は菓子屋が100枚を5厘1銭で買い上げてくれた。1年間で8円になった年もある。卒園時に動物園へ行くときの電車賃にした。目標をもって働くことの楽しさを経験できるようにしたのである(37)。

　また、貯蓄の習慣を教えるために、毎日1銭を持参して納付してもらい、5厘分はおやつ代に回し、5厘分は各自の貯金にして、園児それぞれが郵便切手を台紙に貼った。1銭以上持参してかまわないことになっていたので、卒園までに十余円を貯金し、小学校入学の着物を新調した園児もいた。

　子どもの生活環境を改善するため、親の教化は欠かせないものであった。園児を「入浴」させる際には、親に手伝ってもらう方法をとった。入浴日は土曜日で、園児の母親3名が交替で入浴当番を務め、保姆を手伝った。当番の母親はその日は内職を休むことになるので、10銭を支払った。親に清潔を好む習慣を身につけてもらうことをねらいにしていた。

> 「私立二葉幼稚園第十五回報告」かわるがわるこうして親を呼んで一日働かせます内に、いろいろ親自身を教えてやる機会がありますので、幼稚園からいへば不自由でありますが、かわりばんこに来てもらう事にして居ります(38)。

当番の親に連絡したり、園児を入浴させることは幼稚園にとって手間がかかる。しかし、親とのコミュニケーションの機会になるので、このような努力を地道に重ねた。園児の入浴のあと、母親たちも入浴し、浴槽を洗い、廊下まで拭いて帰っていくようになった。

緊密な関係の構築

　二葉幼稚園の活動の特徴は、このように貧困層と積極的にコミュニケーションをとる機会を設けていたことである。麹町時代に始まった「親の会」は毎月15日に「雨が降っても、雪が降っても」行われた(39)。「親の会」のねらいや位置づけについて次のように説明されている。

> 「私立二葉幼稚園第十回報告」親の会は、本園に取りましては最大切の会であります。（中略）どうかして彼等に一つ娯楽を与へたいといふのが此会の初まった一つの動機。今一つは彼等を教育しやうと申すので、面白く遊びに来て居る内に次第に感化を受くる様にと申　考であります。（中略）毎月十五日の晩が、定日でありまして、父母何れが参ってもよろしいのですが、大部分は母親が参ります。何れも一人の子の手を引いて一人の子を抱いて来るといふ有様で、其夜は粗末な茶菓を響しまして、連れてきて居る幼稚園の子どもに、まづ遊嬉

をさせ、唱歌をさせ、時には子どもの製作品などを見せたりなど致しまして、終には教育談、宗教談に移りて、幻燈をする時もあり、音楽をする時もあり、又一同へ賛美歌を教へてうたはせる事もあるなど、誠にまだ不完全ではありますが、毎回相当に出席がありますので、喜んで勇んで居ります[40]。

　子どもが身につけた成果や日頃の活動について、親の理解が深まるように取り計らい、気分転換や意識啓発の機会になるように工夫した。保育活動と、親への啓発活動を連動させて、きめ細かい支援を粘り強く続けた。

　貧困層と緊密な関係を維持する努力は、卒園生との定期会合にも表れている。毎年7月16日、「藪入り」の日に「卒業生会」を開いた。

　「私立二葉幼稚園第十回報告」奉公に行って居る者も、此日はお暇が出ますので、其半日を幼稚園へ招きます。別に珍しい趣向もありませぬが、先づ久しぶりなので、種々現状を尋ね、個人個人に就いての話が大部分を占めます。此会とクリスマスとが卒業生との連絡方法になって居ります[41]。

　「私立二葉幼稚園第十五回報告」もう廿一、二歳になって居るのもあって、自動車の運転手になり、当日午後は来会出来ぬから、一寸逢ひに来たとて、午前に来てくれるもあり。芝浦製作所の職工になって、此日工場を休むのは自分に不利益になるので、をしいけれど行かれぬとて、徒弟学校の卒業証書と、日給五十銭云々といふ書付とを、母親に持たせて喜んでくれとはるばる来会するといふ面白いのもある[42]。

緊密な関係を維持し、積極的に意思疎通を図る努力や配慮が重ねられた。

運営の中軸

　鮫河橋へ移転後、野口・森島（斎藤）の後継となる有力な人材を得ることができた。徳永恕である。森島同様、徳永も保育・社会事業の実践者であるため、自身で執筆した記録や経歴資料は多くはない。昭和29年度に東京都名誉都民として顕彰された際、翌30年（1955）に東京都から刊行された『名誉都民小伝』の「徳永恕先生」が、経歴に関する基本的資料である[43]。この資料を手がかりに、昭和30年代後半に上笙一郎・山崎朋子が徳永にインタビューを行っている[44]。また、徳永は東京府立第二高等女学校在学時に山川菊栄と同級であったことから、山川の著述に徳永について言及がある[45]。東京都資料と山川の著述に基づくと、徳永の経歴はおおよそ次の通りである[46]。

徳永は明治 20 年（1887）、東京市牛込区在住の士族の家に生まれた。東京府立第二高等女学校在学中、明治 38 年夏、当時は四谷大番町住んでいたが、知り合いを訪ねるため、たまたま鮫河橋を通りかかった時、空き地に「私立二葉幼稚園敷地」と書いた棒ぐいが立っているのを見た。翌 39 年 7 月、同じように通りかかると、すでに幼稚園が出来ていたので、思いきって中に入り見学させてもらった。保姆に話を聞き、保育の様子を見て、自分も保姆になりたいと思ったが、保姆資格を取らなければならない。

　明治 40 年（1907）春に卒業予定だったが、折りよく第二高女に 1 年の補修科が開設され、小学校正教員の免許が取得できることになった。徳永は補修科に進学、明治 40 年の夏季休暇 40 日は二葉幼稚園で保育手伝いをさせてもらった。二葉幼稚園の仕事内容を理解し、天職と考えるようになった。野口に志望を述べて、明治 41 年 3 月に第二高女補修科卒業後、二葉幼稚園に職員として勤め始めた[47]。

　第二高女在学中に同級生だった山川菊栄は、徳永について次のように述べている。

> 同級生の中で異色のあったのは徳永恕さんでした。在学中から当時有名な貧民窟、四谷鮫ヶ橋の二葉幼稚園に献身的につくし、年長でもあれば気分もおとなで、熱心なクリスチャンであってもお説教はしたことがなく、したがって宗教くさいところがなく、いつもニコニコしてゆうゆうとかまえており、同級生から「お父さん」などと呼ばれて親しまれていました。読書家でトルストイの愛読者、人道家で無抵抗主義者でもありましたが、私はこの人から木下尚江の『火の柱』『良人の自白』などを借りて、裁縫の時間に布の下にかくしてこっそり読みふけったものです[48]。

徳永の鷹揚とした雰囲気、社会的ミッションに関心がある独自の個性が敬愛の情をこめて描写されている。

> 徳永さんの父君は信者でもなく、旧藩主の家令を勤めていたおそろしく厳格な武士かたぎの人ながら、子供のことはいっさい本人にまかせて干渉せず、母君も兄妹もみなそういうふうだったので、徳永さんはなにものにもわずらわされず、一生を仕事にうちこむことができたようです[49]。

家父長制的な権威主義に拘束されない家庭環境で、個性を伸ばしていったことがうかがわれる。野口も次のように評している。

> 女学生時代の夏休みに二葉幼稚園に手伝いにきてくれたのが動機となって、最

図表 12-9　二葉幼稚園：園児父母の生業（明治 43 年 6 月）

父親 108 名						母親 86 名			
車夫	21	石工	2	屋根や	1	麻裏草履	25	団扇あみ	1
日雇	18	豆屋	1	古物商	1	煙草	14	ヒゴ削り	1
小使	8	納豆屋	1	箱屋	1	袋張り	6	洋服穴かがり	1
工夫	6	経師職	1	土工	1	洗濯	5	粉ひき	1
左官	5	魚売	1	仕立物	1	足袋	4	煎豆売	1
消防夫	5	乾物屋	1	桶直し	1	奉公	4	ア子サマ	1
木挽	4	紙裁	1	櫛歯ひき	1	針仕事	4	提灯	1
郵便集配	4	麻裏	1	錺職	1	雑草木売	3	手袋	1
煉瓦負	3	職工	1	料理人	1	納豆売	3	荷札	1
互職	3	電気職工	1	馬具職	1	髪結	2	靴下	1
植木屋	2	ラオヤ	1	洋服縫	1	サシコ	2	自転車磨き	1
活版	2	電車掃除	1			草採り	2		
指物	2	鋳かけ	1			家台店	1		

出典：［二葉保育園編 1985：資料編 288-290］「私立二葉幼稚園第十一回報告」より筆者作成。

も熱心な働き手になったのであります。表立ったことを好まない謙遜な人ですが、目にみえない力と智慧に溢れた人で、二葉が幼稚園の仕事から社会事業の方向へ進んで行ったのも、時代の要求もさることながら、この徳永の働きによるものがすくなくありません[50]。

徳永に対する野口の篤い信頼がうかがわれる。徳永が二葉幼稚園で働くようになって、二葉幼稚園は幼児教育から社会事業へと独自の展開を遂げていったと述べている。

　徳永は明治 43 年 11 月から保育主任を務めるようになった[51]。その半年ほど前の二葉幼稚園児父母の生業を示したものが図表 12-9 である。明治 43 年 6 月時点の園児在籍人数は 124 名である。父母ともに雑業が依然として多い。母親は内職の小物細工の割合が高い。幼稚園運営に当たって、徳永は野口・森島を支え、このような都市下層を対象にした幼児教育の中軸を担うようになった。

運営基盤の確立

　明治 41 年 3 月に拝借御料地が 438 坪 9 勺拡張されて、敷地の奥行きが広がっていたので、42 年から大正 2 年にかけて、敷地奥へ建物が増築された。園舎増築に当たっては、明治天皇の大喪で使用された用材が下賜されて増築

12 章　貧困の生活様式と生活支援　　235

図表 12-10　大正 3 年の二葉幼稚園（増築後）

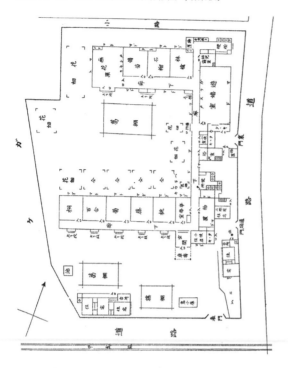

二葉幼稚園：表門より

出典：［二葉保育園編 1985：資料編 383、385］「私立二葉幼稚園第十五回報告」

に活用された。大喪は大正元年9月13日、青山練兵場に設営された葬場殿で執り行われた。二葉幼稚園は青山練兵場に近い。大喪後に東京市長を通して「高等官食堂（14間×5間）」の用材、他14点が二葉幼稚園に下賜されたのである(52)。

　図表12-10のように施設は拡充され、大正3年（1914）の年次報告に「多年希望の建物が完成」と報告した。施設整備は一段落つき、園児250人規模の幼稚園になった(53)。明治33年の開園から15年弱を経て、基本的な運営基盤が確立したということが次のように述べられている。

　　「私立二葉幼稚園第十五回報告」十五年間終始変わりなく御賛助下された方々を始めとし、（中略）御賛助下さった多くの方々に対し、しみじみお礼が申し上げたくお目にも懸りたいと願って居ります。（中略）私共はこれで終わったのではありませぬ。所謂貧民窟なる物をみますと、ぢっとはして居られませぬ。救済の必要は迫って居ります。されば私共は過去の感謝にのみ立ち止まっては居りませぬ。更に進んで幾つかの分園を作る事は、止むに止まれぬ願いで、又必ず其時期が来るのを信じて居ります。私共は此事業を婦人の力で完成したいと願っております(54)。

貧困層対象の幼児教育を「婦人の力」で完成したいと述べている。試行錯誤の15年間であったが、多くの女性が継続的に支援し、女性の実力について認識を深めたことがうかがえる。保育主任に徳永を得て、次の段階へ前進する意欲が表明されている。設立者の野口・森島にとって、この15年間は「女性の力」について覚醒するプロセスでもあったのかもしれない。

12-5　生活支援の拡充

救済資源の集積

　運営基盤が確立した大正初期における二葉幼稚園と救済資源についてまとめておこう。園舎増築が進められていた明治42年、内務省から二葉幼稚園に、慈恵救済事業の助成金として300円が交付された。図表12-11は、これ以降、関東大震災前までに公的機関から交付された救済資源をまとめたものである。国（内務省）からの「助成金」や東京府からの「奨励金」がほぼ毎年のように交付されている。制度化された「定式対応」の支給ではなく、単年度ごとの支給である。「2月11日」「11月3日」など皇室行事と関連さ

12章　貧困の生活様式と生活支援　　237

図表 12-11　二葉幼稚園に給付された公的救済資源

内務省：助成金				備考
給付時期	給付の名目	給付金名称	金額	
明治 42 年 2 月 11 日	慈恵救済事業助成	内務大臣下付金	300 円	内務省地方局府県課長：井上友一
明治 43 年 3 月 26 日	慈恵救済事業助成	内務大臣下付金	300 円	
明治 44 年 3 月		内務大臣下付金	400 円	
明治 44 年 11 月 3 日	事業助成	内務大臣下付金	400 円	
大正元年 11 月 3 日	事業助成	内務大臣下付金	500 円	
大正 3 年 2 月		内務大臣下付金	250 円	
大正 4 年 2 月		内務大臣下付金	200 円	
大正 5 年 2 月 11 日	救済事業助成	内務大臣下付金	220 円	
大正 6 年 2 月 10 日				
大正 6 年 2 月 11 日	救済事業助成	内務大臣下付金	250 円	
大正 6 年 7 月〜7 年 6 月		内務大臣助成金	180 円	
大正 7 年 7 月〜8 年 6 月		内務大臣助成金	180 円	

東京府：奨励金				備考
給付時期	給付の名目	給付金名称	金額	
大正 5 年 2 月 11 日	慈恵救済事業奨励	東京府知事下付金	50 円	東京府知事：井上友一
大正 6 年 2 月 10 日	慈恵救済事業奨励	東京府知事下付金	50 円	
大正 6 年 7 月〜7 年 6 月		東京府奨励金	80 円	
大正 7 年 7 月〜8 年 6 月		東京府奨励金	80 円	
大正 9 年 1 月〜12 月		東京府奨励金	200 円	
大正 10 年 1 月〜12 月		東京府奨励金	200 円	
大正 11 年 1 月〜12 月		東京府奨励金	200 円	

出典：［二葉保育園編　1985：資料編 1-719］より筆者作成。

せて、慈恵的な「随時・一時的対応」として給付が繰り返された。二葉幼稚園が鮫河橋で継続的に活動することによって社会的信用が増し、公的救済資源の給付対象になったといえよう。

　二葉幼稚園に対する救済資源の供給状況を図示化すると図表 12-12 のようになる。既述したように「定期寄付登録者」を中核とする自主財源の供給アクター、すなわちチャリティ集団が二葉幼稚園の運営基盤である。社団として固有の名称を冠していたわけではないが、15 年間にわたり救済資源を安定的・持続的に供給する機能をはたした「社団的性格」の支援集団である。

　このような「自主財源」の救済アクターに支えられて救済事業が持続し、社会的信用が培われた。「公的救済資源」の「随時・一時的」が給付される

図表 12-12　二葉幼稚園と救済資源

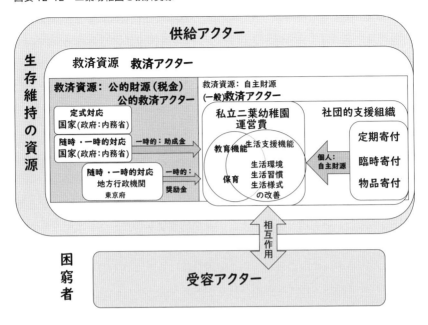

ようになり、多様な救済資源が投入される受け入れ口の一つになった。

貧困地域と救済事業

　内務省の助成は明治 42 年に始まった。この時期、内務省が注力していたのは地方自治策である。明治 41 年に戊申詔書を渙発、内務省地方局は地方自治策の二本柱として、地方改良事業講習会と感化救済事業講習会を推進した。内務省の主催で、明治 41 年に第一回感化救済事業講習会、明治 42 年に第一回地方改良事業講習会が開催された。都市および地方における地域社会の秩序維持がねらいで、その担い手層を育成・強化することが目的である。都市部では救済事業者を対象に困窮者救済の担い手育成を推進した。地方では地方改良運動として中小地主・官吏を対象に担税力の強化を図った。

　都市部には社会基盤が脆弱な地域があった。鮫河橋もその一つである。そのような地域で自主的に救済活動を行うことを奨励し、都市部の秩序維持に貢献することを期待した。二葉幼稚園が明治 42 年から内務大臣下付金の対

象になったことは、都市部の救済事業の実働アクターとして位置づけられ、貧困地域の秩序安定の担い手として期待されるようになったことを意味する。

　既述したように、明治45年11月まで内務省地方局府県課長を務め、地方自治策を推進したのは井上友一である。井上は大正4年に東京府知事に就任した。図表12-11に示したように、二葉幼稚園が「東京府知事下付金」の給付対象になったのは井上が知事に就任した翌年からである。明治42年以降、二葉幼稚園に対し慈恵救済として給付されるようになった内務省および東京府知事の下付金は、井上友一の自治方針と関連したものとみるべきであろう。都市貧困地域において自主的に救済活動に励み、都市の秩序安定に寄与することが期待されていたと考えられる。

　二葉幼稚園の活動は、設立者である活動アクターの立場からすると「女性の社会的活動」の実践・展開例として社会的意義がある。ローカルな地域社会にとっても、生活環境の改善・向上を導く貴重な存在であった。マクロな国策・地方自治策の面からは、都市貧困地域において自主的に救済活動に注力し、秩序安定に寄与する有用な存在であったといえる。

　近代移行期の鮫河橋は、安定した経済力を有する社会層、すなわち地域社会の安定を担う層が脆弱という特徴があった。近代教育によって知的・経済的に自立した都市部の女性集団が、自主的な救済事業で実績を積み、地域社会を安定させる担い手の一端に位置づけられるようになったといえよう。

最貧困地域の遷移

　二葉幼稚園の園舎増築は、大正2年前半に一段落がついた[55]。ちょうどその頃、大正2年7月、東京の社会事業者が市内の貧困地域を見学する機会があり、野口と徳永が参加した[56]。そのときの経験について、野口は次のように述べている。

　　大正二年の七月、救世軍の方に案内していただいて、私と徳永で、東京の貧民窟を見学して歩いたことがありました。見聞の狭い私どもは、鮫ケ橋に劣らない貧民窟が、至る所に散在しているのに驚きましたが、（後略）。以前からも、私どもは、牛肉屋の「いろは」の向こうを張って、貧民幼稚園を四十八つくりたい、などと冗談まじりに申しておりましたが、右の惨状を目撃いたしましたがために、更にその必要を痛感、広く世間の同情に訴へまして、与えられたのが新宿旭町（当時南町）の二葉の分園であります[57]。

視察から2カ月後の大正2年9月、野口・斎藤（森島）・徳永の3人連名で、救済事業を拡張したいという志を記した「私立二葉幼稚園拡張主意書」を著した[58]。次のような主旨が記されている。

> 「私立二葉幼稚園拡張主意書」東京に於ける貧民なる者は諸処に散在して居りまして、あちらには幾千人部落をなし、こちらには数十戸一団となり、市中にも市外にも特殊の成形を営んで居ります。先日私共は東京に於ける貧民窟の中でも一番ひどいと思う処と、浅草公園の夜中の有様、即不良少年と浮浪人が夜を明かす状態とを視て参りました。（中略）近頃世の風潮を見ますると、貧民救済の必要が日に日に切迫して来ましたし、又救済事業としても前に述べた通り、子供を救ひ出すことが一番適当な方法である事を深く信じましたのと、十三年間多少社会の為に、貢献し得たと云ふ自信とにより、今回は広く同情ある御婦人方に訴へ、この根本的の慈善事業を、婦人の責任として完成しようと決心するに至りました[59]。

この頃、東京の貧困地域は東京市外周部に広がっていた。野口・徳永はその状況を目の当たりにして救済事業の必要性を痛感したのである[60]。

セツルメント的展開

大正2年9月に「拡張主意書」を作成した後、2年後の大正4年12月に分園建設の候補地として、東京府豊多摩郡内藤新宿南町（大正9年4月1日、東京市四谷区旭町に改名）に言及している。

> 「私立二葉幼稚園第十六年報告」社会の状態はこんな幼稚園の幾つも出来るのを待って居ります。（中略）いよいよ多年希望の分園設立の機が近づいたのではないかと語りあって居ります。新宿の南町という処が其場所ではないかと時折見まはりもして居りますが、最初はまづ借家でもしまして極めて小さくはじめるのがよからうと思ひます[61]。

東京市の外周に当たる郡部で、鮫河橋に近い地域であった。大正5年に内藤新宿南町に園地として適当な土地が見つかって契約し、分園が建設され、大正5年12月11日に二葉保育園新宿分園として発足した[62]。

これに先立ち、二葉幼稚園は大正5年7月25日に名称変更して、「二葉保育園」に改称した[63]。これは貧困家庭の実情に応じて3歳未満児を保育することが増え、文部省所管の教育事業の範疇を超えるようになったことによる。実態に即して、内務省所管の救済事業に移行したのである[64]。名実

ともに内務省所管の救済事業施設に移行した。貧困層の生活支援に包括的に関わるようになった変化を野口は次のように説明している。

> 二葉幼稚園は、最初資金のあるうちだけと思っていましたが、根を下して意外にも永続することになり、また幼稚園のつもりでいましたのが、次第に枝葉をひろげて、いつの間にかセツルメント式のものに内容が変わってきましたから、大正五年七月、相談の結果、名義を二葉保育園と改めることになりました[65]。

教育支援の範囲を超えて、貧困家庭の生活支援に重点を置くようになっていったプロセスを「セツルメント」的展開と説明している。

12-6　社会事業への展開

救済事業者との連係

二葉幼稚園が内務省所管の救済事業に転換した大正5年、東京府では知事に就任した井上友一が民間救済事業の中核的指導者を集めて、統括組織の設立を働きかけていた。東京府知事の指令を受けて東京府内務部が自治策を推進するにあたり、民間救済事業者の連係や機動性が高まる体制が整えられた。

民間救済事業者の団体として、大正6年2月11日の紀元節に発足したのが東京府慈善協会である。3月25日に評議員（団体21、個人13）が選出され、二葉保育園は評議員（団体）に委嘱された。また、4月2日に理事が選出され、二葉保育園の徳永恕が大正6年度の理事の一人に委嘱された[66]。二葉保育園は大正5年12月に内務省所管の救済事業者に転換したところであったが、大正6年3月には早くも東京府の救済事業体制における中核的事業者に位置づけられた。

東京府慈善協会が発足して、困窮者の問題に対応した部会が設置され、定期的な会合が開かれるようになった。困窮者に関する情報・意見交換が活発になり、各部会で諸問題が議論されるようになった。保育・教育は第一部会「教化養育」の管轄である。部長は留岡幸助、部会運営にあたる主査の一人は鮫橋尋常小学校校長の庄田録四郎だった。

翌大正7年5月11日の理事会で、貧困地区の実態把握と対策を進めるための連絡機関として「救済委員」の設置が決定された[67]。6月13日に東京府庁で救済委員協議会第1回を開催し、府内（市部・郡部）を14区域（方

242　Ⅲ部　鮫河橋と都市下層

図表 12-13　東京府慈善協会「四谷方面」救済委員

救済委員：役割分担	氏名	所属機関	受持区域	該当町丁目
方面委員	庄田録四郎	鮫橋尋常小学校校長	四谷方面統括	全域
専任委員	外村義郎	伝道義会医院	牛込区	市ヶ谷谷町
				長延寺谷町
専任委員	徳永恕子	二葉保育園主任	内藤新宿町、新宿南町	内藤新宿町
				新宿南町
専任委員	小笠原武松	鮫ヶ橋尋常小学校職員	四谷区	鮫河橋谷町1丁目
				鮫河橋谷町2丁目
				元鮫河橋町
				鮫河橋南町

出典：［東京府慈善協会編 1918b：22］より筆者作成。

面）に分けた。各区域について方面委員、専任委員の人選を行った[68]。

　図表 12-13 は「四谷方面」の救済委員の構成である。「四谷方面」の貧困地区全体を目配りする方面委員は鮫橋尋常小学校校長の庄田録四郎である。専任委員は徳永のほか、鮫橋尋常小学校職員の小笠原武松、伝道救済事業者の外村義郎である。小笠原は大正3年建設の東京市特殊小学校後援会「鮫橋長屋」の管理者（訓導）で、長屋に設けられていた事務所に住み、一家でセツルメント的業務を担っていた[69]。

　このように二葉保育園は東京府の救済事業体制における、「四谷方面」の主要な救済アクターとして位置づけられるようになった。地方行政機関である東京府の指導・統制のもと、自主的救済活動を発展させて、都市社会の安定に寄与する役割を期待されるようになったのである。

子どもと都市貧困

　大正7年の東京府慈善協会「四谷方面」の救済委員の構成をみると、貧困層の生活状況を把握し、貧困層と相互作用が可能な救援アクターとは、東京市直営小学校の教職員と二葉保育園の教職員、端的にいうと「学校関係者」であったことが示されている。

　つまり、救恤に関して国（内務省）による厳しい制限主義が貫徹し、国費による「定式対応」が有効に機能していなかった明治・大正期、内務省所管の救貧行政よりも、文部省所管の教育行政のほうが貧困層対策が進んでいた

12章　貧困の生活様式と生活支援　　243

ことを示している。

　これは近代東京の都市貧困問題を考察する上で示唆に富む。近代移行期の都市には鮫河橋のように、安定した経済力を有する社会層や地域社会の安定を担う層が脆弱であったり、欠如している地域があった。社会資源の不均衡・格差は、低就学率や子どもの生活・教育問題として顕在化した。教育的な配慮や平等、また将来的な犯罪抑止などの現実的な問題があり、子どもをもった家庭への働きかけが行われるようになった。近代の都市貧困を考察する際に、「教育」や「子ども」の問題に関与したアクターについて幅広い視点で活動内容をとらえ、意義を再考することが必要と思われる。

　図表 10-7 と図表 12-12 に示したように、東京市直営小学校、二葉保育園のいずれも、「教育支援」と「生活支援」の両方を担い、「公的財源」と「自主財源」の両方を受け入れるプロセスをたどった。東京市直営小学校に投入された公的財源は、「東京市」の「教育財源」である。また、二葉保育園に投入された公的財源は、「内務省」と「東京府」の「随時・一時的」財源である。公的財源の内容は異なっていたが、鮫河橋の貧困層の生活改善に多様な救済資源が投入される結果になった。

生活環境の改善

　明治末期、東京市直営小学校と二葉幼稚園が鮫河橋で教育活動を進めていた頃、草間八十雄（のち東京市社会局事務嘱託）が鮫河橋を踏査し、観察した状況について次のように記している。草間が鮫河橋を訪れたのは明治 45 年 2 月である。

　　此処で最も目につくのは谷町の通りから西に曲り、特殊小学校へ行く途中の一丁目三十八番地から四十番地辺りには、丁度、マッチ箱のやうな長屋が建並び、又元町寄りの崖下にも同様な長屋が在り、奥行僅かに六尺、間口九尺と言ふ狭い棟割長屋で、他の細民窟では鳥渡見られない型で、最も酷い細民住宅で、中には雨戸がなく、麻袋の解いたのを吊してあるものさへある[70]。

狭小面積の棟割長屋があり、家屋などの改修が進んでいたわけではない。

　　職業で多いものは日稼人夫で、世帯主の二割までは夫れであり、次は人力車夫、諸官衙・学校・会社・銀行などの使丁と、屑買に、叩き大工の類が比較的に多く、収入は日稼人夫一日四十銭から四十五銭、使丁は月収十二円位、人力車夫は俗に謂ふヨナ引で、昼間稼業の出来ないボロ車を挽く車夫で、概ね夜間の辻

車挽が多いから、借車の輪代を差引くと正味手に入る収入は一日四十銭平均にすぎない。何れにするも白米一升十八銭であるから、一家数人の口糊を支へるには困難であること言ふまでもない(71)。

生業も雑業中心で、都市下層の集積地域である。東京市内の他の貧困地域に見られない特徴として次のような点を挙げている。

此処ほど女房達が一生懸命に内職に従事する処は、他の細民窟では見当らない。麻糸つなぎ、麻裏草履の裏附け、足袋縫い、提灯張など、軒毎に夫れを稼いでゐる。収入は何れにしても一日七銭から十五銭ではあるが（麻糸つなぎは五銭位）、精々と励むのは感心なものである(72)。

女性が内職に励み、小銭を稼ぐ勤勉な態度は、草間の関心をひくものであった。二葉幼稚園は「親の会」を定期的に開いて、親の教化に努めていた。また、子どもに毎日１銭持参させて小銭を積み立てることの楽しみや重要性を理解してもらうようにしていた。このような生活習慣の教化に地道に取り組んでいた効果があったのだろうか。明治末期、鮫河橋について草間の概評は次のようであった。

此処が他の細民窟に比較し、早くから改善され、剰さへ酷い細民が割合に少なくなったのは、ツマリ社会的施設が早くから行われたからであらう。明治三十三年に創立された二葉保育園は其の事業を伸展させて、明治三十九年には此の鮫ヶ橋に本園を移し、貧児の保育に努め、遊戯室から浴室など何れも整備せるやり方で保育に尽している。また、明治三十八年頃に特殊小学校が設けられ、大正14年廃校となるまでに、卒業生三百七十人を出している。こうして早くから教化の途が拓けたので、昔からの細民窟も段々と改善され、日を経るにつれ、環境が浄化されてきたやうに見做される(73)。

貧困地域ではあるものの、生活環境の改善は進んでおり、二葉幼稚園や東京市直営小学校が改善に奏効しているという見解を述べている。

救済資源の受容アクター

大正なかばの鮫河橋の状況はどのようなものだったのだろうか。鮫橋尋常小学校が開校して20年め、大正11年（1922）在籍者の家庭状況に関する統計が『大正11年6月学校概覧』に掲載されている(74)。それに基づくと、大正11年在籍者家庭の概況はおおよそ次のようであった。

図表12-14は在籍者の家長の生業である。雑業層が中心で、依然として

12章　貧困の生活様式と生活支援　　245

図表 12-14　東京市鮫橋尋常小学校在籍者の家長 298 名の生業（大正 11 年）

職種	人数	収入			職種	人数	収入
		平均	最多	最少			平均
日雇い	34	1 円 98 銭	2 円 50 銭	1 円	郵便配達	1	1 円 80 銭
人力車夫	31	2 円 60 銭	5 円 0 銭	1 円 20 銭	豆腐商	1	1 円 60 銭
官街学校使丁	17	1 円 0 銭	1 円 30 銭	45 銭	瓦職	1	2 円 80 銭
瓦職手伝	14	2 円 20 銭	2 円 50 銭	1 円 20 銭	警察勤務	1	2 円 0 銭
左官職手伝	14	2 円 50 銭	3 円 0 銭	2 円 0 銭	紙屑買	1	1 円 50 銭
土工	14	2 円 55 銭	3 円 0 銭	2 円 0 銭	薪商	1	2 円 0 銭
活版職	12	2 円 50 銭	3 円 0 銭	1 円 50 銭	車掌	1	2 円 0 銭
大工	11	2 円 60 銭	3 円 20 銭	2 円 0 銭	木片屋	1	1 円 80 銭
植木職手伝	9	2 円 40 銭	2 円 80 銭	2 円 0 銭	飾職	1	1 円 80 銭
鳶職	9	2 円 50 銭	2 円 80 銭	2 円 0 銭	壊シ屋	1	2 円 50 銭
撒水夫	9	1 円 90 銭	2 円 0 銭	1 円 70 銭	靴行商	1	2 円 0 銭
運送人夫	7	2 円 80 銭	4 円 0 銭	2 円 0 銭	西洋流洗濯職	1	2 円 50 銭
下水人夫	6	1 円 80 銭	2 円 0 銭	1 円 60 銭	張物職	1	1 円 80 銭
車力	6	2 円 50 銭	3 円 0 銭	2 円 0 銭	煮豆行商	1	1 円 85 銭
石工	5	2 円 50 銭	3 円 0 銭	1 円 70 銭	家具職	1	2 円 50 銭
鍛冶職	5	2 円 16 銭	2 円 50 銭	1 円 80 銭	琵琶師	1	4 円 0 銭
露店商	5	1 円 80 銭	2 円 0 銭	1 円 60 銭	洋傘直し	1	1 円 80 銭
道路工夫	4	1 円 85 銭	2 円 0 銭	1 円 80 銭	玩具商	1	2 円 50 銭
掃除夫	4	1 円 70 銭	2 円 30 銭	1 円 50 銭	経具師	1	2 円 0 銭
八百屋行商	4	2 円 25 銭	3 円 0 銭	2 円 0 銭	電話箱製造	1	2 円 20 銭
古物商	4	1 円 65 銭	1 円 80 銭	1 円 50 銭	防水用布製造職	1	2 円 0 銭
煉瓦職手伝	4	2 円 40 銭	2 円 80 銭	1 円 80 銭			
木挽職	4	2 円 50 銭	2 円 60 銭				
和服裁縫	4	1 円 45 銭	1 円 80 銭	1 円 20 銭			
軌道工夫	4	1 円 90 銭	2 円 0 銭	1 円 80 銭			
納豆売	3	1 円 80 銭	2 円 0 銭	1 円 60 銭			
麻糸ツナギ	3	45 銭	50 銭	40 銭			
料理職	3	2 円 0 銭	3 円 0 銭	1 円 50 銭			
下駄歯入	3	2 円 0 銭	3 円 0 銭	1 円 40 銭			
建具職	3	2 円 85 銭	3 円 50 銭	2 円 20 銭			
洋服裁縫	3	3 円 20 銭	5 円 0 銭	1 円 50 銭			
草履裏打	3	80 銭	1 円 60 銭	40 銭			
鋳物師	2	2 円 25 銭	2 円 50 銭	2 円 0 銭			
おでんや	2	1 円 75 銭	2 円 0 銭	1 円 50 銭			
ユデ卵売	2	1 円 50 銭	1 円 80 銭	1 円 20 銭			
指物職	2	3 円 25 銭	4 円 0 銭	2 円 50 銭			
雑業	2	1 円 90 銭	2 円 0 銭	1 円 80 銭			
折箱職工	2	1 円 75 銭	2 円 0 銭	1 円 50 銭			
左官職	2	3 円 25 銭	3 円 50 銭	3 円 0 銭			

出典：［東京市鮫橋尋常小学校 1922］より筆者作成。

図表 12-15　親の教育水準

教育程度	父	母
教育歴なし	35	123
尋常小学校中退	91	82
尋常小学校卒業	92	42
高等小学校卒業	18	19
調査対象者合計	236	266

	父	母
手紙を読めない	85	181
手紙を書けない	111	158

母親のみ	できる	できない
裁縫	224	46

出典：［東京市鮫橋尋常小学校 1922］より筆者作成。

図表 12-16　住宅状況

住宅

形態	軒数
一戸借受	326
同居	32
木賃宿	4

家賃（月額）

金額	軒数
7 円以上	114
7 円以下	221

※平均家賃は 5 円 10 銭

支払方法

方法	軒数
月末払	341
半月払	2
月掛払	11

出典：［東京市鮫橋尋常小学校 1922］より筆者作成。

図表 12-17　鮫橋尋常小学校在籍者の主食物

	朝食（人数）	昼食（人数）	晩食（人数）	合計のべ人数
米飯	350	320	321	991
米麦飯	33	31	28	92
残飯	12	43	49	104
粥	2	0	0	2
パン	1	4	0	5
合計	398	398	398	1194

出典：［東京市鮫橋尋常小学校 1922］より筆者作成。
※大正 11 年（1922）6 月調査、398 名対象

12 章　貧困の生活様式と生活支援　　247

図表12-18 鮫橋尋常小学校卒業生の進路調査（650名分）

年度	官公署 男子	官公署 女子	進学 男子	進学 女子	会社・商店員 男子	会社・商店員 女子	職工 男子	職工 女子	給仕 男子	給仕 女子	奉公 男子	奉公 女子	裁縫 男子	裁縫 女子	家事手伝 男子	家事手伝 女子	不明 男子	不明 女子	死亡 男子	死亡 女子
明治37							5													
38	1				3		6											1	1	4
39							7										3	4	3	2
40	1		1		4		15	1							1		3	6	2	2
43	2						8										5	3	2	2
44	2						11								1		9	3	2	2
大正元	2		2	1			7	2						2	2	3	4	5	2	2
2	6		2		2		20	6								3	4	2	2	3
3	3		1		1		8	4			2	2		3	1	2	4	4	1	3
4	4		3				14	2			2	3		5	3		2	3		2
5	4		5				10		1		5	5		2	2	1	4	1		1
6	3		3				17	8	1		2	5		3	3	4	3	3	2	3
7	1						14	10	3	2	4	1		2	2	4	4	2	2	
8	1		6	1			14	10	8	5	3	5		4	6	6	5		2	
9			9	3			7	12	9	4	4	2		1	1	2	4		1	
10			11	5			9	13	13	5	3	3		1	4	8	2			
小計	30		43	10	10		172	68	34	16	25	26		23	20	23	56	37	21	26
合計	30		53		10		240		50		51		23		53		93		47	
比率	4.6%		8.2%		1.5%		36.9%		7.7%		7.8%		3.5%		8.2%		14.3%		7.2%	

出典：［東京市鮫橋尋常小学校 1922］より筆者作成。

都市下層の集住地域という地域社会の特徴は継続している。図表 12-15 は
親の教育水準である。「教育歴なし」と「尋常小学校の中退」の合計が、父
親 53.4%、母親 77.1% に達する。「手紙を読めない、書けない」非識字者の
割合も非常に高い。初等教育未修了で非識字者が多い家庭環境の子どもたち
に就学意欲を持続させることは忍耐と工夫を要したと推察される。

　図表 12-16 は住宅状況である。木賃宿の居住者は僅少であることから、
極貧層ではない。月額 7 円以下の借家ずまいの世帯が多い。図表 12-17 は
主食物である。残飯摂取は続いており、調査対象 1194 食のうち 104 食が残
飯で、8.7% であった。極貧世帯ではないが、「食住」環境は貧困状態にあ
ることを示している。

就業機会の拡大

　図表 12-18 は鮫橋尋常小学校卒業生のうち 650 名分の進路である。職工
が 36.9% を占める。鮫河橋の近接地域に零細工場が増加し、就業機会はあ
った。初等教育を修了し一定の基礎学力があると、見習い職工などを経て、
職工層すなわち労働者層へ移動することは可能になっていたことを示す。

　親世代は教育水準が低く雑業層中心、低所得で貧困だが、子ども世代が初
等教育修了により基礎学力を習得すると、未熟練労働ではあるが、職工など
拡大していた労働市場に参入することは可能だったといえる。

$\underline{}13_{章}\underline{}$

大正期の鮫河橋

13-1　鮫河橋の定住者

鮫河橋の生活記録

　本章では鮫河橋定住者の生活記録を通して、明治、大正、昭和の鮫河橋の変化をたどってみたい。活用する生活記録の筆者は、生後すぐ明治33年（1900）に両親と鮫河橋に転入し、昭和46年（1971）まで、七十余年にわたり鮫河橋に住んだ長尾保二郎である。長尾は9歳で印刷工見習になった。定年まで印刷工として勤めあげたのち、鮫河橋で整体業を始めた。整体業のかたわら、昭和39〜46年に『帰仁』という季報を編集・発行し（『帰仁』1〜39号）、顧客や知り合いに頒布した。長尾は鮫河橋の地域史を掘り起こし、『帰仁』各号に連載した。定住者の目線でとらえた貴重な地域史・生活史の資料である（新宿区立図書館所蔵）。長尾の『帰仁』記事を中心に、他資料も併用して、地域の変化を記述する。

住居移動歴

　長尾は明治33年の誕生直後に両親と鮫河橋に転入した。以後、借家住まいである。鮫河橋のことを「シマ」と称している。

　　明治三十三年の秋、当才のおりに父母に抱れて、このシマに流れ着いてから六
　　十四才のこの年までに、親子二代で転々と借家を変えること二十数軒[1]。

64年間に二十数回転居した。借家層の移動は激しい。家賃が払えなくて、

13章　大正期の鮫河橋　　251

差配が戸をはずして持ち去ったこともあった。

　　ある日、家主だか、差配だかが来て、表と裏と横の天戸六枚全部を外づして持って帰ってしまった。それから親爺が金の苦面をつけて、家主のところに溜った家賃を持って行って、詫びを入れて天戸を返して貰うまでの幾晩かを戸締りのない六畳一間で寝起きして過ごしたのであった。そう寒くなかった季節であったように覚えている。夜半ふと眼をさましたら、夜空が妙にあかるくって戒行寺の方形造りの御堂の屋根が、たかくそびえ立って見えた[2]。

家賃未払いへの仕置きは厳しいものであった。雨戸がない家の中を風が吹き抜けた。文字通り雨露をしのぐ生活である。

　父は農商務省地質調査所の小使、すなわち官庁の使丁であった。母は内職のほか、納豆売りもしたが、生活は厳しかった。

　明治40年代になると、路地裏の棟割長屋にも電気が引かれ始めた。

　　電灯が、わが町の裏店の方にまで、そろそろ引け初めましたのは、たぶん明治四十一、二年頃のことかと思うのです。そのころ私どもが住んでおりましたところは、鮫ヶ橋谷町一丁目十何番地でしたか、上総屋という酒屋さんの裏の長屋だったのです。（中略）やや北寄りの辺にあった路地内でした。（中略）そこの裏長屋にも、電気が引けることになりましたので、各戸は家主に承諾の判を貰って、銘々に申し込むことの段取りになったのです。ところが差配人の岡田軍兵ヱさんて人が、私の家だけには判を押して呉れないのです。わけはこうなのです。そこへ引ッ越して行って、まだ日が浅いことと、父は農商務省地質調査所の小使、母が草履の麻裏つけの内職くらいで、高利の日掛け屋は来る。袷と単物の一張羅を引ッ替えっこで、夏、冬、質屋さんの常連では、五燭光、定額制で一灯月極め金六拾銭也の電灯料も、月にまとまっては、払い切れないだろうと踏んだ上での大家さんの親ごころからだったらしいのです。しかし、こちらにいわせれば、いくら貧乏はしていても、一晩にとぼす石油を弐銭づつ買っているのですから、月にして六拾銭、決して御迷惑はかけません。といって再三たのんでは見ましたが、とうとう蹴られてしまいましたので、近所隣りは電気がつきましたが、わが家は依然として石油ランプだったのです[3]。

長尾家は電気代滞納の可能性が高いと、差配人に信用されていない始末だった。

学校中退歴

　明治36年10月に鮫橋尋常小学校が開校していたが、長尾が通ったのは四谷第一尋常小学校（四谷区伝馬町新1丁目）であった。しかし、貧窮のため小学校を辞めて働くことになった。小学校2年を終えたところで長尾は中退した。

> 　私は、明治四十二年四月一日、満九歳になったかならぬで、昔の農商務省特許局の印刷部に活版見習小僧として、奉職したのでした。そして「爾今、日給金拾四銭也ヲ給ス」という辞令を貰ったのです。給仕志望で、会計主任に面接した時、大きな机の蔭にかくれてしまうくらいちっぽけな私を眺めていましたが、紹介者に「ちょっと、ちいさすぎますネ」といって笑いながら考えていました。そこへ、ひょっこり入って来ましたのが、印刷部の工場長だったのです。すると主任は「丁度よかった！　この坊主を、君の方で使って貰えないかナ……」といった調子で、いとも簡単に、採用になってしまったのであります。当時の特許局は大手町にありましたので、それからは、朝に、晩にテクって、鮫ヶ橋から通い詰めたものです[4]。

初等教育未修了であるが、そのようなことは問題にされず、官庁に雇い入れられた。農商務省特許局印刷部で活版印刷の見習小僧として働くことになった。

　長尾は働きながら夜学に通った。最初は私立小学校の夜学に籍を置いた。

> 　小学校二学年を修了しただけで活版小僧になった私は、後の四学年を私立竹田学校の夜学で修学することにしてあったのでありましたが、僅か1ヵ月足らずで、いろいろな事情で止めてしまい、翌年四月になって、今度は鮫橋小学校の夜間部に四年生で入学したのです。ところが、これまた一月あまりで、つまらないことから、怠けはじめて、ずるずるべったりに退学した（後略）[5]。

鮫橋小学校では明治41年7月に「特殊夜学部」の授業が開始、明治45年に東京市立鮫橋夜学校に改称した[6]。長尾が一時在籍したと記しているのは「特殊夜学部」のことであろう。長尾は鮫橋小学校「特殊夜学部」も中退することになった。10歳ぐらいの子どもが働きながら夜間に就学することがいかに苛酷なことであったかが伝わってくる。

> 　そのころから、ようやく、義務教育に関する規制が厳重に実施されるようになり、ひいては、世間一般にも、その意義が徹底するに及んで、未修学子弟の雇傭問題や教育対策が、兎や角と取り沙汰をされるに至ったのであります[7]。

就学督促が厳しくなり、長尾は明治45年に開校した四谷第四尋常夜学校（四谷第一尋常小学校内に併設）に籍を置くことになった[8]。同級生は多様だった。

　　職業別では、木綿縞の着物にゴッい角帯か、厚司というアイヌ服地で作った丈夫な縞柄の半天に、店名などを染め抜いた紺の衿を掛けたのを着用した、一見して何れもそれと判る店員が一番多数でした。次が袖巾の広い久留米絣の筒ッぽうを着流しにした、私ら工員仲間が四、五人、そんな着物に袴をつけた官庁・会社の給仕、唐桟縞の身巾の狭い着物に三尺帯を腰ッぼねの上で締めた職人その他といった順で、色とりどりの生徒がいました。女生徒は五、六人でした。この町からは二人、油揚げ坂下にいた娘さんが工員、観音坂下の所にあった長谷床の姪ッ娘さんが理髪店のお弟子さんでした[9]。

夜学に通っていたのは、店員、工員、給仕、職人、理髪店手伝など、同様の若年労働者たちであった。

　　担任の先生が出席を取りながら「夜学の生徒は、蚊と同じで、陽春四月に出はじめて、暑い間は文文（ブンブン）と威勢がいいが、秋風と共に、だんだん数が減って来て、十二月に入ったら、ぱったりですネ」という歎息を私は気に病みながらも、勤めの方の都合で十二月中旬に蚊の仲間入りをしてしまったのです。それ以来、引きつづき休んでいましたら、先生から学期末の試験にだけ出席するようにと、再三の言伝てがあったのですが、気まずくって出て行かなかったのです。たまたま、卒業式のあくる日、散髪に行きましたところ、床屋さんの店先で先生の情けの卒業証書を、例の姪ッ娘さんから授けられたのでありました[10]。

長尾は通い続けることが難しかったが、卒業証書をもらった。その後、運良く実業補習学校へ通う機会がめぐってきた。大正4年（1915）、15歳のときである。

　　もう五十年も、昔の話ですが、商工業に従事している青少年徒弟に、高等小学校程度の教育を施す、実業補習学校というのが、市内十五区の各所に設置されたことがありました。旧四谷区では、大正四年四月、四谷区第一小学校内に、これが新設されたのです。私はその第一期生でした。夜学で普通科と高等科の二学級になっていて、修業年限は各一ヵ年でしたが、初年度は普通科のみでした。授業課目は商業・工業・簿記の他に国語・英語・算数などがありました[11]。

254　　Ⅲ部　鮫河橋と都市下層

長尾が籍を置いたのは東京市四谷実業補習学校（大正4年5月、四谷第一尋常小学校内に開校）であろう[12]。

　就学率向上のため教育施設の整備が進んだが、明治40年代でも貧困層の子どもが就学を続けるには種々の困難を乗り越えなければならなかった。夜学校、実業補習学校など就学機会の複線化が進められたことによって、長尾は就学と中断を繰り返しながら基礎学力を身につけていった。

13-2　自営業と職工の町

零細自営業主と商売

　幼い頃、鮫河橋にあった零細自営業として、長尾は次のような店を挙げている。

> 私の五、六才ころ、うろ覚えだと、右側の方の店では、駄菓子と煙草を商っていた。眼鏡の蔓の代りに、太い糸で造った輪っ架を耳かけにした老眼鏡を、おでこの上に乗せた、大柄なおばさんが、朝のうす暗らがりから、夜の十一時、十二時までも、お客相手に立ち働いていた[13]。

> （はたの屋さんは）私ら庶民の生活に馴染みの深い、煮豆や佃煮、漬物の類を商っていた古い店屋のことなのです[14]。

> 「越路屋豆腐店」、その左隣りが「はいばら酒店」根津恒吉さんの店、並んでが「山崎屋」さん、その隣りは、この町には古い顔の方で、入りの横丁の方にお住居があって、そこはお店だけだったが、竹内セツさんがお惣菜揚げして売っておられた[15]。

煮豆屋、豆腐屋、惣菜屋など、表通りにあった日常食品を売る店である。商売がうまく当たった自営業主もいる。当初は路地裏で営業していた。

> 「ボクや」というのがあったが、これはその頃、牛の臓もつを小さく切って竹の串に差したものを、鉄の大鍋に落し、味噌と醤油と黒蜜で味つけした味噌汁の中に入れて、強いコークスの火でグツグツと煮込みにして売っていた店の俗称なのである。（中略）岡田さんの長屋になっていて、そこの何軒目かに「ボクやの山本さん」という人が住んでいたのであった。（中略）路地の道幅は昔も広かった。そして「そばやの裏」と称していた。こちらは山本さんの家からすれば裏口になるのであったが、そこの地境竹垣を抜いて、店に造作をしたところでボクの煮込みをやっていたのであった。夕刻からの商売で、丸い反射鏡

13章　大正期の鮫河橋　　255

のついた石油ランプの光りが、暗い路地の奥から往来に向けて照らしていた。
そして沸き立つ煮込みの湯けむりでランプの明りがかすんだ様に見える灯影に
三人、五人と出入りする人の動きが映って見えた。それらの大人の人を掻き分
けるようにして、五厘か、一銭のゼニを握った私らのような小供が、前にセリ
出て行って長い菜箸の一膳を手に取ると、鍋の中の煮込みの串をフワにしよう
か、ポクにしようかと、突ツきまわしてえり好みをしていてはポクやのおばさ
んに叱られたものであった。

　ポク屋の山本さんは（中略）新宿の追分けの方で「ポク屋食堂」を開くこと
になった。（中略）追分の方で「ポク屋食堂」を開店した山本さん兄弟は、場
所柄これが当った（中略）戦後、御兄弟がそれぞれに二幸の先の方と、追分け
附近にビルを建設して、ビル経営にも成功されたということであった[16]。

牛の臓物を売っていたポク屋は鮫河橋から新宿追分に移り、店を大きくして
いった。

零細工場と労働者

　明治 30 年代後半、鮫河橋では複数の零細工場が稼働するようになってい
た。

　（明治三十七年に煙草製造が政府に移管される前の）民営時代には、鮫ヶ橋の
　町の内外にも民営煙草製造工場の小さいのが数軒ありました。入りの横丁の若
　葉鉄工場さんの隣りあたりから表通りの方に向った場所に土工の親方が経営し
　ていた大島工場、若一の西念寺前に横田工場、杉大門の切り通し坂下に長井工
　場、今の信濃町二番地長安寺前あたりに牡丹煙草の工場などがあったそうです。
　（中略）ここの面白いことは、土木方面の人がこの事業に手を染めていること
　です[17]。

土木工事の需要状況に即して、煙草工場を経営する零細業者がいた。図表
12-9 に示したように、二葉幼稚園児の母親の生業には「煙草」14 名（明治
43 年 6 月時点）が記載されている。近所に煙草工場があって、女性の就業
機会になっていたことがわかる。二葉幼稚園の年次報告に、煙草工場の労働
について次のように説明されている。

　母の職業の内、最も多きは麻裏と烟草であります。（中略）烟草の方は工場へ
　出て行かねばならぬので、かの口紙を巻くのが千本巻いて五銭、普通大人は十
　銭から十三銭位は出来るよし、子どもの上達したのは一日五千本も出来るのも

あるよし、子供の方が、手が柔らかでよいのだそうでございます[18]。

刻んだ煙草を紙に巻いて、片方の端に吸い口の「口紙」を巻き付ける。単純な手作業の労働であった。

13-3　若年層の社会移動

職工への入職

　明治30年代に都市工業が成長し、労働市場が拡大した。鮫河橋でも雑業から工場労働者へ世代間移動が進んだ。長尾の知り合いだった佐藤家の場合もそれに該当する。

　　今の建具屋さんの坂本慶三郎氏のところが「よろづや」の炭、薪、醤油の酒倉で、その左右が路地になっていた。佐藤君の家はそこの右裏にいたのであった。佐藤君のお父さんは、博文さんといって、盤台（はんだい）を天秤で担って邸まわりをしていた魚屋さんであった。（中略）この魚屋の博文さんは商売には余り身を入れない方だった。その代り義太夫が好きで、随分ほうぼうの席へ聞きに行ったようだった[19]。

親は魚の行商人で、雑業である。息子は初等教育を修了し、父親とは異なる職種へ進んだ。

　　佐藤君が鮫橋小学校を卒業した時、前からお母アさんに頼まれていたので特許局の活版部にお世話したのであったが、それからもう四十五年にもなったそうである。現在は印刷部主任の位置にある立派な国家公務員で、三号級とかいう階級にあるとのことである[20]。

長尾自身、人の紹介で官庁に職を得た。そして、自分も知り合いの入職を世話するようになった。鮫河橋の若年層が雑業ではなく、人のつながりで安定した職種に参入できるようになったことは明治期との大きな違いであろう。

　次の事例も、親世代は大正期に零細自営業であったが、次世代は工場労働者になった。

　　「勝床」のおぢさんも、鮫ヶ橋名物の一人であった。（中略）勝床のおぢさんが、おばさんと一緒になって、入りの横丁に床屋の店を出してから今年で五十八年とかになるそうだ。すると、大正二年ということになると思う。私が十三才くらいだったろうか、その当時よく勝床へ行って頭をやって貰った。勝床のおぢさんは、酒飲みだったが、仕事は丁ねいで、綺麗い好きだった。ことに剃刀の

13章　大正期の鮫河橋　　257

上手だったことは評判であった。その代り、仕事の途中であろうと、客が待っていようと、何か口の中でぶつぶついっていたと思うと、どこかへ出て行って、しばらくすると帰って来る。（中略）角の酒屋で一杯引っかけて来たのである。（中略）時には客のヒゲを当りかけて置いて、店先のテーブルの上に飾ってある盆栽の手入れをしている始末である。それが剃刀の砥ぎにかかろうものなら、これがまた念入りである。

職人肌であるが、次世代が継承する規模の自営業ではないので、子どもは後を継がない。

総領の淳之亮さんはシチズン時計の河口工場の総務部長さんか何かをやっておられて、山梨県の方に住んでおるが、末の方の息子さんの博さんは大蔵省印刷局王子工場に勤務、主査をされておられ、おばさんと軒を並べて住んでいる（後略）[21]。

息子2人は工場の管理職になった。長期勤続が可能な職種だったのだろう。

二葉幼稚園の年次報告に、卒園者のなかに大工場に付設された徒弟学校で職業教育を受けて職工になった者、運転など技能を習得して職を得た者などがいることが記されている[22]。

図表12-18は鮫橋尋常小学校卒業生の進路を示したもので、職工が37.2％を占めている。初等教育を受けて識字力をつけた若年層は職工として生計を立てることが主要な生活手段の一つになっていった。

居住景観の変化

大正12年（1923）9月に起きた関東大震災では、鮫河橋の平屋にさほど被害はなかったが、二階建ての住宅は倒壊した。

大正に入り、ぽつぽつ二階建ての家も見られるようになった。こうした矢先、大正十二年九月一日、関東大震災にあいはしたが、被害は少なく、皮肉なことに、二階建ての家屋五軒が全部、倒壊した。この原因は、比較的建てられてから新しく、棟が高く、屋根がかわらで重いなどの点が重なって、二階建の家屋だけが被害を受けるという結果になったようだ[23]。

運悪く、長尾はたまたま二階建てに住んでおり、被災した。

大正十二年の関東大震火災の時、（中略）大橋治良太さんの持ち家、二階建て一棟六戸の長屋が倒壊しました。この右端の家に私ども夫婦と母に、まだ幼少の弟妹五人、合せて八人の大家族が住んでいて被災したのです。潰れ出されて

も、大勢を引き連れていたのでは、身を寄せる軒下とてなく、半月以上も野宿をして明かしたのが、円応寺跡とおぼしい原っ端だったのです。

（谷町一丁35番地）そのとき借りた家というのは望月（現在の九曜社）さんのタナで、平家建て六畳一と間、五軒の棟割り長屋の右の端でした。南向きで六尺間口の三尺が出入口、三尺が流し場、つまり台所、東に六尺の掃き出し口がついていて、これが本道沿にありましたので、家の出入りは、専らここからしておりました。いわば我が家の玄関です。北の方の裏口も六尺が掃き出しで、東北の隅が便所、地ざかい二尺ばかり明けて、直ぐと別棟の長屋が本道筋に建っていました。（中略）本道は私の家の所で終り、枝道が西へ折れ長屋の前を過ぎ、その先の崖下に建っていた長屋へ通じる道になっていました[24]。

このあとも、長尾は借家の転居を繰り返した。

昭和に入ってからは、長屋も平屋建ては少なくなり、二階建てに変わっていった。その為家賃も上がり、比較的余裕のある者が残り、町全体から見ると、随分よくなった[25]。

「はたの屋」さんの裏の方には、長屋の間にちょいとした小綺れいな二階家が幾軒かあったようでした。また、昭和の何年ころでしたでしょうか、私らの耳には、あまり聞き慣れなかった「アパート」などという二階建の気のきいた長屋が出来たのも、その裏あたりだったと思います[26]。

昭和になると二階建てが徐々に増えていったことが述べられている。

　大正から昭和戦前期にかけて、鮫河橋では若年層の社会移動が進んでいた。また、社会構造の変化と並行して、地域社会の空間構成や居住景観も徐々に変化していたことがわかる。

14章

昭和戦前期の鮫河橋と社会事業

14-1　東京市社会局の社会事業

社会事業の段階的整備

　本章では昭和戦前期における鮫河橋の状況について、東京市社会局の資料を中心に他資料を併用して探ってみたい。大正8年（1919）12月、東京市における社会事業遂行の専管部局として、東京市社会局が新設されたことは既述した通りである。昭和戦前期までの東京市社会局の事業遂行過程は大きく3段階に区分できる[1]。

　第1段階は社会局設置から関東大震災直前までの時期である（大正8年12月～12年8月）。この時期は新設された社会局内の機構整備、新規社会事業の創設など「行政機構」の整備期であった。第2段階は関東大震災という緊急事態に直面し、被災者救援、復興事業に注力した時期である（大正12年9月～昭和6年12月）。復興計画に基づく事業が完了するまでにほぼ10年を要した（昭和7年3月完了）。第3段階は昭和7年（1932）1月以降、昭和14年（1939）に社会局が厚生局に改組されるまでの時期である（昭和7年1月～14年6月）。昭和7年1月に懸案だった「救護法」施行が実現した（救護法制定は昭和4年）。東京市では大震災を契機に整備された社会事業施設を活用して、要保護世帯への救護が進められていった[2]。

　以上の経過をふまえると、昭和7年を区切りとして、それ以前と以後に大きく区分できる。図表14-1は昭和7年までに整備された東京市社会局所

図表 14-1　東京市社会局所管の主要社会事業
（昭和 7 年時点）

主要社会事業	所管施設
一般救護事業	方面事業 養育院 他
経済保護事業	市営住宅 小売市場 浴場 宿泊所 市設食堂 公益質屋 他
失業保護事業	職業紹介所 授産場 小額給料生活者失業救済事業
医療保護事業	市立病院 トラホーム治療所 東京市療養所 他
児童保護事業	乳児院 保育事業 児童相談所 牛乳供給事業 児童遊園地 他
社会教化事業	市民館 他

出典：［東京市社会局 1932a］より筆者作成。

管の主要事業と所管施設である。

要保護世帯の把握

　社会局の主要社会事業 6 分野のうち、一般救護に「方面事業」がある。
東京市は要保護世帯を方面事業で把握した。方面事業の基本体制は次のよう
であった。

　大正 7 年に東京府慈善協会が貧困地区の実態を把握するため「救済委員」
制度を発足させ、東京府内を 14 区域（方面）に分け、方面委員等を委嘱し

たことは既述した通りである[3]。東京市社会局が発足すると、大正9年（1920）12月に社会局による方面事業が始まった。このため東京府慈善協会による「救済委員」制度は大正11年に終了した[4]。

　東京市社会局の方面事業は社会局保護課が所管し、困窮者が多い地域に「方面」を設置し、委嘱された方面委員が要保護世帯を把握した。大正9年12月に下谷区に4方面が設置されたのが嚆矢で、昭和3年8月までに東京市内11区に32方面が設置された[5]。

　この間、大正11年1月に「東京市方面委員規程」が定められた[6]。関東大震災を経て、昭和3年に設置数が32方面になり、体制がほぼ固まった。方面委員の業務内容はおおよそ次のようであった。各方面には方面事務所が設置された。担当区域の広さに即して、複数の方面委員が委嘱された。方面委員は担当区域の世帯を家庭訪問し、社会局が定めた基準に沿って、要保護世帯を把握し、要保護世帯ごとに生計状態を記載した方面カードを作成した。継続的に要保護世帯を家庭訪問し、困窮状況に応じて、図表14-1に記載された社会事業や社会施設が利用できるように仲介し、就業先の斡旋なども行った[7]。

救済資源の分配

　社会局では各種団体や個人から、寄付金や物品の寄付を受け付けていた。集まった救済資源（寄付金・物品）は各方面事務所を通して、要保護世帯に分配（配給・廉売）された[8]。図表14-2は、体制がほぼ固まった昭和3年度、翌4年度の救済資源の分配状況である。救済資源の分配は、被災者救済、皇室行事による下賜金、歳末支援として行われている。制度化されたものではなく、その時々の社会状況に即して行われる「随時・一時的」な救済である。

　昭和5年度の寄贈状況について、東京市社会局は次のように記している。

　　制度設置後、既に十年を閲し、方面委員事業の目的と機能の社会的認識が普遍化さるるに至ったことは、一面依託寄贈品の量と質に於ても窺知し得る。即ち量的には常時、学校、団体、個人よりの折に触れての金品寄贈増加し、年末に際してのそれは応接に遑なき程であるのみならず、質的には従来は米、衣類に殆ど限られていたものが、近くは入浴券から無料理髪券、質屋利子割引券等へと進展して来ているのである[9]。

14章　昭和戦前期の鮫河橋と社会事業　　263

図表 14-2　方面事業による救済資源の分配状況

年度	事項	内容
昭和 3 年度	白米廉売	長雨で失業の困窮者に対し、 朝日新聞同情週間から寄贈された白米を廉売
	白米配給	御大典奉祝により、要保護世帯に白米券、 単身労働者に食券交付
	年末白米廉売	要保護世帯に白米廉売、極貧者に白米配給 朝日新聞同情週間寄贈の熨斗餅配給
昭和 4 年度	施米配給	長雨の影響を受けた屋外労働者に対し、 朝日新聞同情週間から寄贈された施米を供給
	御下賜金による救済	長雨で失業の困窮者に対し、 皇后からの下賜金による食券配給
	方面生業資金貸付	篤志家の寄付金を財源に、商業資金または 職業用の機械原料購入資金を貸し付け
	歳末賑恤事業	要保護世帯に白米廉売・配給 朝日新聞同情週間寄贈の熨斗餅配給 善光寺婦人会寄贈の白米配給
	御下賜金の白米配給	帝都復興祭の御下賜金による白米配給

出典：〔東京市社会局 1929：48〕〔東京市社会局 1930：20-21〕、「東京市公報」昭和 4 年
　　　11 月 16 日：2122、〔東京市社会局 1931b：12-15〕より筆者作成。

「随時・一時的」な救済資源の内容が多様化し、寄付量が増加しているのは、方面事業についての認識や理解が広まった成果であるという見解を述べている。昭和 4 年（1929）には「方面生業資金貸付」が始まったが、財源は篤志家による指定寄付金であった(10)。

　東京市社会局の方面事業は要保護世帯の捕捉においては意義があった。しかし、救済資源の調達においては、「随時・一時的」救済資源の調達に重点がおかれている。一定の所得水準の納税者から一定の税率で救済資源を調達するなど制度改革につながる方向への関心は示されていない。東京市社会局の方面事業は、「地方行政機関」による「随時・一時的」救済体制の整備という範囲にとどまるものであったといえよう。

14-2　鮫河橋と社会事業

四谷区の方面事業

　四谷区では大正11年12月に一方面が設置された。「方面」は困窮者が多い地域を対象区域に指定した。「四谷方面」の該当区域は、「南町、鮫河橋谷町1丁目・2丁目、寺町、片町、愛住町、永住町、花園町、旭町」である[11]。四谷方面事務所の所在地は四谷区愛住町の正応寺である[12]。

　昭和5年（1930）、鮫河橋谷町1丁目・2丁目の世帯数は1019、人口は4237名である[13]。そのうち「要保護世帯」は401世帯であった[14]。全世帯の39.4% が要保護世帯に該当していた。昭和5年時点で、鮫河橋谷町が「貧困世帯の集積地域」であるという地域特性は変わっていないといえる。

　昭和6年10月〜12月、保護課は東京市内の「不良住宅地区」調査を実施した。図表14-3は鮫河橋谷町1丁目・2丁目で、不良住宅があった番地である。図表14-4は不良住宅を図示した地図である（斜線が無記入の住宅が「不良住宅」）。表通りではなく、路地内側に不良住宅の長屋があったことが示されている。表通りには建て替えられた二階屋などもあっただろう。しかし、路地内側には依然として古い長屋の不良住宅が密集している状況であった。

社会局の失業保護事業

　図表14-1に示した社会局の主要社会事業6分野のうち、失業保護事業に「授産場」運営がある。昭和6年（1931）に鮫河橋谷町1丁目34番地に四谷授産場が開設された。東京市社会局による「授産場」事業の目的と内容について概観しておこう。

　東京市社会局による失業保護事業は、第2段階（大正12年9月〜昭和6年12月）の時期に施設整備が進んだ。具体的には職業紹介所、授産場などである[15]。

　東京市では明治44年に職業紹介所2カ所が開設され、順次増設されていった。また、政府および国際的な動きとして、第一次大戦後の大正8年10月に国際労働機関（ILO）設立、翌9年8月に内務省社会局が開設され、社会行政と労働行政を専管するようになった。専門部局の設立により労働行政

14章　昭和戦前期の鮫河橋と社会事業　　265

図表 14-3　不良住宅がある番地

町丁目	番地	町丁目	番地
鮫河橋1丁目	8～13 20～22 24～26 28～32 43～44	鮫河橋2丁目	16～19 21～23

出典：[東京市役所 1932：第9～12 図] より筆者作成。

図表 14-4　不良住宅がある区域

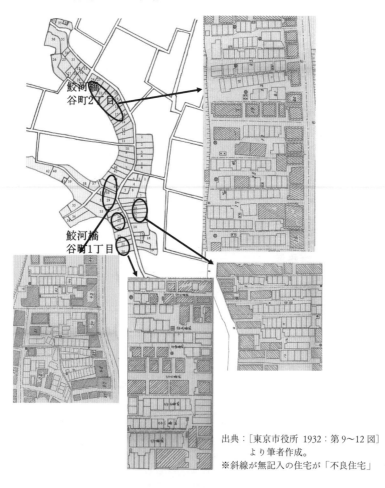

出典：[東京市役所 1932：第9～12 図]
　　　より筆者作成。
※斜線が無記入の住宅が「不良住宅」

図表 14-5　東京市所管の授産場

	定員数	ミシン台数	設置科
芝授産場	160	150	ミシン科、メリヤス科、裁縫科、和裁科
本所授産場	120	102	ミシン科
深川授産場	120	92	ミシン科、メリヤス科
浅草授産場	120	118	ミシン科、内職科
小石川授産場	120	100	ミシン科、毛糸編物科
四谷授産場	150	120	ミシン科

出典：［東京市社会局 1932a：60-63］より筆者作成。
※昭和7年時点

分野では、大正10年（1921）4月に職業紹介法が公布された。職業紹介所の設置主体を市町村とし、監督官庁を内務省とすることが定められた[16]。このように職業紹介所については関東大震災前に法制度が整った。

鮫河橋の授産場

　一方、授産場の事業が発足したのは関東大震災以後である。内務省社会局から指定交付金、民間団体から指定寄付金を受けて、東京市では大正14年8月から順次、授産場が設置・開業されていった。低所得層の女性に職業訓練の機会を提供し、就業や所得向上につなげることを目的にしていた[17]。

　図表14-5は昭和6年までに開設された授産場の一覧である。昭和6年5月16日に「東京市授産場規程」が告示された[18]。それによると、授産場従業者の応募資格は、東京市内に居住する13歳以上、少額所得者またはその家族である。低所得層の女性が世帯収入を向上させることができるように、授産場すべてにミシン科が設けられた。女性たちにミシン操作を教え、備品のミシンで東京市職員の制服・貸与服などを製作して技能習熟を図った。各自の出来高に即して工賃が支払われた[19]。一般からの特約注文も受け、ワイシャツ、エプロン、子供服なども製作した[20]。

　当初設置された授産場5カ所は東京市東部にあった。6番目を東京西部に設置することになり、東京市は鮫河橋谷町1丁目34番地の土地を1万6909円で取得した。鉄筋コンクリート一部4階建が建設され、昭和6年10月に開業した[21]。東京市による社会事業施設が設置され、鮫河橋谷町および周辺地域の低所得層の女性たちが縫製技能を習得する利便性が増した。

14章　昭和戦前期の鮫河橋と社会事業　　267

図表 14-6　東京市社会局の社会事業と要保護世帯の関わり

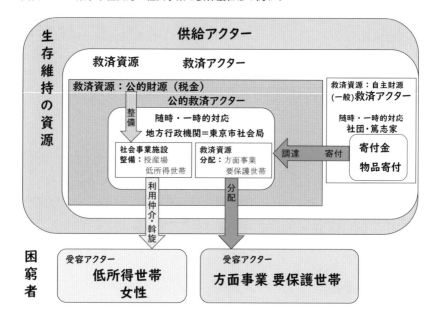

公的機関の「随時・一時的」救済体制

　東京市社会局の社会事業のうち、鮫河橋谷町の要保護世帯の生活と関わりが深い方面事業と「授産場」について、昭和7年までの経過をたどってきた。その内容を整理すると、図表14-6のように図示できる。社会事業施設は公的財源（税金）によって整備されたものである。また、方面事業の基本体制も公的財源（税金）によって整備・維持されていた。しかし、要保護世帯に分配された各種の救済資源は、制度化された方法で調達されたものではなく、時局や善意など「随時・一時的」救済に依拠したものであった。受容アクターの困窮程度・必要程度に対応して、分配や利用仲介・斡旋が行われた。

　昭和7年までの鮫河橋における東京市社会局の社会事業は、「随時・一時的」救済体制の範疇にとどまっていたといえよう。一定の救済効果はあっただろうが、全世帯の40％近くが要保護状態にある生活環境においては、限定的な救済効果にとどまっていたと考えられる。

14-3　昭和戦前期の土地所有者

昭和戦前期の土地所有者

　図表14-7は昭和7年（1932）の鮫河橋谷町1丁目・2丁目の地権者の一覧である。図表14-3と付き合わせると、不良住宅残存区域の地権者名が判明する。特定の地権者の所有地に不良住宅が集中しているのではなく、路地内側の広い範囲にわたって不良住宅が残存している状態だったことが読みとれる。

　図表14-8は、明治6年（1873）の地権者名と、昭和7年（1932）の地権者名をならべたものである。鮫河橋谷町2丁目7番地の地権者は明治6年、昭和7年ともに「渡辺」であるが、それ以外は地権者の姓名は替わっている（寺院等の所有地は替わらず）。明治6年から昭和7年までの59年間に、鮫河橋谷町1丁目・2丁目の社会構成は大きく変化したといえる。

　図表14-9は昭和7年の地権者のうち、筆数が多い者を抜き出したものである。また、図表14-10は明治31年刊行『日本商工営業録』に掲載されている鮫河橋谷町1丁目・2丁目の営業者4名である。このうち「大友赤松」「渡辺三千太郎」は昭和7年地権者名にも記載されている。また、「酒井金兵衛」は同一番地の地権者が「酒井金次郎」に替わっているが、「酒井家」という自営業主の一家と考えられる（後述）。

　図表14-7から図表14-10までを付き合わせると、明治6年から昭和7年までの59年間に、鮫河橋の社会構成は次のように変化していったと推測される[22]。

鮫河橋の社会的上位層

　鮫河橋谷町1丁目14番地の地権者「大友赤松」と15番地「大友仁三郎」は父子である[23]。赤松と仁三郎の筆数を合わせる大友家の所有地は16筆である。赤松は明治元年11月生まれである[24]。地籍台帳の住所は四谷区四谷塩町2丁目である。四谷塩町は本籍地であろう。赤松の次男が仁三郎である。仁三郎は明治21年8月、鮫河橋谷町1丁目14番地に生まれ、質商4代目である[25]。

　以上から次のように推測される。大友家は幕政期から甲州街道沿いの塩町

図表 14-7　地権者一覧（昭和 7 年）

町丁目	地番		面積	地権者			備考1	備考2
四谷区	昭和7年地番			住所		氏名	特記以外は宅地、不良住宅は昭和6年時点	1912年地籍地図への書き込み内容
鮫河橋谷町1丁目	1		188.62	麹町区		安藤梅蔵		
	2		65.66	四谷区	右京町	大森喜一		
	3		104.01		塩町2	大友赤松		
	4		241.88		塩町2	酒井くわ		
	5	5/6/7-1	339.61		伝馬町2	川久保源三郎		
	6	5/6/7-2	128.70	麻布区		松平清太郎		小倉由松
	7							
	8		159.35	本所区		村田貞一郎	不良住宅あり	
	9		145.74	京橋区		池田合資会社	不良住宅あり	藤田郭兵ヱ
	10		151.58	四谷区	塩町2	大友赤松	不良住宅あり	
	11		130.54		塩町2	大友赤松	不良住宅あり	
	12		157.66		塩町2	大友赤松	不良住宅あり	
	13		142.35		塩町2	大友赤松	不良住宅あり	
	14		250.68		塩町2	大友赤松		大友赤松
	15	15-1	58.92		塩町2	大友赤松		
		15-2	19.10		塩町2	大友仁三郎		
	16		186.00		塩町2	大友赤松		
	17		55.62		塩町2	大友仁三郎		
	18		165.33		塩町2	大友赤松		
	19		120.20		谷町1	安藤国武		中島順次郎
	20		186.03		谷町2	酒井金次郎	不良住宅あり	中西薬湯
	21		168.38		谷町2	酒井金次郎	不良住宅あり	
	22		81.26		谷町2	酒井金次郎	不良住宅あり	
	23		258.86		塩町2	大友赤松		
	24		175.50	牛込区		畔田真之助	不良住宅あり	田中米店
	25		146.90	四谷区	谷町2	酒井金次郎	不良住宅あり	
	26		172.36		谷町2	酒井金次郎	不良住宅あり	
	27		140.94		谷町1	浅野源右衛門		
	28		160.54	京橋区		池田合資会社	不良住宅あり	
	29		169.37	南多摩郡稲城村		須恵兵太郎	不良住宅あり	
	30		139.65	四谷区	谷町2	酒井金次郎	不良住宅あり	
	31		83.50		塩町2	大友赤松	不良住宅あり	
	32		203.53	赤坂区		望月軍四郎	不良住宅あり	
	33		301.39	赤坂区		望月軍四郎		
	34	34-1	220.83	赤坂区		望月軍四郎		
		34-2	161.41	東京市			社会事業用地	東京市授産場
	35	35-1	149.66	赤坂区		望月軍四郎		

		35-2	30.34	四谷区	谷町1	岩塚長之助	
	36	36-1	227.93	赤坂区		望月軍四郎	
		36-2	38.59			東京市	社会事業用地
		36-3	24.36	赤坂区		望月軍四郎	
	37		110.73	日本橋区		吉田丹次兵衛	
	38		229.87	日本橋区		吉田丹次兵衛	
	39	39-1	666.00	赤坂区		望月軍四郎	
		39-2	18.90	豊多摩郡和田堀町		鈴木芳五郎	
	40		319.15	千葉県夷隅郡		法善寺	
	41		28.87	千葉県夷隅郡		法善寺	
	42	42-1	144.18	四谷区		四谷区	鮫橋小学校
		42-2	423.87			四谷区	
	43	43-1	37.17		谷町1	浅野源右衛門	不良住宅あり
		43-2	157.70		谷町2	渡辺三千太郎	不良住宅あり
	44	44-1	163.80		塩町2	大友赤松	不良住宅あり
		44-2	30.01		芝区	川口常吉	不良住宅あり
		44-3	132.95		塩町2	大友赤松	不良住宅あり
	45		156.18		谷町1	秦甚蔵	
	46		164.36		谷町2	酒井金次郎	
鮫河橋谷町2丁目	1		176.70	四谷区	谷町2	酒井志ん	
	2		146.73		谷町2	酒井金次郎	
	3		140.97		谷町2	山田信太郎	
	4		164.25		箪笥町	山本峰吉	
	5		125.67		谷町2	内藤いき	
	6		228.41		谷町2	酒井金次郎	
	7		169.01		谷町2	渡辺三千太郎		渡辺三千太郎
	8	8-1	85.39		谷町2	渡辺三千太郎	
		8-2	78.63		谷町2	渡辺三千太郎	
		8-3	6.00		谷町2	渡辺三千太郎	
		8-4	16.43		谷町2	酒井金次郎	
	9		162.50		谷町2	酒井金次郎	
	10		171.62		谷町2	酒井金次郎		酒井酒店
	11		168.60		谷町2	渡辺三千太郎	
	12		159.60		谷町2	酒井金次郎	
	13		168.24	京橋区		安西徳太郎	
	14		193.83	四谷区	谷町2	水谷安治	
	15		66.30		谷町2	酒井金次郎	
	16		187.65		谷町2	酒井金次郎	不良住宅あり
	17		191.13		谷町2	服部芳五郎	不良住宅あり	藤田葬具店
	18		187.60		谷町2	鹿島久四郎	不良住宅あり
	19		176.48		谷町2	服部芳五郎	不良住宅あり
	20		201.09		忍町	玉村与四郎	
	21		200.85		谷町2	酒井金次郎	不良住宅あり	神尾商店

14章　昭和戦前期の鮫河橋と社会事業　　271

22		190.43	荏原郡大森町		伊沢孫兵衛	不良住宅あり	
23		195.92	荏原郡大森町		伊沢孫兵衛	不良住宅あり	
24		141.68	麹町区		都築三吉		
25		329.00	四谷区	谷町 2	妙行寺	寺地	妙行寺　寺地
26		326.34			東京市	墓地	
27		96.00	四谷区	谷町 2	妙行寺		
28		65.81		谷町 2	島田平三郎		
29	29-1	126.33		谷町 2	伊東俊雄		
	29-2	16.15		須賀町	須賀神社		
30	30-1	100.00		谷町 2	佐藤米吉		
	30-2	13.28		谷町 2	伊東俊雄		
31	31-1	52.54		新宿 1	間下萬蔵		
	31-2	30.07	北多摩郡立川町		鈴木浩祐		
32		82.07	北多摩郡立川町		鈴木浩祐		
33		223.09	四谷区	新宿 2	名川清志		
34		62.55		谷町 2	日宗寺		
35	35-1	141.14		谷町 2	日宗寺		日宗寺　寺地
	35-3	226.60		谷町 2	日宗寺		
36		281.37		谷町 2	日宗寺	墓地	
37		10.18		谷町 2	日宗寺		
38		10.50		谷町 2	日宗寺	墓地	

出典：［不二出版復刻 2011］「第20図（四谷区）谷町1丁目・2丁目」をもとに筆者作成。

1912年地籍地図書き込み出典：［東京市区調査会 1912］

不良住宅出典：［東京市役所 1932：第9～12図］

図表14-8　地権者の推移（鮫河橋谷町1丁目・2丁目）

町丁目	地番		明治6年（1873）	昭和7年（1932）		
四谷区		昭和7年地番	地権者名	地権者名	用途	地権者住所
鮫河橋谷町 1丁目	1		黒板竹蔵	安藤梅蔵		麹町区
	2		秋山熊五郎	大森喜一		右京町
	3		増田正保	大友赤松		塩町 2
	4		山田惟昌	酒井くわ		塩町 2
	5	5/6/7-1	井野忠義	川久保源三郎		伝馬町 2
	6	5/6/7-2	黒板竹蔵	松平清太郎		麻布区
	7					
	8		松尾常徳	村田貞一郎		本所区
	9		高橋長治	池田合資会社		京橋区
	10		高谷利及	大友赤松		塩町 2
	11		森野忠道	大友赤松		塩町 2
	12		松沢吉正	大友赤松		塩町 2
	13		黒板竹蔵	大友赤松		塩町 2
	14		川村経久	大友赤松		塩町 2

	15	15-1	浅井梅吉	大友赤松		塩町2
		15-2	浅井梅吉	大友仁三郎		塩町2
	16		小林元幸	大友赤松		塩町2
	17		鈴木立治	大友仁三郎		塩町2
	18		山崎清照	大友赤松		塩町2
	19		森嘉達	安藤国武		谷町1
	20		会議所附属地	酒井金次郎	中西薬湯	谷町2
	21		黒板竹蔵	酒井金次郎		谷町2
	22		滝沢スミ	酒井金次郎		谷町2
	23		滝沢スミ	大友赤松		塩町2
	24		会議所附属地	畔田真之助		牛込区
	25		酒井金兵ヱ	酒井金次郎		谷町2
	26		会議所附属地	酒井金次郎		谷町2
	27		滝沢スミ	浅野源右衛門		谷町1
	28		黒板竹蔵	池田合資会社		京橋区
	29		安藤眞○	須恵兵太郎		南多摩郡稲城村
	30		会議所附属地	酒井金次郎		谷町2
	31		寺社付属地	大友赤松		塩町2
	32			望月軍四郎		赤坂区
	33			望月軍四郎		赤坂区
	34	34-1	円応寺	望月軍四郎		赤坂区
		34-2		東京市	東京市授産場	
	35	35-1		望月軍四郎		赤坂区
		35-2		岩塚長之助		谷町1
	36	36-1		望月軍四郎		赤坂区
		36-2		東京市		
		36-3		望月軍四郎		赤坂区
	37		寺社付属地	吉田丹次兵衛		日本橋区
	38			吉田丹次兵衛		日本橋区
	39	39-1	法善寺道	望月軍四郎		赤坂区
		39-2		鈴木芳五郎		豊多摩郡和田堀町
	40			法善寺		千葉県夷隅郡
	41			法善寺		千葉県夷隅郡
	42	42-1	陽光寺跡	四谷区		
		42-2		四谷区		
	43	43-1	秋山熊五郎	浅野源右衛門		谷町1
		43-2		渡辺三千太郎		谷町2
	44	44-1	黒板竹蔵	大友赤松		塩町2
		44-2		川口常吉		芝区
		44-3		大友赤松		塩町2
	45		会議所附属地	秦甚蔵		谷町1
	46		高橋勇次郎	酒井金次郎		谷町2
鮫河橋谷町2丁目	1		生方春利	酒井志ん		谷町2
	2		黒板竹蔵	酒井金次郎		谷町2
	3		竹内賢佐	山田信太郎		谷町2
	4		内藤秀信	山本峰吉		箪笥町

5		池田忠政	内藤いき		谷町2
6		土田谷五郎	酒井金次郎		谷町2
7		渡辺子之助	渡辺三千太郎		谷町2
8	8-1	会議所附属地	渡辺三千太郎		谷町2
	8-2		渡辺三千太郎		谷町2
	8-3		渡辺三千太郎		谷町2
	8-4		酒井金次郎		谷町2
9		中島久兵ヱ	酒井金次郎		谷町2
10		深沢為勝	酒井金次郎	酒井酒店	谷町2
11		滝沢スミ	渡辺三千太郎		谷町2
12		中田要太郎	酒井金次郎		谷町2
13		中島久兵ヱ	安西徳太郎		京橋区
14		会議所附属地	水谷安治		谷町2
15		道路敷	酒井金次郎		谷町2
16		黒板竹蔵	酒井金次郎		谷町2
17		杉内早功	服部芳五郎		谷町2
18		山口宗徳	鹿島久四郎		谷町2
19		会議所附属地	服部芳五郎		谷町2
20		酒井金兵ヱ	玉村与四郎		忍町
21		会議所附属地	酒井金次郎		谷町2
22		会議所附	伊沢孫兵衛		荏原郡大森町
23		会議所附	伊沢孫兵衛		荏原郡大森町
24		難波伊助	都築三吉		麹町区
25		妙行寺	妙行寺		谷町2
26			東京市		
27			妙行寺		谷町2
28		谷田院	島田平三郎		谷町2
29	29-1		伊東俊雄		谷町2
	29-2		須賀神社		須賀町
30	30-1	相沢姿止	佐藤米吉		谷町2
	30-2		伊東俊雄		谷町2
31	31-1	小泉忠兵ヱ	間下萬蔵		新宿1
	31-2	山崎孝辰	鈴木浩祐		北多摩郡立川町
32		金沢忠五郎	鈴木浩祐		北多摩郡立川町
33		金沢忠五郎	名川清志		新宿2
34		日宗寺	日宗寺		谷町2
35	35-1		日宗寺		谷町2
	35-3		日宗寺		谷町2
36			日宗寺		谷町2
37			日宗寺		谷町2
38			日宗寺		谷町2

出典：［不二出版復刻 2011］「第20図（四谷区）谷町1丁目・2丁目」をもとに筆者作成。
1912年地籍地図書き込み出典：［東京市区調査会 1912］

図表 14-9　筆数の多い地権者（昭和 7 年）

筆数	氏名	住所	所有地に所在する商店	不良住宅がある筆数
16	酒井金次郎	谷町 2	酒井酒店　2 丁目 10 番地 中西薬湯　1 丁目 20 番地 神尾商店　2 丁目 21 番地	8 筆
14	大友赤松	塩町 2		7 筆
2	大友仁三郎	塩町 2		
7	望月軍四郎	赤坂区	藤田葬具店　1 丁目 36-3 番地	1 筆
6	渡辺三千太郎	谷町 2		1 筆
2	浅野源右衛門	谷町 1		1 筆
2	服部芳五郎	谷町 2		2 筆
2	伊東俊雄	谷町 2		
2	池田合資会社	京橋区		2 筆
2	鈴木浩祐	北多摩郡立川町		
2	伊沢孫兵衛	荏原郡大森町		2 筆

出典：［不二出版復刻 2011］「第 20 図（四谷区）谷町 1 丁目・2 丁目」をもとに筆者作成。
1912 年地籍地図書き込み出典：［東京市区調査会 1912］
不良住宅出典：［東京市役所 1932：第 9〜12 図］
※東京市：社会事業用地 2 筆、墓地 1 筆

図表 14-10　鮫河橋谷町の営業者

営業者名	住所	番地	営業内容	屋号
大友赤松	鮫河橋谷町　1 丁目	14	金融貸付業　質商	丸屋
村山定吉	鮫河橋谷町　1 丁目	45	物品販売業　白米小売	吉田屋
渡辺三千太郎	鮫河橋谷町　2 丁目	7	金融貸付業　質商	丸屋
酒井金兵衛	鮫河橋谷町　2 丁目	10	物品販売業　酒、薪炭、卸小売	萬屋

出典：［井出編 1898：252］より筆者作成。
※『日本商工営業録』明治 31 年

図表 14-11　四谷塩町 2 丁目と鮫河橋谷町 1 丁目

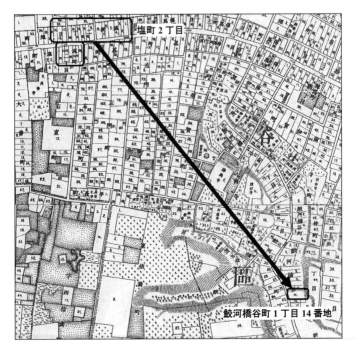

出典：「東京実測全図」内務省地理局、明治 20 年

2 丁目で質業を営む商業者で、3 代目赤松は明治 21 年以前に鮫河橋谷町 1 丁目 14 番地の土地を取得し、転入してきたのだろう。図表 14-11 に示したように、塩町 2 丁目と鮫河橋谷町は近距離である。

　大友赤松は明治 31 年に、1 丁目 14 番地で「丸屋」という質屋を営業していた[26]。また、明治 31 年から大正 10 年まで 23 年間にわたり、四谷区会議員を務めた[27]。大友家は質業を営みながら、鮫河橋谷町 1 丁目を中心に土地を集積したと推測される。次男仁三郎は大正 10 年から昭和 4 年まで 2 期、四谷区会議員を務めた[28]。また方面委員、四谷区谷町町会長も務めた[29]。

　以上のように、大友家は明治期に鮫河橋谷町に転入し、定住して質業を営み、谷町 1 丁目の土地を集積し、公職を歴任し、自営業主の最上位層として社会的威信を保持していたといえよう。土地の集積はもとの所有者から土地資源を吸収したことを意味する。また、質業を長く営業していたことは低所

得層の生活資源も吸収していたことを意味するであろう。経済的に豊かとは
いえない鮫河橋谷町の諸資源を吸収し、社会的威信も得ていた存在といえよ
う。

鮫河橋の金融・不動産業

　同様に鮫河橋で自営業を営み、土地を集積していたのが「酒井家」である。
明治31年に「酒井金兵衛」が2丁目10番地で「萬屋」という物品販売業
を営業し、酒、薪炭の卸売・小売をしていた[30]。また、明治34年『日本紳
士録（第7版）』に「酒井金兵衛」は同住所で「酒商」と記載されている[31]。
昭和7年の地籍地図にも同住所に「酒井酒店」と書き込まれている。

　以上から次のようなことがわかる。「酒井家」の自宅兼店舗は鮫河橋谷町
2丁目10番地で、明治31年（1898）には表通りで酒店を営み、他の物販も
扱っていた。2丁目を中心に、昭和7年までに16筆の土地を集積した。1
丁目の所有地にはもと「会議所附属地」が多い。明治前期に転入してきたの
かもしれない。酒井家の所有地には中西薬湯、神尾商店と書き込まれている。
他の自営業主に土地を貸して賃貸料を得ていたのだろう。所有地には長屋が
あり、不良住宅も残っていた。低所得層から長屋の賃貸料を得ていたのだろ
う。酒井家は酒店の自営を中心に、集積した不動産を賃貸して、自営業主層
および低所得層から賃借収入を得ていたと推測される。

　このほか、鮫河橋谷町2丁目7番地の「渡辺三千太郎」も明治31年に
「丸屋」という質業を営業し、昭和7年には2丁目を中心に6筆集積してい
る。同住所の明治6年地権者「渡辺子之助」は親と推測される。

　大友家、酒井家、渡辺家から、鮫河橋谷町の社会的上層に共通する社会的
性格は、商業者、長期定住、世代間資源継承、金融・不動産業、土地集積で
ある。また地権保有地は、大友家は1丁目中心、酒井家と渡辺家は2丁目
中心という傾向がみられる。狭い地域であるが、同業や社会的上層の勢力・
威信範囲に一定の棲み分けがあったと推測される。

　なお、鮫河橋谷町1丁目27番地の昭和7年地権者「浅野源右衛門」は、
図表9-2に示したように、明治33年の「残飯業者」の一人である。

町内組織と有力者

　長尾の『帰仁』に、大正11年6月3日に鮫河橋谷町で酒店を開業した自

営業主「岩倉八郎」の「手記」が引用されている。昭和戦前期の町内組織について、手記には次のように記されている。

「岩倉八郎手記」谷町一丁目は概して溝板を中心に、左右に峰割長屋が多く、此の小さな町に八百余世帯に人口四千名位住民が居った。勿論生活程度が低い労務者が多く、中央道路両側に小売店が並び賑やかであった。労務者は一日の疲れを酒で慰安し、能く喧嘩も多く、夜ともなれば道端で寝て居るのを能く見掛けた。朝飯の炊きたての釜の儘、質屋に入れたとの話も聞いた。質屋も欠かせない存在の営業であった。

治安としては交通事故もなく、一般に他に見られない人情味が暖く、大底の事は隣同志で解決を附けた。交番も中央にあったが必要もなく、遂に廃止になった。

自治政としては、睦会と称して家主・地主・差配人の特定の人が祭礼とか区役所からの仕事も幾分手伝って居った。費用は住民が負担して居った。会長は大友仁三郎氏でした。一方また浅野源一氏は選挙地盤として青年会を持って居た。亦、町を明るくする会長岩倉八郎が街路灯を建て、商店で負担した町盛会があった。昭和会と称する消費組合めいた力は薄いが田松次郎氏が主催して居った。一方在郷軍人会として田中正一氏の統率の下に連絡会があって、出征兵の送迎等に働いて呉れた。是れら五つの会が平和的で余りトラブルは起らなかった[32]。

手記では質屋について言及している。大友家の「丸屋」、渡辺家の「丸屋」のことであろう。

また「睦会」という自治組織があり、会長は「大友仁三郎」である。これは町会のことであろう。行政との連絡役を務め、祭礼を運営していた。地主、家主、差配人が構成員で、借家層は構成員ではなかった。

また、商店主が金銭を出して街路灯を建て、「町盛会」と称していた。消費組合のような組織もあり、「昭和会」と称していた。自営業者の組織が2つあったことがわかる。このほか、在郷軍人会、青年会があった。

以上から、昭和戦前期の鮫河橋は、3つの社会層で構成されていたといえよう。最上位層は大友家、酒井家のように世代間で資源を継承する安定した自営業主で、土地を集積し、金融・不動産収入がある層である。中層は次は零細自営業主層で、相互協力の組織をつくっていた。睦会を構成していた地主、家主、差配人もこの層に含まれる。下層は低所得層、借家層である。要

図表 14-12　昭和戦前期：鮫河橋の社会層

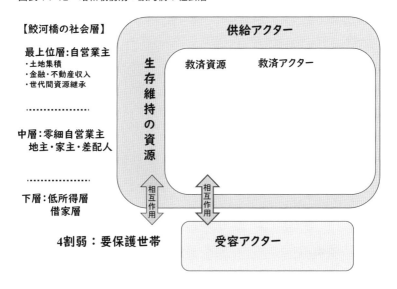

保護世帯が全世帯の 4 割弱を占めていた。以上のような社会構成を図示化したものが図表 14-12 である。

都市環境の変化

　鮫河橋は第二次大戦中、戦災で全焼した。『帰仁』には次のように記されている。

> 鮫河橋も戦争にはどうすることもできず、すっかり焼き払われてしまった。そして、貧民街もなくなるかと思われたのもつかの間、いちはやく元の住民が帰ってくるなどして、またバラックを建て始めた。こういう時、彼らはたくましい。地主がいないことをさいわいに、不法占拠したものもあった。また、地主の方でも広い土地を管理することができなかったり、税金（家屋税）が払えなかったりして、土地を安い値段でもとの住民などに売り払う者も少なくなかった。（中略）バラックも昭和三十年を境として、現在の町並みに変化していった[33]。

戦後まもなく、バラックが建ち並んだ。昭和 30 年代になると 2 階建て狭小住宅が密集するようになった。高度経済成長期の昭和 42 年頃に、3 階建て以上の鉄筋コンクリート建築が増えていった[34]。不良住宅区域はこのよう

なプロセスを経て、現代の都市環境に変わっていった。

――終章――

救済資源と地域社会

鮫河橋の地域特性

　本書「Ⅰ部」で近世の鮫河橋谷町の地域特性について考察した。「武家地・町地」併存型は土地利用に制限があり、資本力がある上層町人層は流入しない。武士層・町人層のいずれにおいても、「安定した経済基盤の社会層が不在」という地域特性を見出すことができた。結果的に経済的に脆弱な層、すなわち中下層の町人層・店借層が集積した。

　「Ⅲ部」で考察したように、近代移行期もこの傾向は変わらなかった。鮫河橋谷町は台地のなかの狭小な「谷間」で、小河川が流れ、周囲は湿地という地形的特徴があった。時代が変わっても、地形的不利条件は変わらない。川沿いの谷間は狭小に区割りされ、湿地に粗悪な長屋が建造され、「多様な雑業層」「生業不安定な社会層」が集積した。明治20年代に「三大貧民窟」と称されるようになり、鮫河橋では数軒の残飯屋が営業していた。

　明治30年代、鮫河橋谷町の表通りには商店が並ぶようになっていた。質屋、酒屋などの自営業主が鮫河橋谷町に定住していた。一方、路地には長屋が密集し、昭和戦前期に鮫河橋谷町の4割弱は要保護世帯で、「低所得層の集積地域」という地域特性は変わっていない。

　鮫河橋の「質屋」は明治31年から昭和4年まで四谷区会議員を務めた。低所得層に金を融通するので地域社会での影響力は大きい。「議員」という公職は社会的威信を強化したであろう。近代の鮫河橋は自営業主が地域社会上層として仕切る町になっていた。経済的基盤は低所得層を対象にした金融業や不動産賃貸である。金融資本、商業資本、不動産資本の所有者が区会議

終章　救済資源と地域社会　　281

員、方面委員、町会長など公職で箔を付け、上層を構成していた。

「生存維持の資源」供給アクター

鮫河橋の「生存維持の資源」について、本書で明らかにした知見をまとめると、図表15-1のようになる。自営業主は階層化されており、金融資本や不動産資本を所有する商業者と、零細資本の商業者がいた。それぞれの資本状況に応じて生存維持資源を供給していた。地域社会上層の質屋や酒屋は不動産資本を所有して、低所得層に住宅を供給した。また、質屋は都市下層に生活資金を融通した。残飯屋など零細自営業主層は食料を供給した。

鮫河橋のローカル特性の一つは、東京西部の軍用地、軍の諸機関・施設の集積地に近接していたことである。軍の規則に則って残飯は払い下げられ、残飯業が成立し、「生存維持の資源」供給アクターとして残飯屋が存在していた。中川は明治・大正期の都市下層の生活構造は、貧困地域特有の家計緊張緩和のしくみを必要としたと述べていた。残飯業はそのようなしくみの一つで、鮫河橋の低所得層は家計状況に応じて食品を選択していた。

教育系「救済資源」供給と救済アクター

本書「Ⅲ部」で考察したように、「救済資源」供給は教育系「救済」が先行した。教育系の「救済資源」には2つの供給ルートがあった。

一つは明治30年代に開設された東京市直営鮫橋小学校を経由するルートで、再掲した図表10-8に示した通りである。「東京市」による「教育財源」供給と、「東京市特殊小学校後援会」による「自主財源」供給があった。公的財源と、社団の自主財源という2種類の供給が連動して、「教育的対応」が持続的に機能していた。

また、もう一つは明治39年に移転してきた私立二葉幼稚園を経由するルートである。再掲した図表12-12に示した通りである。主要ルートは「二葉幼稚園への定期寄付」者による「自主財源」供給である。社団的組織による自主財源供給で、継続性があったことから社会的信用を得た。これが基盤になって、国や地方行政機関など「公的機関」による「随時・一時的対応」の救済資源が供給されるようになった。

以上、東京市直営小学校と私立幼稚園の実践例はいずれも、「社団的組織」による「自主財源」供給と、「公的機関」による「教育的」「随時・一時的」

図表 15-1　生存維持の資源と供給アクター

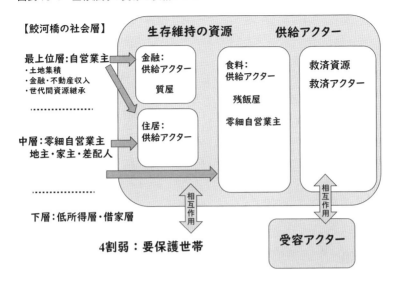

（再掲）図表 10-8　鮫河橋における教育環境の整備

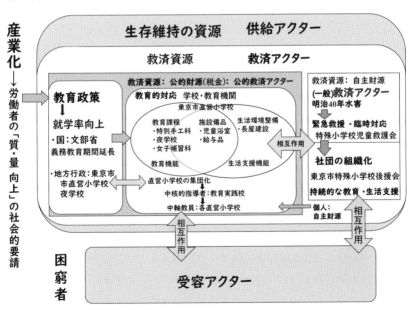

終章　救済資源と地域社会　　283

(再掲）図表 12-12　二葉幼稚園と救済資源

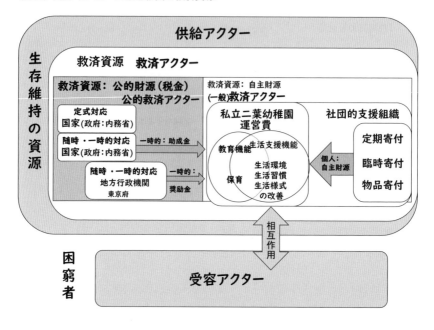

資源供給が連動するようになったことが共通している。初発の資源供給が軌道に乗り、救済効果を発揮し始めると、別種類の救済資源が連動して供給されるようになった。

　このような教育系の「救済資源」供給は明治30年代に始まり、明治40年代に試行錯誤を重ねて修正され、大正前期に安定して継続するようになった。

「公的救済アクター」と都市下層

　教育系「救済資源」供給が行われるようになったのち、大正なかばに東京市社会局が新設された。再掲した図表14-6 に示したように、公的機関を通して社会事業系の救済資源が困窮者に供給されるしくみ作りが始まった。鮫河橋では東京市社会局の「授産場」が開設された。就業に結びつく訓練施設が地域内に設置されたことは、低所得世帯の女性たちに有益であったと考えられる。

(再掲) 図表 14-6　東京市社会局の社会事業と要保護世帯の関わり

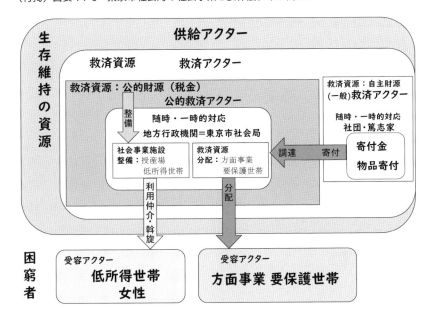

　一方、国費救済については厳しい制限主義が貫徹され、困窮者救済の法的枠組が整った時期は遅かった。公的扶助義務が法律に定められたのは昭和4年「救護法」（昭和7年施行）である。戦前期に都市貧困層に対する国の体系的な救済はほとんど進捗しなかったといえよう。

　鮫河橋では、明治後半から「地方行政機関（東京府、東京市）」や「学校・教育機関」が「公的救済アクター」として「教育的」または「随時・一時的」供給を行うようになった。「社団的組織」による「自主財源」供給と連動し、相乗効果によって鮫河橋の都市貧困層の生活改善に一定の効果をもたらしたと考えられる。

注

序章

(1) 鮫河橋は赤坂離宮（明治6〜22年は赤坂仮皇居）に隣接する地域であった。明治6年5月5日、皇居が失火で焼失（火元は女官部屋）、赤坂離宮を仮皇居とすることが定められた。仮皇居の敷地が手狭であるため、明治6年6月6日徳川茂承が仮皇居に隣接していた旧紀伊徳川家中屋敷用地を献上、7月宮内省から下賜金が与えられ、宮内省用地に組み込まれた［東京都編 1963b：758-763］

(2) ［横山 1899］［松原 1893］

(3) ［中川 2000：398］

(4) ［立花 1985］

(5) ［横山 1912：118-125］

(6) ［横山 1912：118-119］

(7) 『官報』1289号、明治20年10月13日。警察令第十六号「宿屋営業取締規則」、警察令第十七号

(8) ［横山 1899：40-43］

(9) ［横山 1899：1-2］

(10) ［横山 1899：6-7］

(11) ［横山 1899：36-38］

(12) ［横山 1912：119］

(13) ［中川 2000：398］

(14) ［横山 1911：202］

(15) ［横山 1911：205］

(16) ［横山 1912：119］

(17) ［横山 1912：118-125］

1章

(1) ［松山・伊藤 1999a］［松山・伊藤 1999b］

(2) ［松山 2014］

(3) ［松本 1983：265-275］に拠れば、武家地は江戸の土地全体の68.8％を占めていた。

(4) ［松山 2014：31-83］。明治政府は「郭内」の範域を2回改変し、明治元年〜2年の間に合計3回設定した。改変の時期と範域については［松山 2004］参照。

(5) ［松山 2004］［松山 2014：37］

(6) ［松山 2004］［松山 2014］

(7) ［松山・伊藤 1999a］［松山・伊藤 1999b］

(8) ［松山・伊藤 1999b：561］

(9)　［松山・伊藤 1999b：563］

(10)　［北原 1989］［北原 1995：196-226］

(11)　［北原 1995：196-226］

(12)　［北原 1995：200］

(13)　［山本 2015］

(14)　［松本 1983：265-275］

(15)　［中村 1981］

(16)　［中村 1981：4-9］

(17)　［中村 1981：10-12］

(18)　［中村 1981：12-18］

(19)　［中村 1981：18-25］

(20)　［大賀 1989：230-234］

(21)　［松本 1983：265-275］

(22)　［松本 1983：270-275］

(23)　［松本 1983：274］［北原 1995：139-193］

(24)　［北原 1995：153-186］

(25)　［東京都編 1960：23-71］［稲葉 1992：110-124］

(26)　［吉田 1991］

(27)　［吉田 1991：8-15］

(28)　［吉田 1991：8-15, 39-47］

(29)　［吉田 1991：62-73］

(30)　［東京市編 1920：1085-1092］［吉田 1991：10-11, 62-73］

(31)　［北原 1995：196-226］

(32)　［北原 1995：196-226］

2 章

(1)　「伊賀者由緒書」については［山田 2013］［山田 2016］［高尾 2017］参照。

(2)　［高尾 2017］

(3)　町方書上「元鮫河橋仲町」

(4)　「伊賀者由緒書」。町方書上「元鮫河橋仲町」

(5)　『柳営補任』巻 10「先手鉄炮頭」

(6)　『柳営補任』巻 8「御持筒頭」

(7)　［新人物往来社編 1995］

(8)　『大日本史料』12 編 3 冊 642-649 頁

(9)　「伊賀者由緒書」

(10)　『大日本史料』12 編 3 冊 642-649 頁。町方書上「鮫河橋谷町」

(11)　『大日本史料』12 編 3 冊 642-649 頁

(12)　「伊賀者由緒書」

(13)　『柳営補任』巻 8「御持筒頭」、巻 10「先手鉄炮頭」

(14) 「伊賀者由緒書」。『大日本史料』12 編 3 冊 642-649 頁。町方書上「鮫河橋谷町」

(15) ［山田 2016：198-199］［高尾 2017：18-21］

(16) 「伊賀者由緒書」。町方書上「四谷伊賀町」「鮫河橋谷町」。『大日本史料』12 編 3 冊 642-649 頁

(17) 町方書上「元鮫河橋仲町」

(18) 町方書上「元鮫河橋仲町」

(19) 町方書上「鮫河橋谷町」

(20) ［高尾 2017］

(21) 町方書上「鮫河橋谷町」。［高尾 2017：76］

(22) ［高尾 2017：120-121］

(23) ［高尾 2017：274-278］

(24) ［高尾 2017：277-278, 294-299］

(25) ［東京都港区編 1979：490-495］

(26) ［東京都編 1960：67-70］

(27) ［内閣官報局 1887：明治元年 24, 164-165］5 月 19 日法令、「第 402」、江戸鎮台ヲ置キ三奉行ヲ廃シ社寺市政民政ノ三裁判所ヲ設ケ職員ヲ定ム。

(28) ［内閣官報局 1887：明治元年 30, 202-203］6 月 22 日法令、「第 502」、天災兵害ノ余ニ付府藩県ヲシテ便宜賑恤ヲ施行セシム。

(29) ［内閣官報局 1887：明治元年 34, 225-226］

(30) 7 月 17 日法令、「第 557」、江戸ヲ称シテ東京ト為スノ詔書。7 月 17 日法令、「第 558」、鎮将府及東京府ヲ置キ職制ヲ定ム。［内閣官報局編 1887：明治元年 34, 223-224］

(31) ［東京市編 1920：826-827］

(32) ［北原 1995：196-226］

3 章─────────────

(1) ［森田 1993：81-115］

(2) ［東京都編 1961：518］

(3) ［東京都編 1961：518-572］

(4) 国立公文書館資料：太政類典・第 1 編第 74 巻「地方・土地処分」「万石以下屋敷一ケ所ト定ム並郭内外区域及町屋敷及武士地等住居ノ者収税処分」

(5) ［東京都編 1961：536-537］［森田 1996：64-66］

(6) ［東京都編 1961：554, 568-572］

(7) 東京都公文書館資料：605-B7-8、東京府消防掛「巳九月御用留」明治 2 年

(8) ［東京都港区編 1979：490-495］

(9) 東京都公文書館資料：606-C4-5、東京府「明治六年二月開学願書」

(10) 東京都公文書館資料：607-A3-1、東京府「明治八年中第七套家禄奉還類、還禄士族地所払下願留第五冊四月中」

(11) ［内閣統計局 1913：16-19］

(12) 国立公文書館資料：太政類典・第 2 編第 109 巻「東京府下地券発行附地券発行地租収納規則地券申請地租納方規則」明治 4 年 12 月 27 日

(13) ［森田 1996：73］［東京都編 1963a：329］［東京都編 1965：263-264］

(14) ［牧野・渡邊 2020：71-74］

(15) 東京都公文書館資料：ZH-662、「第三大区沽券地図」明治 6 年東京府地券課作成

(16) ［東京都編 1963：88-89］

(17) ［滝島 2003：100, 211］［牧野・渡邊 2020：71-74］

(18) ［東京都編 1965：280-281］

(19) ［東京都編 1965：240-281］

(20) ［東京都編 1960：95-97］

(21) ［東京都編 1960：218-226］

(22) ［東京都編 1960：95-97］

(23) ［稲葉 1992：148-149］

(24) ［東京都編 1960：111-160］［東京都養育院編 1953：8-12］

(25) ［東京都編 1960：220-226］

(26) ［東京都養育院編 1953：11-16］［東京都編 1960：152］

(27) ［東京都養育院編 1953：16］

(28) 渋沢栄一述，小貫修一郎編，1927,『青淵回顧録』青淵回顧録刊行会. =『渋沢栄一自伝青淵回顧録』「東京市養育院の沿革」角川文庫、2020 年、290-310 頁

(29) ［東京都編 1960：218-226］

(30) 東京都公文書館資料：604-A2-04、東京府常務局市井掛「明治四年辛未正月町方諸伺届、差上申御請書之事」

4 章

(1) ［中川 1985, 2000］

(2) ［中川 1985：2-41］

(3) ［中川 2000：373-401］［中川清編 1994］

(4) ［中川 2000：376-399］

(5) ［中川 1985：2, 13-15］［中川 2000：376-399］

(6) ［中川 1985：2, 15-16］

(7) ［中川 1985：3, 16-17, 332-333］

(8) ［中川 1985：3-10, 17-21, 332-333］

(9) ［中川 1985：331-361］

(10) ［中川 1985：370-401］

(11) ［稲葉 1992：148-155］

(12) ［大霞会 1971b：343-344］［中川 1985：36-38, 135-136］［厚生省五十年史編集委員会 1988：241-242］

(13) ［赤石 1982］［稲葉 1992：164-179］［大杉 1996］

(14) ［赤石 1982］

(15) ［大霞会 1971b：343-344］

(16) ［赤石 1982］［厚生省五十年史編集委員会 1988：242-243］［大霞会 1971b：343-347］

(17) ［大霞会 1971b：342-347］

(18) ［副田 2007：354-361］［中川 1985：136, 362-365］［大霞会 1971b：341-351］

(19) ［厚生省五十年史編集委員会 1988：244-245］［大霞会 1971b：348-349］

(20) ［稲葉 1992：164-179, 205］

(21) 『渋沢栄一伝記資料』第五巻：210-221。［石井 1997：68-75］

(22) ［稲葉 1992：164-179, 205］

(23) ［稲葉 1992：164-179, 205］

(24) ［中川 1985：13-15］

(25) 『官報』号外、明治30年3月24日、「第十回帝国議会衆議院議事速記録第三十一号」

(26) ［厚生省五十年史編集委員会 1988：246-248］［大霞会 1971b：348-349］

(27) 「第十六回帝国議会衆議院救貧法案委員会会議録（筆記）第二回」明治35年3月7日。［厚生省五十年史編集委員会 1988：248］［大霞会 1971b：348-349］

(28) ［東京都養育院編 1953：54, 311-319］

(29) ［東京都養育院編 1953：64-69, 101-102］

(30) ［副田 2007：354-361］［中川 1985：152-165］［大霞会 1971b：341-351］

(31) ［大霞会 1971b：342］

(32) ［大霞会 1971b：342］

(33) ［中川 1985：154-155］

(34) ［内閣官報局 1899：52］［大霞会 1971a：230-231］

(35) ［倉持 2012］

(36) ［東京都養育院編 1953：240］

(37) ［樺山述 1897：1-25］

(38) 読売新聞：明治30年2月8日、5月18日。［樺山述 1897：22-25］

(39) ［東京都養育院編 1953：240-245, 101-102］

(40) ［東京都養育院編 1953：243］

(41) ［東京都養育院編 1953：244］

(42) 読売新聞：明治31年5月1日、5月7日

(43) ［倉持 2012］

(44) ［東京都養育院編 1953：244-245］

(45) ［二村 2008：259-262］

(46) ［太田 1970］［二村 2008：219-262］［大霞会 1971b：354-355］

(47) ［内閣官報局 1899：52］

(48) ［井上会編 1940：6］

(49) ［留岡幸助日記編集委員会編 1979a：2-3］

(50) ［内閣官報局 1900：78-79］

(51) ［厚生省五十年史編集委員会 1988：248］［大霞会 1971b：348-349］

(52) ［木下 2015：26-42］

(53) ［留岡幸助日記編集委員会編 1979b］

(54) ［留岡幸助日記編集委員会編 1979b］

(55) ［留岡幸助日記編集委員会編 1979a：2-3］

(56) ［留岡幸助日記編集委員会編 1979a：3］

(57) ［大霞会 1970：822-824］［中筋 2005：143-152］

(58) ［清水 2021：129］

(59) ［大霞会 1971b：291-292］

(60) ［木下 2015：26-30］

(61) ［大霞会 1971b：291-292］

(62) ［橋川 1962：254-256］

(63) ［石井 1997：194-195］

(64) ［大霞会 1970：855-859］

(65) ［原編 1951a：203-204］［副田 2007：362-365］

(66) ［池田 1990］［片岡 2007］

(67) ［北場 2015：2, 7-10］

(68) 国立公文書館資料：枢密院文書・高等官転免履歴書三「窪田静太郎」昭和11〜22年

(69) ［相田 1933：804-805］［片岡 2007：86-87］

(70) ［池田 1990：138-139］

(71) ［片岡 2007：87］

(72) ［片岡 2007：87］

(73) ［石井 1997：231-234］［大霞会 1971a：273-275］

(74) ［清水 2021：132-151］

(75) ［原編 1951b：77-79］

(76) 『渋沢栄一伝記資料』第二十四巻：331-332

(77) ［社会福祉調査研究会編 1985：1-6］

(78) ［池田 1990：141-144］

(79) ［片岡 2007：87-88］

(80) ［木下 2015：30-31］

(81) ［木下 2015：33-36］

(82) ［井上会編 1940：11］

(83) ［池田 1990：145-146］［副田 2007：365-368］

(84) ［大霞会 1971a：289-291］［橋川 1962：243-247］

(85) ［大霞会 1971a：289-299］

(86) ［大霞会 1971a：296］

(87) ［副田 2007：357-359］

(88) ［大霞会 1971a：288-297］

（89）　［成田 2007：34-36］［副田 2007：365-368］

（90）　［済生会編 1964：2-3］

（91）　［済生会編 1964：44-50］

（92）　読売新聞：明治 44 年 2 月 13 日

（93）　東京日日新聞：明治 44 年 2 月 12 日

（94）　［済生会編 1964：44-50］

（95）　［星野 1911：471］［大霞会 1971a：298-299］

（96）　読売新聞：明治 44 年 3 月 28 日

（97）　読売新聞：明治 44 年 2 月 21 日、3 月 28 日、4 月 15 日

（98）　読売新聞：明治 44 年 4 月 27 日。［大霞会 1971a：298-299］

（99）　読売新聞：明治 44 年 5 月 23 日

（100）［留岡幸助君古稀記念事務所編 1933：647-651］［生江 1933：811-814］［中根 2016］

（101）［相田 1933：804-805］［留岡幸助日記編集委員会編 1979b：10-14］

（102）［留岡幸助日記編集委員会編 1979c：312-322］

（103）［留岡幸助日記編集委員会編 1979c：321］

（104）読売新聞：明治 44 年 6 月 7 日

（105）読売新聞：明治 44 年 6 月 9 日

（106）読売新聞：明治 44 年 6 月 29 日

（107）［内務省地方局 1912］

（108）［内務省地方局 1912］

（109）［片岡 2007：95-96］

（110）［内務省地方局 1912：凡例、細民戸別調査 1-2］

（111）［片岡 2007：95-96］

（112）［内務省地方局 1912：凡例］

（113）［留岡幸助日記編集委員会編 1979c：591-593］

（114）［留岡幸助日記編集委員会編 1979c：592］

（115）読売新聞：明治 44 年 12 月 18 日

（116）読売新聞：明治 45 年 4 月 30 日

（117）［内務省地方局 1915：7］

（118）［内務省地方局 1915：1-6］

（119）読売新聞：大正 2 年 5 月 24 日

（120）［片岡 2007：95-96］

5 章

（1）　『官報』第 299 号、大正 2 年 7 月 28 日

（2）　『官報』第 524 号、大正 3 年 4 月 30 日

（3）　［明治神宮造営局編 1923：63-76］

（4）　［池田 1990：130-134］

(5) ［東京府慈善協会編 1917a：1］

(6) ［東京府慈善協会編 1917a：1］

(7) 読売新聞、大正 6 年 2 月 12 日

(8) ［池田 1990：130-134］

(9) ［池田 1990：133］［山田 2019a：10-12］

(10) ［田子 1970：148-149］

(11) 『官報』第 1522 号、大正 6 年 8 月 27 日。［大霞会 1971b：367-368］

(12) ［田代 1964：32-35，192-194］

(13) 読売新聞：大正 6 年 8 月 19 日

(14) 読売新聞：大正 7 年 2 月 14 日

(15) ［廣田 2006：23］

(16) ［東京市会事務局編 1935：1136-1138］

(17) 読売新聞：大正 7 年 4 月 12 日

(18) 読売新聞：大正 7 年 4 月 19 日

(19) 読売新聞：大正 7 年 4 月 19 日

(20) ［廣田 2006：23］

(21) ［東京府慈善協会編 1918b：17-18］

(22) ［東京府慈善協会編 1918b：16］

(23) ［東京府慈善協会編 1918b：21-24］

(24) ［東京府慈善協会編 1918b：23-24］

(25) ［東京府慈善協会編 1919a：2］［山田 2019a：14］

(26) 国立国会図書館資料：田健治郎関係文書 24「大正七年日記」大正 7 年 8 月 13 日

(27) 読売新聞：大正 7 年 8 月 14 日

(28) 『渋沢栄一伝記資料』第三十巻：691-694 頁所収：『竜門雑誌』368 号：43-47、「大正 8 年 1 月、米価暴騰善後策（青淵先生）」・第三十巻：705-711 頁所収：東京臨時救済会編「東京臨時救済会報告書」大正 7 年 12 月刊

(29) 読売新聞：大正 7 年 8 月 16 日

(30) 読売新聞：大正 7 年 8 月 16 日

(31) 読売新聞：大正 7 年 8 月 17 日

(32) ［井上他 1920：517-519］

(33) ［東京府慈善協会編 1919a：2］

(34) 読売新聞：大正 7 年 8 月 18、19、20 日

(35) 読売新聞：大正 7 年 8 月 27 日。『渋沢栄一伝記資料』第三十巻：705-711 頁所収：東京臨時救済会編「東京臨時救済会報告書」大正 7 年 12 月刊

(36) 『渋沢栄一伝記資料』第三十巻：705-711 頁所収：東京臨時救済会編「東京臨時救済会報告書」大正 7 年 12 月刊

(37) 読売新聞：大正 7 年 8 月 23 日

(38) 読売新聞：大正 7 年 8 月 24、25、26、27 日

(39) 読売新聞：大正 7 年 8 月 25 日

(40) 読売新聞：大正 8 年 6 月 12 日

(41) ［東京府慈善協会編 1919a：2］

(42) ［東京府慈善協会編 1919a：2］

(43) ［東京府慈善協会編 1919a：3］

(44) ［東京府慈善協会編 1919a：24］［東京府社会事業協会編 1920：119-121］

(45) ［東京府慈善協会編 1919a：2］

(46) ［東京府慈善協会編 1919a：1］［東京府慈善協会編 1920b：115-116］［東京市社会局 1920a：25-32］

(47) ［大霞会 1971b：372］

(48) 『官報』第 1768 号、大正 7 年 6 月 25 日

(49) ［内務省社会局 1920：7-12］

(50) ［水野・他 1937：819-829］

(51) ［高野 1918：153-155］

(52) ［水野・他 1937：548］

(53) 『官報』第 8463 号、明治 44 年 9 月 5 日

(54) ［水野・他 1937：548-565, 641-643, 812-829］［前田蓮山編 1939：329-332］

(55) ［内務省社会局 1920：12-16］

(56) ［内務省社会局 1920：17-26］

(57) 読売新聞：大正 7 年 10 月 19 日

(58) ［内務省社会局 1920：17-26］

(59) ［内務省社会局 1920：26］

(60) ［内務省社会局 1920：26-30］

(61) ［関 1920：29-31］

(62) ［大霞会 1971b：372］

(63) ［大霞会 1971b：364］

(64) ［大原社会問題研究所編 1920：672］

(65) ［大原社会問題研究所編 1920：656-742］

(66) ［大霞会 1971b：372］

(67) ［大島 1968：148-150］

(68) ［大霞会 1971b：393-394］

(69) ［田子 1970：152］

(70) ［大霞会 1971b：363-365］［田子 1970：165-167］

(71) 『官報』第 2220 号、大正 8 年 12 月 26 日。［大霞会 1971b：370］

(72) 『官報』第 2419 号、大正 9 年 8 月 24 日。［大霞会 1971b：370］

(73) 『官報』第 3076 号、大正 11 年 11 月 1 日

(74) ［大霞会 1971b：392］

(75) ［大霞会 1971b：363-365, 371-372, 391-399］

(76) ［廣田 2006：23-27］

(77) 読売新聞：大正 8 年 6 月 12 日

(78) 読売新聞：大正 8 年 6 月 12 日

(79) ［桜井 2003：54］。読売新聞：大正 8 年 6 月 27 日

(80) ［東京市社会局 1921b：2-3］［東京市会事務局編 1936：103-105］

(81) ［東京市社会局 1921b：3］［廣田 2006：23-27］

(82) 読売新聞：大正 8 年 10 月 10、15、19、20 日

(83) ［東京市社会局 1921b：3-5］［東京市会事務局編 1936：105］

(84) ［東京市社会局 1921b：3-5］

(85) 東京市訓令甲第 26 号・社会局処務規程。［東京市社会局 1921b：4-5］

(86) ［東京府慈善協会編 1919c：40-41］

(87) ［東京府慈善協会編 1920a：98-114］

(88) ［東京府慈善協会編 1920a：98-114］［東京府慈善協会編 1920b：100-110］

(89) ［東京府慈善協会編 1920b：99］［東京府社会事業協会編 1921c：48-78］

(90) 読売新聞：大正 9 年 8 月 8 日

(91) ［東京府社会事業協会編 1920：155］［東京都福祉事業協会七十五年史刊行委員会 1996：18］

(92) ［東京府社会事業協会編 1921c：48-78］

(93) ［東京府社会事業協会編 1921e：161-162］［東京府社会事業協会編 1922a：64-86］

(94) ［東京市社会局 1923c：4-5］

(95) ［東京市社会局 1921b：4-5］

(96) 『官報』第 1152 号、大正 8 年 10 月 6 日。［大原社会問題研究所編 1920：720-721］

(97) ［法政大学大原社会問題研究所編 2004：60-61，80］

(98) 読売新聞：大正 9 年 2 月 2 日

(99) ［東京市社会局 1921a：1-3］

(100) ［東京市社会局 1921a］［東京市社会局 1922：103］

(101) ［東京市社会局 1921a］

6 章

(1) ［東京府 1937：82-84］

(2) ［久本・鈴木・今野編 1980：294-321］

(3) ［東京府 1937：72-77］［土方 1998］

(4) ［久本・鈴木・今野編 1980：294-321］［土方 2002a］

(5) ［東京府 1937：72-77］

(6) ［東京府 1937：72-77］

(7) ［東京府学務課 1885：3］［東京府 1937：87］［新宿区教育委員会 1976：49-51］［土方 1998：3］

(8) ［東京府学務課 1885：3］

(9) ［東京府 1937：87］［新宿区教育委員会 1976：78-79］

(10) ［東京府学務課 1885：3］

(11) ［新宿区教育委員会 1976：78-79］

(12) ［東京府 1937：86］

(13) ［土方 2002a：64］

(14) ［東京府 1937：17-33, 79-80］

(15) ［新宿区教育委員会 1976：24-28, 49-51］［土方 2002a：33-66］

(16) ［東京府学務課 1885：3］［土方 2002a：33-66］

(17) ［土方 2002a：112-154］

(18) ［土方 2002a：11-32］［土方 2002b, 2004］

(19) 東京都公文書館資料：611-B5-08、東京府・回議録・第 8 類・学務委員書類「学務委員事務章程成定に付文部卿へ報告」明治 13 年 5 月 23 日

(20) 読売新聞：明治 13 年 5 月 22 日掲載、東京府「学務委員事務章程」

(21) 読売新聞：明治 13 年 10 月 6 日

(22) 読売新聞：明治 15 年 1 月 19 日、21 日掲載、東京府「就学督責規則」

(23) ［東京府学務課 1885：2］

(24) ［東京府学務課 1885：15］

(25) ［東京府 1937：82-85］

(26) 『官報』第 829 号、明治 19 年 4 月 10 日

(27) ［土方 2002a：87-89］

(28) ［東京府 1937：88-97］

(29) ［東京府 1937：96-97］［土方 2002a：87-95］

(30) 『官報』第 2183 号、明治 23 年 10 月 7 日

(31) 『官報』第 2516 号、明治 24 年 11 月 17 日、文部省令第 8 号～第 26 号

(32) 『官報』第 2516 号、明治 24 年 11 月 17 日、文部省訓令第 5 号

(33) ［東京府内務部第三課 1892：1-3］［東京府 1937：99-106］

(34) ［東京府内務部第三課 1892：2］

(35) ［東京都教育会編 1944：1-21］

(36) ［東京府教育談会：1884：1-4］［東京教育社編 1889：17］［東京教育社編 1890：15］

(37) ［東京教育社編 1892：20］

(38) 読売新聞：明治 25 年 4 月 29 日

(39) ［大束重善先生編輯所編 1936：略年譜 1-4］

(40) ［大束重善先生編輯所編 1936：304-314］

(41) ［文部省大臣官房総務課 1969：77-79］

(42) ［大日本教育会編 1896：緒言 1］

(43) ［大日本教育会編 1896：1-14］

(44) 読売新聞：明治 31 年 2 月 1 日

(45) ［文部大臣官房文書課 1899：33］

(46) ［東京市会事務局編 1933：17-22］

(47) ［東京市会事務局編 1933：17-22］

(48) ［東京市会事務局編 1933：200-209］

(49)　［東京市会事務局編 1933：441-459］［土方 2002a：112-125］

(50)　［三原 1981：271-272］

(51)　［文部省大臣官房総務課 1969：109-122］

(52)　『官報』4919 号、明治 32 年 11 月 22 日

(53)　『官報』5009 号、明治 33 年 3 月 16 日

(54)　『官報』5140 号、明治 33 年 8 月 20 日

(55)　［平田 1979：313-333］

(56)　［三原 1981：272-275］

(57)　［隅谷編 1970：163-165］

(58)　［石井 1997：130-135］

(59)　［農商工高等会議 1899：260-261］

(60)　［隅谷編 1970：220-221］

(61)　［三原 1981：280-282］

(62)　［沢柳 1978：180］

(63)　［東京都教育会編 1944：358-397］

(64)　東京都公文書館資料：610-D9-17、「東京市特殊尋常小学校設立ノ件」

(65)　［東京市会事務局 1933：542-546］

(66)　［加登田 1983：95-96］

(67)　東京都公文書館資料：「社団法人設立申請書」

7 章

(1)　［大沢 1986］［毛利 1990］

(2)　［宮本 1992］

(3)　［井川 2022］

(4)　［井川 2022：4-6, 21-22］

(5)　［池田 1990：129, 135-137, 151-153］

(6)　［高田 2001］［高田 2015］［高田 2016］［長谷川 2014］［金澤 2008］［金澤 2021］

(7)　［長谷川 2014：3-6］

8 章

(1)　東京都公文書館資料：607-B7-3、「公立小学設立伺」明治 8 年 9 月。［新宿区教育
　　委員会 1979：10-13］

(2)　東京都公文書館資料：607-B5-04、「深沢半次郎他 3 名」明治 8 年 6 月

(3)　東京都公文書館資料：607-B7-3、「公立小学設立伺」明治 8 年 9 月

(4)　［東京府学務課 1885：3］［東京府 1937：87］［新宿区教育委員会 1976：49-51］
　　［土方 1998：3］

(5)　［新宿区教育委員会 1979：46-50］

(6)　東京都公文書館資料：608-C3-07、「鮫橋学校より区内貧民多の儀に付」明治 10 年
　　6 月 4 日

注　297

(7) 東京都公文書館資料：608-C7-08、「鮫橋学校より夜学開設伺聞届」明治 10 年 9 月 26 日

(8) 読売新聞：明治 11 年 4 月 7 日

(9) ［新宿区教育委員会 1979：14-18］「四ツ谷小学校之新築設立伺」

(10) ［東京府 1937：87］

(11) ［新宿区教育委員会 1976：78-79］

(12) ［新宿区教育委員会 1979：47-50］

(13) 東京都公文書館資料：610-C7-05、「公立鮫橋小学校廃止の件」

(14) ［新宿区教育委員会 1979：50-52］

(15) ［東京都編 1963b：758-763］

(16) ［東京衛生試験所 1891：1-126］「虎列刺病検査報告」

(17) ［内務省衛生局編 1888：1-18］

(18) 東京都公文書館資料：615-B2-13、「東京府内訓、官房記録掛」明治十九年

(19) ［東京都編 1980：180-204］

(20) ［池田 2019：53-94］［旗手 1963：40-46］

(21) ［帝室林野局編 1934：1-6］

(22) ［東京都編 1980：180-204］

(23) 『明治天皇紀』明治 19 年 7 月 12 日

(24) 『明治天皇紀』明治 19 年 7 月 12 日

(25) 『明治天皇紀』明治 19 年 7 月 12 日

(26) 読売新聞：明治 15 年 1 月 19 日、21 日掲載、東京府「就学督責規則」

(27) 明治 19 年 4 月 9 日「勅令第 14 号」小学校令、『官報』明治 19 年 4 月 10 日

(28) ［土方 2002a：87-89］

(29) ［東京府 1937：88-97］［土方 2002a：87-95］

(30) 東京都公文書館資料：617-A6-6、「学務課、私立小学校願伺届」明治 21 年

(31) 東京都公文書館資料：617-A6-7、「学務課、私立小学校願伺届三」明治 21 年

(32) 『帰仁』26 号、昭和 43 年 10 月祥山寺門前「新宿区文化財旧跡三銭学校跡」

(33) ［東京教育社編 1888：12］［土方 2002a：91-93］

(34) ［中川 1985：13-19］［中川 2000：373-399］［中川編、1994］

(35) ［中川編 1994：64］

(36) ［松原 1893＝2015：解説 159-166］

(37) ［立花 1985］

(38) ［横山 1899：40-43］

(39) ［横山 1899：1-2］

(40) ［武田 2009］

(41) ［高野 1894＝1944：363-387］

(42) ［高野 1894＝1944：365］

(43) ［高野 1894＝1944：363-367］

(44) ［高野 1894＝1944：363-387］

(45) ［高野 1894＝1944：373］。読売新聞：明治27年1月21日

(46) ［中川 1985：4-9，13-15，26-41］［中川 2000：376-399］

(47) ［横山 1899：6-7］

(48) ［高野 1894＝1944：378-380］

(49) ［横山 1899：36-38］

(50) ［松原 1893：47］

(51) ［大我居士（桜田）1893：24］

(52) ［横山 1899：7-34］

(53) ［高野 1894＝1944：380-382］

(54) ［横山 1899：12-13］

(55) ［横山 1899：13］

(56) ［横山 1899：45］

(57) 『帰仁』28号、昭和44年6月。『帰仁』については後述。

(58) ［松原 1893：25-46］

(59) ［松原 1893：28］

(60) ［松原 1893：29］

(61) ［松原 1893：29-30］

(62) ［高野 1894＝1944：377-378］

(63) ［中川 1985：33］

9章

(1) 防衛研究所資料：陸軍省大日記、官省使及本省布令9月布、陸軍第1局、「一般へ陸軍給養表備考改定云々」明治7年9月15日。陸軍省大日記、陸軍省達全書、「給養表備考中章条改正」明治7年9月15日

(2) 防衛研究所資料：海軍省公文備考、公文類纂、「内乾380、海兵士官学校所轄変換相成度件、軍務局上請」明治9年10月

(3) 防衛研究所資料：海軍省公文備考、公文類纂、「元海兵隊貯蓄金取計方の件、軍務局伺」明治10年5月23日

(4) 防衛研究所資料：陸軍省大日記、陸軍省達全書、「廃物売却規則を定む」明治8年6月3日。陸軍省大日記、陸軍省達全書、「廃物売却規則中、改正増加」明治8年9月13日

(5) ［遠藤 2007］

(6) 防衛研究所資料：陸軍省大日記、陸軍省総務局、「各隊会計牒簿例式概則3」歩兵第一連隊第一大隊第一中隊、雑収金上納明細表、給餉日計牒、魚菜日計牒、庖厨日計牒、明治13年

(7) 防衛研究所資料：陸軍省大日記、陸軍省達全書、「近衛鎮台等下士増給中食宅料改正」明治7年

(8) 防衛研究所資料：陸軍省大日記、「各鎮台準備金之儀に付伺」明治14年10月12日。国立公文書館資料：「公文類聚」第6編、第21巻「陸軍各鎮台準備金据置」

明治 15 年 2 月 1 日

(9) 防衛研究所資料：陸軍省大日記、陸軍省達全書、「雑収入科目表改正」明治 17 年
10 月 3 日

(10) 防衛研究所資料：陸軍省大日記、伍大日記、「一督より廃品売却方の件」明治 22
年 5 月 21 日

(11) ［高野 1894 = 1944：377-378］

(12) ［松原 1893：37］

(13) ［松原 1893：38］

(14) 読売新聞：明治 33 年 8 月 12 日

(15) ［佐藤 1903］

(16) 読売新聞：明治 37 年 4 月 22 日

(17) 国立公文書館資料：公文備考、公文類纂、「市ヶ谷元名古屋藩邸ヲ兵部省ニ交付ス」
明治 4 年 2 月 22 日。防衛研究所資料：陸軍省大日記、弐大日記、「士官幼年両校
官制の件」明治 6 年 6 月 8 日。陸軍省大日記、「第一経営部より市ヶ谷尾州屋敷建
築士官学校」明治 7 年 3 月。陸軍省大日記、各省雑・内務卿、「市ヶ谷旧名古屋藩
邸へ御省士官学校、並鎮台砲兵営建築の件」明治 7 年 8 月。陸軍省大日記、陸軍
省達書、「明治 7 年陸軍士官学校条例相定」明治 7 年 10 月 27 日

(18) 防衛研究所資料：陸軍省大日記、壱大日記、「中央幼年学校残飯払下契約解除に関
する訴願の件」明治 39 年 12 月 13 日

(19) 防衛研究所資料：陸軍省大日記、壱大日記、「中央幼年学校残飯払下契約解除に関
する訴願の件」明治 39 年 12 月 13 日

(20) ［深海 1919：60-71］

(21) ［東京市社会局 1923b：26］

(22) ［草間 1936］

(23) ［草間 1936：207-211］

10 章————————————

(1) 東京都公文書館資料：610-D9-17、「東京市特殊尋常小学校設立ノ件」。［東京市会
事務局 1933：542-546］［東京都教育会編 1944：358-397］

(2) ［加登田 1983：90-91］

(3) 『帰仁』28 号、昭和 44 年 6 月

(4) 朝日新聞：大正 11 年 10 月 26 日

(5) ［加登田 1983：95］

(6) ［別役 1991：34-35，40-41］

(7) ［東京市鮫橋尋常小学校 1922］

(8) ［別役 1991：37-38］［加登田 1983：95］

(9) ［坂本 1914：35］

(10) ［日本弘道会編 1907：25-28］［東京市教育課 1915：11-15］

(11) ［日本弘道会編 1907：26］

(12) ［内務省地方局 1910：18-19］

(13) ［東京市教育課 1915：15］

(14) ［東京市内記課 1913：161-162］

(15) ［加登田 1983：92］

(16) ［日本弘道会編 1907：26］

(17) 『東京市教育会雑誌』第 3 号、明治 37 年、7 頁所収、鮫橋校尋三高野信太郎「私の
よろこび」

(18) ［日本弘道会編 1907：27］

(19) ［加登田 1983：93］

(20) ［東京市鮫橋尋常小学校 1922］

(21) ［東京市内記課 1913：146-147］

(22) ［東京市編 1930：8］［川向 1973：45］

(23) ［文部省編 1972］

(24) ［東京市鮫橋尋常小学校 1922］

(25) 朝日新聞：大正 11 年 10 月 26 日「鮫が橋の児らを教へて十五年」

(26) 庄田は大正 11 年 11 月 13 日、校長在職中に死去。朝日新聞：大正 11 年 11 月 15
日「鮫ヶ橋小学の庄田校長逝く」

(27) ［川向 1973：55］

(28) ［東京市鮫橋尋常小学校 1922］［川向 1973：55］

(29) ［東京市鮫橋尋常小学校 1922］

(30) ［東京市鮫橋尋常小学校 1922：64-65］

(31) ［隅谷編 1970］［川向 1973］［別役 1991］

(32) ［加登田 1983：95-96］

(33) 朝日新聞：明治 40 年 8 月 27、28、30 日

(34) ［日本教育社編 1907：3］

(35) ［日本教育社編 1907：3］

(36) ［加登田 1983：95-96］

(37) 読売新聞：明治 41 年 4 月 12 日

(38) 読売新聞：明治 43 年 4 月 9 日、10 日

(39) 東京都公文書館資料：629-D2-11、「社団法人設立ノ件」東京府学務課、明治 43 年
5 月 25 日

(40) 東京都公文書館資料：629-D2-11、「社団法人設立申請書」

(41) 東京都公文書館資料：「東京市特殊小学校後援会定款」

(42) ［加登田 1983：98］

(43) ［社会政策社編 1912：88］

(44) 読売新聞：明治 44 年 4 月 7 日

(45) ［東京市鮫橋尋常小学校 1922：63-64］

(46) ［東京市鮫橋尋常小学校 1922：4］

(47) ［加登田 1983：96］

(48) ［東京市社会局 1920b：70-73］

(49) 読売新聞：明治 44 年 4 月 11 日

(50) 読売新聞：明治 44 年 4 月 24 日

(51) 『渋沢栄一伝記資料』第三十巻：802 頁所収：中央慈善協会編「東京市特殊小学校後援会玉姫長屋事業 貸長屋」『日本社会事業名鑑 第二輯』中央慈善協会：68、1920 年

(52) 『渋沢栄一伝記資料』第三十巻：799 頁所収：「中央新聞」第 9782 号、明治 45 年 4 月 22 日「教育史上の新記録、本日の玉姫学校長家落成式、活用されし本社募集義捐金」

(53) 『渋沢栄一伝記資料』第三十巻：797-799 頁所収：「中央新聞」第 9783 号、明治 45 年 4 月 23 日。［東京市社会局 1920b：70-73］［東京府社会事業協会編 1922b：119-123］

(54) ［東京市社会局 1920b：70-73］

(55) ［人道社編 1919：15］

(56) 東京都公文書館資料：628-B6-2、「賞与案」

(57) ［信用名鑑発行所編 1911：1002-1003］。『人事興信録』初版

(58) 『人事興信録』初版、第 4 版。東京都公文書館資料：303-E5-01、「名誉職辞任に関する件」

(59) ［東京市養育院編 1907：16］

(60) 読売新聞：大正 7 年 6 月 8 日

11 章

(1) ［二葉保育園編 1985］［松本 2007］［大西 2020］

(2) ［神崎編 1940：31-71］［二葉保育園編 1985］［松本 2007］［大西 2020］

(3) ［二葉保育園編 1985：17］

(4) 『官報』第 2027 号：76-77、明治 23 年 4 月 7 日

(5) 『官報』第 2190 号：185-186、明治 23 年 10 月 15 日

(6) 『官報』第 2190 号：186、明治 23 年 10 月 15 日

(7) ［二葉保育園編 1985：17］

(8) 『官報』第 3180 号：68-69、明治 27 年 2 月 7 日

(9) ［二葉保育園編 1985：13-22］

(10) ［二葉保育園編 1985：18-20］［松川 1987a：27-30］［大西 2020：64］

(11) ［二葉保育園編 1985：18-19］

(12) ［二葉保育園編 1985：18-20］

(13) ［松川 1987a：27-30］

(14) ［吉川 1956：191］

(15) ［二葉保育園編 1985：18-20］

(16) ［二葉保育園編 1985：18-20］［松川 1987a：27-30］

(17) ［Bloomfield 1995/1996：381-384］

(18)　［Adams 2006］［Adams 2010：5-6］

(19)　［Adams 2006］

(20)　［Adams 2006］［米村 2023：23］

(21)　［Adams 2006］［米村 2023：23］

(22)　［橋川 2010：40］

(23)　［Adams 2006］［米村 2023：23］

(24)　［Adams 2006］［西郷 2020：112-113］

(25)　［米村 2023］

(26)　［Adams 2006］［Adams 2010：5-6］

(27)　［Nawrotzki 2009］

(28)　［二葉保育園編 1985：18-20］［西郷 2022：171］

(29)　［Adams 2010：5-6］

(30)　［神崎編 1940：56］

(31)　『官報』第 3254 号：94、明治 27 年 5 月 8 日

(32)　『官報』第 3259 号：162、明治 27 年 5 月 14 日

(33)　［神崎編 1940：46］

(34)　［吉川 1956：172］

(35)　［吉川 1956：179］

(36)　［吉川 1956：204-205］

(37)　［吉川 1956：386-388］

(38)　［武田編 1963：154-156］

(39)　［松川 1987a：27-30］

(40)　［吉川 1956：248］

(41)　［神崎編 1940：58-59］

(42)　［神崎編 1940：59］

(43)　［東京帝国大学編 1932：1322-1323］［野村 1971：189-193］

(44)　［佐藤 1888：96］

(45)　［神崎編 1940：60］

(46)　［二葉保育園編 1985：資料編16］

(47)　［佐藤 1888：96］

(48)　［坂本他 2014：106-108］

(49)　［石井 1998：82-88、103-104］［斎藤 1999：34-37］

(50)　［坂本・秋山 2010：283-286］

(51)　［坂本・秋山 2010：283-286］

(52)　［坂本他 2014：112］

(53)　［石井 1998：88-95］

(54)　［同志社社史料編集所編 1979：722-732］［坂本・秋山 2010：283-286］［坂本他 2014：98-112］［坂本 2016：33-34］

(55)　［吉田 2005：35-38］

(56) ［手塚 1968：271-282］

(57) ［Greene 1927：254-289］［同志社社史史料編集所編 1979：714-716］

(58) ［Newell 1912：247-251］［土肥 1985：158-159］

(59) ［西尾編 1907：附録1-12］

(60) ［日本基督教団番町教会 1986：12-27］

(61) ［小崎編 1924］

(62) ［日本基督教団番町教会 1986：33］

(63) ［Greene 1927：254-289］

(64) ［西尾編 1907：附録1-14］

(65) ［Greene 1927：254-289］

(66) ［片山 1954：212］

(67) ［日本基督教団番町教会 1986：44-47］

(68) ［手塚 1968：273］

(69) ［片山 1954：211］

(70) ［手塚 1968：271-282］［二村 2008：182-187, 235］

(71) ［片山 1954：212］

(72) ［坂本他 2017：78-79］

(73) ［片山 1954：212］

(74) ［日本基督教団番町教会 1986：50-51］［手塚 1968：280-281］

(75) ［同志社社史史料編集所編 1979：191-226, 722-730］

(76) ［坂本他 2016a：98-99］

(77) ［同志社社史史料編集所編 1979：217-222］

(78) ［坂本 2020：10-13］

(79) ［坂本 2020：12-13］

(80) ［坂本他 2016b：115-119］［坂本 2020：11］

(81) ［坂本・八木谷 2023：12］［坂本他 2016b：119］

(82) ［坂本・八木谷 2023］

12章

(1) ［神崎編 1940：60］

(2) ［二葉保育園編 1985：資料編18］

(3) ［二葉保育園編 1985：資料編3-10］

(4) ［二葉保育園編 1985：資料編13］

(5) ［神崎編 1940：60-61］

(6) ［二葉保育園編 1985：資料編20］

(7) ［二葉保育園編 1985：資料編109］

(8) ［安岡 1999：32］

(9) ［二葉保育園編 1985：資料編392］「私立二葉幼稚園第十五回報告」

(10) ［神崎編 1940：66］

(11) ［二葉保育園編 1985：資料編 392］「私立二葉幼稚園第十五回報告」

(12) ［二葉保育園編 1985：資料編 17-18］「私立二葉幼稚園第一回報告」

(13) ［二葉保育園編 1985：資料編 50-51］「私立二葉幼稚園第二回報告」

(14) ［二葉保育園編 1985：資料編 399-400］「私立二葉幼稚園第十五回報告」

(15) ［二葉保育園編 1985：資料編 20，401］「私立二葉幼稚園第一回報告、第十五回報告」

(16) ［二葉保育園編 1985：資料編 13，52，391，401］「私立二葉幼稚園第一回報告、第二回報告、第十五回報告」

(17) ［二葉保育園編 1985：資料編 52］「私立二葉幼稚園第二回報告」

(18) ［二葉保育園編 1985：資料編 107］

(19) ［二葉保育園編 1985：資料編 101-107］

(20) ［二葉保育園編 1985：資料編 97］

(21) ［二葉保育園編 1985：資料編 111］

(22) 『婦人と子ども』4（10）：60、1904 年

(23) ［二葉保育園編 1985：資料編 160］

(24) ［人事興信所編 1915］

(25) ［日本現今人名辞典発行所編 1903：ま ノ 23］

(26) ［人事興信所編 1915］

(27) ［二葉保育園編 1985：資料編 177］「私立二葉幼稚園第七回報告」

(28) ［二葉保育園編 1985：資料編 205，392］「私立二葉幼稚園第八回報告、第十五回報告」

(29) ［二葉保育園編 1985：資料編 261］「私立二葉幼稚園第十回報告」

(30) ［二葉保育園編 1985：資料編 154］「私立二葉幼稚園第六回報告」

(31) ［二葉保育園編 1985：資料編 178-179，194-197］「私立二葉幼稚園第七回報告」

(32) ［二葉保育園編 1985：資料編 177］「私立二葉幼稚園第七回報告」

(33) ［二葉保育園編 1985：資料編 194-197］「私立二葉幼稚園第七回報告」

(34) 東京都公文書館資料：627-B6、「明治 39 年文書類纂・学事」

(35) ［二葉保育園編 1985：資料編 227］

(36) ［二葉保育園編 1985：資料編 294］

(37) ［二葉保育園編 1985：資料編 400］「私立二葉幼稚園第十五回報告」

(38) ［二葉保育園編 1985：資料編 402］

(39) ［二葉保育園編 1985：資料編 184］「私立二葉幼稚園第七回報告」

(40) ［二葉保育園編 1985：資料編 266］

(41) ［二葉保育園編 1985：資料編 266］

(42) ［二葉保育園編 1985：資料編 403］

(43) ［東京都編 1955：41-54］

(44) ［上・山崎 1974］［上・山崎 1980］

(45) ［山川 1956：121-124］

(46) ［東京都編 1955：41-54］［山川 1956：121-124］

(47) ［東京都編 1955：41-45］

(48) ［山川 1956：121］

(49) ［山川 1956：122］

(50) ［神崎編 1940：66-67］

(51) ［二葉保育園編 1985：資料編 393］「私立二葉幼稚園第十五回報告」

(52) ［二葉保育園編 1985：資料編 363-364］「私立二葉幼稚園第十四回報告」

(53) ［二葉保育園編 1985：資料編 393］「私立二葉幼稚園第十五回報告」

(54) ［二葉保育園編 1985：資料編 394］

(55) ［二葉保育園編 1985：資料編 351-352］「私立二葉幼稚園第十四回報告」

(56) ［東京都編 1955：46］

(57) ［神崎編 1940：67］

(58) ［二葉保育園編 1985：資料編 425-435］

(59) ［二葉保育園編 1985：資料編 425-435］

(60) ［東京都編 1955：46］

(61) ［二葉保育園編 1985：資料編 456］

(62) ［二葉保育園編 1985：40-48］

(63) ［二葉保育園編 1985：38-39］

(64) ［二葉保育園編 1985：資料編 481-483］「私立二葉保育園第十七年報告」

(65) ［神崎編 1940：66］

(66) ［東京府慈善協会編 1917a：2-3］

(67) ［東京府慈善協会編 1918b：16］

(68) ［東京府慈善協会編 1918b：21-24］

(69) ［加登田 1983：96］

(70) ［草間 1936：97］

(71) ［草間 1936：98］

(72) ［草間 1936：99-100］

(73) ［草間 1936：84-106］

(74) ［東京市鮫橋尋常小学校 1922］『学校概覧』

13 章―――――――――――

(1) 『帰仁』9 号、昭和 39 年 4 月

(2) 『帰仁』34-39 号、昭和 46 年 7 月

(3) 『帰仁』30 号、昭和 44 年 10 月

(4) 『帰仁』29 号、昭和 44 年 8 月

(5) 『帰仁』13 号、昭和 40 年 4 月

(6) ［東京市鮫橋尋常小学校 1922］

(7) 『帰仁』13 号、昭和 40 年 4 月

(8) ［新宿区教育委員会 1976：312-313］

(9) 『帰仁』13 号、昭和 40 年 4 月

(10) 『帰仁』13 号、昭和 40 年 4 月

(11) 『帰仁』14 号、昭和 40 年 7 月

(12) ［新宿区教育委員会 1976：363］

(13) 『帰仁』34-39 号、昭和 46 年 7 月

(14) 『帰仁』29 号、昭和 44 年 8 月

(15) 『帰仁』34-39 号、昭和 46 年 7 月

(16) 『帰仁』34-39 号、昭和 46 年 7 月

(17) 『帰仁』12 号、昭和 40 年 1 月

(18) ［二葉保育園編 1985：資料編 234］「私立二葉幼稚園第九回報告」

(19) 『帰仁』34-39 号、昭和 46 年 7 月

(20) 『帰仁』34-39 号、昭和 46 年 7 月

(21) 『帰仁』34-39 号、昭和 46 年 7 月

(22) ［二葉保育園編 1985：資料編 403］「私立二葉幼稚園第十五回報告」

(23) 『帰仁』17 号、昭和 41 年 8 月

(24) 『帰仁』24 号、昭和 43 年 4 月

(25) 『帰仁』17 号、昭和 41 年 8 月

(26) 『帰仁』29 号、昭和 44 年 8 月

14 章

(1) ［東京市社会局 1936：1-2］

(2) ［東京市社会局 1936：1-2］

(3) ［東京府慈善協会編 1918b：21-24］

(4) ［北場 2009：4］［山田 2019b：16］

(5) ［東京市社会局 1931b：1-2］

(6) ［東京市編 1922：593-597］

(7) ［東京市社会局 1924e＝1995：27-29］［東京市社会局 1931b：2-17］

(8) ［東京市社会局 1931b：2-17］

(9) ［東京市社会局 1931b：15］

(10) 「東京市公報」昭和 4 年 11 月 16 日

(11) 「東京市公報」大正 11 年 12 月 16 日

(12) ［東京市社会局 1924f：98-99］。東京市社会局『方面時報』第 6 号：11-12、大正 13 年 7 月 15 日

(13) 「東京市公報」昭和 6 年 11 月 14 日

(14) 「東京市公報」昭和 6 年 11 月 17 日

(15) ［東京市社会局 1936：1-2］

(16) 『官報』第 2604 号：269、大正 10 年 4 月 9 日

(17) ［東京市社会局 1932a：1-9］

(18) 「東京市公報」昭和 6 年 5 月 16 日、東京市告示第 202 号

(19) ［東京市社会局 1932a：60-63］

(20) 「東京市公報」昭和 2 年 2 月 22 日

(21) 「東京市公報」昭和 6 年 10 月 20 日

(22) ［井出編 1898：252］［交詢社編 1901：624］［東洋出版協会編 1911：213］［日本人事通信社編 1931：107-108］［四谷区役所 1934：2-8］

(23) ［日本人事通信社編 1931：107-108］

(24) ［東洋出版協会編 1911：213］

(25) ［日本人事通信社編 1931：107-108］

(26) ［井出編 1898：252］

(27) ［四谷区役所 1934：2-8］

(28) ［四谷区役所 1934：2-8］

(29) ［日本人事通信社編 1931：107-108］

(30) ［井出編 1898：252］

(31) ［交詢社編 1901：624］

(32) 『帰仁』34-39 号：44-46、昭和 46 年 7 月

(33) 『帰仁』17 号、昭和 41 年 8 月

(34) 『帰仁』21 号、昭和 42 年 7 月

参考文献

相田良雄，1933，「並木の下を出入して」，留岡幸助君古稀記念事務所編『留岡幸助君古稀記念集』留岡幸助君古稀記念事務所：804-811.

赤石寿美，1982，「恤救規則の成立と人民協救の優先」『早稲田法学』57（3）：301-344.

秋岡武次郎，1965，「幕命による明暦年間江戸全域測量図」『地図』3（4）：34-37.

雨宮敬次郎，1907，『過去六十年事蹟』桜内幸雄（刊行）.

荒川章二，2007，『軍用地と都市・民衆』山川出版社.

飯田直樹，2021，『近代大阪の福祉構造と展開―方面委員制度と警察社会事業』部落問題研究所.

家近良樹編，2001，『幕政改革』吉川弘文館.

井川裕覚，2022，「明治後期の福祉領域における宗教の公共的機能」『宗教と社会貢献』12（1）：1-27.

池田敬正，1990，「中央慈善協会の成立」『社会福祉学』31（1）：128-154.

池田さなえ，2019，『皇室財産の政治史』人文書院.

石居人也，2002，「1910-20年代における保健衛生施策と地域社会」，大西比呂志・梅田定宏編『「大東京」空間の政治史』日本経済評論社.

石井寛治，1997，『日本の産業革命』朝日新聞社.

石井紀子，1998，「中部ウーマンズ・ボードの自立への動き―アメリカン・ボードとの関係において（1868-1910）」『キリスト教社会問題研究』47：81-107.

石井洗二，1995，「救済事業調査会に関する研究」『社会福祉学』36（2）：91-106.

石田頼房，1987，『日本近代都市計画史研究』柏書房.

石田頼房，2004，『日本近現代都市計画の展開 1868-2003』自治体研究社.

石塚裕道，1973，『日本資本主義成立史研究』吉川弘文館.

石塚裕道，1977，『東京の社会経済史』紀伊國屋書店.

石塚裕道，1991，『日本近代都市論 東京 1868-1923』東京大学出版会.

一番ヶ瀬康子，1995，「東京市社会局調査報告書の歴史的背景とその意義」，近代資料刊行会編『東京市社会局調査報告書・別冊（解説編）』SBB出版会：5-30.

市川寛明，2008，「江戸城大手門の警衛と人宿」『東京都江戸東京博物館研究紀要』14：77-101.

井出徳太郎編，1898，『日本商工営業録（第1版）』日本商工営業録発行所.

稲葉光彦，1992，『窮民救助制度の研究―帝国議会開設以前史』慶應通信.

井上会編，1940，『井上博士と地方自治』全国町村長会.

井上貞蔵，1922，『六大都市の貧民窟』私家版（井上貞蔵）.

井上友一他，1920，『井上明府遺稿』近江匡男（刊行）.

上山和雄編，2002，『帝都と軍隊』日本経済評論社.

江口英一編，1990，『日本社会調査の水脈』法律文化社.

遠藤芳信，2005，「日露戦争前における戦時編制と陸軍動員計画思想（3）─西南戦争までの戦時会計経理制度」『北海道教育大学紀要　人文科学・社会科学編』56（1）：17-32.

遠藤芳信，2007，「日露戦争前における戦時編制と陸軍動員計画思想（7）」『北海道教育大学紀要　人文科学・社会科学編』58（1）：71-83.

大石茜，2020，『近代家族の誕生─女性の慈善事業の先駆，「二葉幼稚園」』藤原書店.

大石学，2001，「享保改革の歴史的位置」，藤田覚編『幕藩制改革の展開』山川出版社.

大江志乃夫，1982，『天皇の軍隊』小学館.

大江志乃夫，1987，『日露戦争と日本軍隊』立風書房.

大賀妙子，1989，「幕末，幕臣たちの住宅事情」，津田秀夫編『近世国家と明治維新』三省堂：230-254.

大沢真理，1986，『イギリス社会政策史』東京大学出版会.

大島清，1968，『高野岩三郎伝』岩波書店.

大杉由香，1996，「明治前期における東京の救恤状況」『土地制度史学』39（1）：48-62.

大杉由香，2021「明治期における棄児・幼弱者たちの処遇と救済の実態」『環境創造』27：53-86.

大束重善先生編輯所編，1936，『大束重善先生』大束重善先生編輯所.

太田雅夫，1970，「社会民主党の結成と禁止」『社会科学』11：161-227.

大原社会問題研究所編，1920，『日本労働年鑑　第1巻　大正9年版』法政大学出版局.

小木新造，1979，『東京庶民生活史研究』日本放送出版協会.

小山内通敏，1918，『帝都と近郊』大倉研究所.

開国百年記念文化事業会編，1956，『日米文化交渉史第3巻』洋々社.

香川孝三，1983，「内務省社会局の設置について」『評論・社会科学』22：1-34.

樺山資紀述，1897，『樺山内相談話一斑』国民新聞社.

片岡優子，2007，「原胤昭の生涯とその事業─中央慈善協会における活動を中心として」『関西学院大学社会学部紀要』103：85-100.

片山潜，1954，『自伝』岩波書店.

加登田恵子，1983，「わが国における貧児教育─東京市特殊尋常小学校の成立と展開」『社会福祉』23：85-103.

金澤周作，2008，『チャリティとイギリス近代』京都大学学術出版会.

金澤周作，2021，『チャリティの帝国』岩波書店.

上笙一郎・山崎朋子，1974，『日本の幼稚園：幼児教育の歴史』理論社.

上笙一郎・山崎朋子，1980，『ひかりほのかなれども』朝日新聞社.

上山和雄編，2002，『帝都と軍隊』日本経済評論社.

神崎清編，1940，『現代婦人伝』中央公論社.

川合隆男，2004，『近代日本における社会調査の軌跡』恒星社厚生閣.

川向秀武，1973，「東京における夜間小学校の成立と展開」『人文学報　教育学』（8）：37-116.

北場勉，2009，「大正期における方面委員制度誕生の社会的背景と意味に関する一考察」

『日本社会事業大学研究紀要』55：1-37.

北場勉, 2015,「1900 年感化法の制定過程に関する社会政治的考察」『社会福祉学』56（3）：1-13.

北原糸子, 1989,「幕末期の都市下層民—四谷鮫河橋谷町」『史潮』26：4-24.

北原糸子, 1995,『都市と貧困の社会史』吉川弘文館.

木下順, 2015,「もうひとりの井上友一」『経済学雑誌』115（3）19-43.

近代資料刊行会編, 1995,『東京市社会局調査報告書』全 64 巻, 別冊（解説編）, SBB 出版会.

草間八十雄, 1936,『どん底の人達』玄林社.

草間八十雄（安岡憲彦編）, 2013,『近代日本の格差と最下層社会』明石書店.

楠原祖一郎, 1927a,「都市に於ける乳児死亡に関する一研究（一）」『社会事業』11（7）：30-40.

楠原祖一郎, 1927b,「都市に於ける乳児死亡に関する一研究（二）」『社会事業』11（8）：20-26.

宮内省, 1968-1977,『明治天皇紀』吉川弘文館.

國雄行, 2010,『博覧会と明治の日本』吉川弘文館.

倉沢進編, 1986,『東京の社会地図』東京大学出版会.

倉沢進・浅川達人編, 2004,『新編東京圏の社会地図』東京大学出版会.

倉持史朗, 2012,「帝国議会における監獄費国庫支弁問題」『天理大学社会福祉学研究室紀要』14：41-50.

警視庁, 1896,『明治 28 年 虎列刺病流行記事』非売品.

小池進, 2001,『江戸幕府直轄軍団の形成』吉川弘文館.

工業之大日本社編, 1918,『工業之大日本』15（12）工業之大日本社.

交詢社編, 1901,『日本紳士録（第 7 版）』交詢社.

厚生省五十年史編集委員会, 1988,『厚生省五十年史［記述篇］』厚生問題研究会.

厚生省社会局, 1950,『社会局参拾年』厚生省社会局.

小暮正利, 1974,「幕政と寛永地方直し」『駒沢史学』21：60-77.

国際文化財株式会社編, 2015,『南元町遺跡 3』住友不動産.

越澤明, 2001,『東京都市計画物語』筑摩書房.

越澤明, 2011,『後藤新平』筑摩書房.

小崎弘道編, 1924,『日本組合基督教会史』日本組合基督教会本部.

西郷南海子, 2020,「シルバーストリート幼稚園（1887-1906）における多民族的・多文化的保育—ケイト・D・ウィギンの『パッツィー物語』に着目して」『国際研究論叢：大阪国際大学紀要』34（1）：109-124.

西郷南海子, 2022,「サンフランシスコ・シルバーストリート幼稚園の教育方法に見るフレーベル主義の受容」『国際研究論叢：大阪国際大学紀要』35（3）：161-174.

済生会編, 1964,『恩賜財団済生会五十年誌』済生会.

斎藤元子, 1999,「19 世紀後半アメリカにおける女性の領域と女性海外伝道運動」『お茶の水地理』40：33-38.

齋藤慎一，2021，『江戸』中央公論新社．

坂本龍之輔，1914，「東京市細民子弟教育」，大谷派慈善協会本部編『救済』4（8）：31-37．

坂本清音，2016，「ミス・デントンが生涯のミッション地を同志社女学校と定めるまで—来日後10年余の紆余曲折を経て」『同志社談叢』36：31-67．

坂本清音，2020，「女性宣教師とキリスト教保育」『同志社談叢』40：1-31．

坂本清音・秋山恭子，2010，「アメリカン・ボード宣教師文書：同志社女学校女性宣教師を中心として」『Asphodel』45：282-304．

坂本清音・他，2014，「アメリカン・ボード宣教師文書：同志社女学校女性宣教師を中心として：M. F. デントン書簡訳および註（1）」『アスフォデル』49：98-112．

坂本清音・他，2016a，「アメリカン・ボード宣教師文書：同志社女学校女性宣教師を中心として：M. F. デントン書簡訳および註（4）」『アスフォデル』51：82-102．

坂本清音・他，2016b，「アメリカン・ボード宣教師文書：同志社女学校女性宣教師を中心として：M. F. デントン書簡訳および註（5）」『アスフォデル』51：103-119．

坂本清音・他，2017，「アメリカン・ボード宣教師文書：同志社女学校女性宣教師を中心として：M. F. デントン書簡訳および註（6）」『アスフォデル』52：47-77．

坂本清音・八木谷涼子，2023，「M. F. デントンの第1回賜暇休暇（サバティカル）1900/3〜1901/9：その目的と成果を検証する」『同志社談叢』43：1-30．

桜井良樹，2003，『帝都東京の近代政治史』日本経済評論社．

佐藤千纏，1903，『社会新策』東海堂．

佐藤一誠，1888，『育児暁星園』警醒社．

佐藤健二，1991，「東京市社会局調査の研究（梗概）」『住宅総合研究財団研究年報』18：289-298．

佐藤健二，1995，「東京市社会局の研究」，近代資料刊行会編『東京市社会局調査報告書・別冊（解説編）』SBB出版会：51-82．

佐藤健二，2011，『社会調査史のリテラシー』新曜社．

佐藤俊一，2016，「方面委員制度の設計・運用者と〈公私〉関係の変転」『日本地方自治の群像 第7巻』成文堂：1-89．

沢柳政太郎，1978，『沢柳政太郎全集第3巻（国家と教育）』国土社．

篠田鉱造，1931，『明治百話』四条書房．

柴田敬次郎，1940，『救護法実施促進運動史』巌松堂．

渋谷区役所，1952，『渋谷区史』渋谷区．

渋谷区，1966，『新修渋谷区史』渋谷区．

渋沢青淵記念財団竜門社編，1955-1971，『渋沢栄一伝記資料 第一巻〜第五十七巻』渋沢栄一伝記資料刊行会．

島田昌和，2011，『渋沢栄一』岩波書店．

清水唯一朗，2021，『原敬』中央公論新社．

社会福祉調査研究会編，1985，『戦前期社会事業史料集成第17巻』日本図書センター．

社会局調査研究会（著者代表：佐藤健二），1992，『東京市社会局調査の研究—資料的基

礎研究』財団法人住宅総合研究財団.

社会政策社編，1912，「特殊小学校後援会」『社会政策』2（7）（16）：88.

私立二葉幼稚園編・村岡末広解説，1984，『私立二葉幼稚園報告書（日本児童問題文献選集14）』日本図書センター.

新人物往来社編，1995，『江戸役人役職大事典』新人物往来社.

新宿近世文書研究会，2003，『町方書上―四谷町方書上』新宿近世文書研究会.

新宿区役所，1955，『新宿区史』新宿区役所.

新宿区教育委員会，1976，『新宿区教育百年史』新宿区.

新宿区教育委員会，1979，『新宿区教育百年史資料編』新宿区.

新宿区教育委員会，1983，『地図で見る新宿区の移り変わり四谷編』東京都新宿区教育委員会.

信用名鑑発行所編，1911，『信用名鑑』信用名鑑発行所.

人道社編，1919，「東京府内感化救済事業一覧 大正8年7月1日現在」『人道』171：15.

人事興信所編，1915，『人事興信録第4版』人事興信所.

菅原恒覧，1896，『甲武鉄道市街線紀要』甲武鉄道株式会社.

隅谷三喜男編，1970，『日本職業訓練発展史 上』日本労働協会.

関太郎，1920，『労働問題の曲折（世界改造叢書第7編）』早稲田大学出版部.

世田谷住宅史研究会，1991，『世田谷の住居』世田谷建築部住環境対策室：50-53，56-57.

世田谷区，1960，『世田谷区史料第三集』世田谷区.

世田谷区，1976，『世田谷区 近現代史』世田谷区.

副田義也，2007，『内務省の社会史』東京大学出版会.

副田義也編，2010，『内務省の歴史社会学』東京大学出版会.

柚田善雄，2012，『日本近世の歴史2 将軍権力の確立』吉川弘文館.

大霞会，1971a，『内務省史 第1巻』地方財務協会.

大霞会，1970，『内務省史 第2巻』地方財務協会.

大霞会，1971b，『内務省史 第3巻』地方財務協会.

大我居士（桜田文吾），1893，『貧天地饑寒窟探検記（日本叢書）』日本新聞社.

大日本教育会編，1896，『将来ノ教育ニ関スル意見』大日本教育会.

高尾善希，2017，『忍者の末裔』角川書店.

髙久智広，2014，「出世双六にみる幕臣の出世」『国立歴史民俗博物館研究報告』182：89-112.

高田実，2001，「福祉国家の歴史から福祉の複合体史へ」『社会政策学会誌』6：23-41.

高田実，2015，「救援ギルドとエルバーフェルト制度―20世紀初頭イギリスにおける新しいフィランスロピーと地方の福祉」『甲南大学紀要．文学編』165：241-253.

高田実，2016，「社会サービス全国協議会成立の歴史的意義―第一次世界大戦後イギリスにおける「福祉の複合体」の再編」『甲南大学紀要．文学編』166：179-192.

高野岩三郎，1894，"East London in Tokyo"，「統計学を専攻とするまで」所収，藤本博士還暦祝賀論文集刊行会編，1944，『藤本博士還暦祝賀論文集』日本評論社：363-387.（＝高野岩三郎，1961，「統計学を専攻とするまで」所収，『かっぱの屁』法政大学出

版局：68-83.）（山本潔訳・解題，2012，「東京におけるイーストロンドン」『大原社会問題研究所雑誌』645：43-57.）

高野岩三郎，1918，「救済事業調査会の重要任務」『国家学会雑誌』32（9）：153-157.

高野岩三郎，1944，「統計学を専攻とするまで」，藤本博士還暦祝賀論文集刊行会編，1944，『藤本博士還暦祝賀論文集』日本評論社：363-387.（＝高野岩三郎，1961，「統計学を専攻とするまで」，『かっぱの屁』法政大学出版局：68-83.）

滝島功，2003，『都市と地租改正』吉川弘文館.

武井大侑，2011，「江戸幕府における番方の機構と昇進」『國史学』203：131-138.

武田清子編，1963，『日本プロテスタント人間形成論』明治図書出版.

武田清子，1987，「田沢義鋪における国民主義とリベラリズム」『日本リベラリズムの稜線』岩波書店.

武田尚子，2009，『もんじゃの社会史―東京・月島の近現代の変容』青弓社.

武田尚子，2012，「近代東京における軍用地と都市空間―渋谷・代々木周辺の都市基盤の形成」『武蔵大学総合研究所紀要』21：47-66.

武田尚子，2017，『荷車と立ちん坊』吉川弘文館.

武田尚子，2019，『近代東京の地政学―青山・渋谷・表参道の開発と軍用地』吉川弘文館.

田子一民，1970，『田子一民』田子一民編纂会.

田代国次郎，1964，『日本社会事業成立史研究』童心社.

立花雄一，1985，「横山源之助小伝」『日本の下層社会』第34刷改版，岩波書店：397-406.

田中勝文，1965，「児童保護と教育，その社会史的考察―東京市の特殊小学校設立をめぐって」『名古屋大学教育学部紀要』12：125-146.

帝室林野局編，1934，『帝室林野局五十年史』帝室林野局.

手塚竜麿，1968，『英学史の周辺』吾妻書房.

土肥昭夫，1985，「日本組合教会の信仰職制について」『基督教研究』46（2）：153-171.

東京衛生試験所，1891，『衛生試験彙報』6.

東京教育社編，1888，『教育報知』140，東京教育社.

東京教育社編，1889，『教育報知』156，東京教育社.

東京教育社編，1890，『教育報知』202，東京教育社.

東京教育社編，1892，『教育報知』307，東京教育社.

東京市編，1920，『東京市史稿 救済編第二』東京市.

東京市編，1922，『東京市例規類集』東京市.

東京市編，1930，『東京市教育復興誌 昭和5年3月』東京市.

東京市編，1932，『東京市不良住宅地区調査』東京市.

東京市会事務局編，1933，『東京市会史 第二巻』東京市会事務局.

東京市会事務局編，1935，『東京市会史 第四巻』東京市会事務局.

東京市会事務局編，1936，『東京市会史 第五巻』東京市会事務局.

東京市区調査会，1912，『東京市及接続郡部 地籍地図』東京市区調査会.

東京市区改正委員会編，1919，「東京市区改正事業誌」東京市区改正委員会.

東京市教育課，1915，『東京市立小学校施設事項 第壱輯』東京市.

東京市内記課，1913，『東京市例規類集』東京市.

東京市鮫橋尋常小学校，1922，『大正 11 年 6 月学校概覧』非売品．（東京大学医学図書館所蔵）

東京市役所，1932，『東京市不良住宅地区図集』東京市.

東京市社会局，1920a，『東京社会事業名鑑』東京市社会局.

東京市社会局，1920b，「東京市特殊小学校後援会貸長屋」『東京社会事業名鑑』東京市社会局：70-73.

東京市社会局，1921a，『東京市内の細民に関する調査』東京市社会局.

東京市社会局，1921b，『大正九年度 東京市社会局年報』東京市社会局.

東京市社会局，1922，『大正十年度 東京市社会局年報』東京市社会局.

東京市社会局，1923a，『残食物需給に関する調査』東京市社会局.

東京市社会局，1923b，『浮浪者及残食物に関する調査』東京市社会局.

東京市社会局，1923c，『第三回東京市社会局年報（大正 11 年）』東京市社会局.

東京市社会局，1924a，『大正十三年壱月 震災後に於ける児童保護事業概況』東京市社会局.

東京市社会局，1924b，『大正十三年三月 震災後に於ける児童保護事業概況 其二』東京市社会局.

東京市社会局，1924c，『大正十三年三月 牛乳のすすめ』東京市社会局.

東京市社会局，1924d，『大正十三年十月 児童栄養食供給事業概況』東京市社会局.

東京市社会局，1924e，『大正十三年一月二十六日 東京市方面委員制度』東京市社会局.

東京市社会局，1924f，『第四回東京市社会局年報（大正 12 年）』東京市社会局.

東京市社会局，1925a，『大正十四年四月 東京市設社会事業一覧』東京市社会局.

東京市社会局，1925b，『大正十四年七月 東京市ニ於ケル乳児ノ栄養ト発育ニ関スル調査研究』東京市社会局.

東京市社会局，1925c，『大正十三年度 東京市社会局年報』東京市社会局.

東京市社会局，1926，『大正十五年七月 東京市設社会事業要覧』東京市社会局.

東京市社会局，1928，『昭和二年度 東京市社会局年報』東京市社会局.

東京市社会局，1929，『昭和三年度 東京市社会局年報』東京市社会局.

東京市社会局，1930，『昭和四年度 東京市社会局年報』東京市社会局.

東京市社会局，1931a，『昭和五年度 東京市社会局年報』東京市社会局.

東京市社会局，1931b，『東京市方面委員事業十周年記念』東京市社会局.

東京市社会局，1932a，『東京市社会事業要覧 昭和 7 年』東京市社会局.

東京市社会局，1932b，『昭和六年度 東京市社会局年報』東京市社会局.

東京市社会局，1933，『昭和七年度 東京市社会局年報』東京市社会局.

東京市社会局，1934，『昭和八年度 東京市社会局年報』東京市社会局.

東京市社会局，1935，『昭和九年度 東京市社会局年報』東京市社会局.

東京市社会局，1936，『昭和十年度 東京市社会局年報（第十六回）』東京市社会局.

東京市社会局，1937，『昭和十一年度 東京市社会局年報』東京市社会局.

東京市社会局, 1939, 『東京市社会事業施設年表』東京市社会局.

東京帝国大学編, 1932, 『東京帝国大学五十年史 上册』東京帝国大学.

東京都編, 1955, 「徳永恕先生」『名誉都民小伝』東京都：41-54.

東京都編, 1961, 『東京市史稿 市街編第五十』東京都.

東京都編, 1963a, 『東京市史稿 市街編第五十三』東京都.

東京都編, 1963b, 『東京市史稿 市街編第五十四』東京都.

東京都編, 1980, 『東京市史稿 市街篇第七十一』東京都.

東京都編, 1960, 『都史紀要7 七分積金：その明治以降の展開』東京都.

東京都編, 1965, 『都史紀要13 明治初年の武家地処理問題』東京都.

東京都編, 1983, 『都史紀要29 内藤新宿』東京都.

東京都編, 1990, 『都史紀要34 江戸住宅事情』東京都.

東京都福祉事業協会七十五年史刊行委員会, 1996, 『東京都福祉事業協会七十五年史』東京都福祉事業協会.

東京都教育会編, 1944, 『東京都教育会六拾年史』東京都教育会.

東京都港区編, 1979, 『新修港区史』東京都港区.

東京市養育院編, 1907, 『東京市養育院月報』81, 東京市養育院.

東京都養育院編, 1953, 『養育院八十年史』東京都養育院.

東京百年史編集委員会, 1972, 『東京百年史 第3巻』東京都.

東京評論社編, 1915, 『四谷案内』城西益進会.

東京府, 1937, 『東京府史 行政篇 第5巻』東京府.

東京府地方改良協会, 1928, 『東京市疑獄史』日本魂社.

東京府学務課, 1885, 『東京府学事第十二年報 明治十七年』東京府学務課.

東京府慈善協会編, 1917a, 『東京府慈善協会報』1：大正6年4月20日発行, 東京府慈善協会.

東京府慈善協会編, 1917b, 『東京府慈善協会報』2：大正6年7月17日発行, 東京府慈善協会.

東京府慈善協会編, 1918a, 『東京府慈善協会報』4：大正7年1月14日発行, 東京府慈善協会.

東京府慈善協会編, 1918b, 『東京府慈善協会報』5：大正7年8月5日発行, 東京府慈善協会.

東京府慈善協会編, 1919a, 『東京府慈善協会報』6：大正8年5月5日発行, 東京府慈善協会.

東京府慈善協会編, 1919b, 『東京府慈善協会報』7：大正8年7月18日発行, 東京府慈善協会.

東京府慈善協会編, 1919c, 『東京府慈善協会報』8：大正8年9月7日発行, 東京府慈善協会.

東京府慈善協会編, 1920a, 『東京府慈善協会報』9：大正9年4月7日発行, 東京府慈善協会.

東京府慈善協会編, 1920b, 『東京府慈善協会報』10：大正9年6月27日発行, 東京府慈

善協会.

東京府社会事業協会編, 1920,『東京府社会事業協会報』11：大正 9 年 12 月 25 日発行, 東京府社会事業協会.

東京府社会事業協会編, 1921a,『東京府社会事業協会報』12：大正 10 年 2 月 28 日発行, 東京府社会事業協会.

東京府社会事業協会編, 1921b,『東京府社会事業協会報』13：大正 10 年 4 月 10 日発行, 東京府社会事業協会.

東京府社会事業協会編, 1921c,『東京府社会事業協会報』14：大正 10 年 6 月 15 日発行, 東京府社会事業協会.

東京府社会事業協会編, 1921d,『東京府社会事業協会報』15：大正 10 年 9 月 15 日発行, 東京府社会事業協会.

東京府社会事業協会編, 1921e,『東京府社会事業協会報』16：大正 10 年 11 月 18 日発行, 東京府社会事業協会.

東京府社会事業協会編, 1922a,『東京府社会事業協会報』17：大正 11 年 3 月 18 日発行, 東京府社会事業協会.

東京府社会事業協会編, 1922b,「特殊小学校後援会」『東京府社会事業概観 第 2 輯』東京府社会事業協会：119-123.

東京府教育談会, 1884,『東京府教育談会報告書』1, 東京府教育談会.

東京府内務部第三課, 1892,『東京府学事第十九年報 明治二十四年』東京府内務部第三課.

東京府・東京市編, 1915,『昭憲皇太后御葬大奉送始末』東京府.

同志社社史史料編集所編, 1979,『同志社百年史 通史編 1』同志社.

冨江直子, 2007,『救貧のなかの日本近代』ミネルヴァ書房.

東洋出版協会編, 1911,『東京商工録』東洋出版協会.

留岡幸助君古稀記念事務所編, 1933,『留岡幸助君古稀記念集』留岡幸助君古稀記念事務所.

留岡幸助日記編集委員会編, 1979a,『留岡幸助日記第 1 巻』矯正協会.

留岡幸助日記編集委員会編, 1979b,『留岡幸助日記第 2 巻』矯正協会.

留岡幸助日記編集委員会編, 1979c,『留岡幸助日記第 3 巻』矯正協会.

長尾保二郎, 不詳,『私家版 四谷・さめがはし放談』非売品.（『帰仁』1〜39 号 = 昭和 39〜46 年の合本）

内閣官報局, 1887,『法令全書 慶応 3 年』不詳.

内閣官報局, 1899,『職員録 明治 32 年（甲）』印刷局.

内閣官報局, 1900,『職員録 明治 33 年（甲）』印刷局.

内閣官報局, 1903,『職員録 明治 36 年（甲）』印刷局.

内閣統計局, 1913,『維新以後帝国統計材料彙纂 第 2 輯（現住人口静動態ニ関スル統計材料）』内閣統計局.

内務省地方局, 1910,『感化救済小鑑』内務省.

内務省地方局, 1912,『細民調査統計表』内務省.

内務省地方局，1915，『都市改良参考資料』内務省地方局．

内務省衛生局，1886，『日本鉱泉誌 3 巻』報行社．

内務省衛生局，1888，『明治 19 年 虎列剌病流行紀事』内務省衛生局．

内務省保健衛生調査会，1924，『大正十三年四月 保健衛生調査会第七，八回報告書』非売品．

内務省保健衛生調査会，1925，『大正十四年四月 保健衛生調査会第九回報告書』非売品．

内務省社会局，1920，『救済事業調査会報告』内務省社会局．（社会福祉調査研究会編，1985，『戦前期社会事業史料集成第 17 巻』日本図書センター所収）

中川清，1985，『日本の都市下層』勁草書房．

中川清，2000，『日本都市の生活変動』勁草書房．

中川清編，1994，『明治東京下層生活誌』岩波書店．

中筋直哉，2005，『群衆の居場所―都市騒乱の歴史社会学』新曜社．

中島篤己編，2015，『完本 万川集海』国書刊行会．

中村貢，1975，『デントン先生』同志社女子大学．

中村静夫，1981，「新作〈八丁堀組屋敷図 1600 分の 1，嘉永 6 年〉解説」『参考書誌研究』22：1-23．

中根真，2016，「昼間保育事業の先駆者・生江孝之の再評価」『保育学研究』54（2）：18-27．

生江孝之，1933，「留岡幸助氏より受けたる高誼と友情」，留岡幸助君古稀記念事務所編『留岡幸助君古稀記念集』留岡幸助君古稀記念事務所：811-814．

成田龍一，1994，「帝都東京」『岩波講座日本通史 第 16 巻近代 1』岩波書店：175-214．

成田龍一，2007，『大正デモクラシー』岩波書店．

西尾幸太郎編，1907，『日本組合教会便覧 明治 40 年』日本組合基督教会事務所．

日本地域福祉学会地域福祉史研究会編，1993，「近畿圏における地域福祉の源流の比較研究」，日本地域福祉学会地域福祉史研究会編『地域福祉史序説』中央法規：179-305．

日本現今人名辞典発行所編，1903，『日本現今人名辞典』日本現今人名辞典発行所．

日本人事通信社編，1931，『昭和調査録（昭和 6 年版）』日本人事通信社．

日本基督教団番町教会（伊藤潔編），1986，『番町教会百年史』日本基督教団番町教会．

日本教育社編，1907，「罹災貧民児童救護会」『日本教育』72（明治 40 年 9 月 21 日発行）：3．

日本弘道会編，1907，「鮫橋学校及び萬年尋常小学校を観る」『弘道』188：25-28．

二村一夫，2008，『労働は神聖なり，結合は勢力なり―高野房太郎とその時代』岩波書店．

農商工高等会議，1899，『第三回農商工高等会議議事速記録』農商工高等会議．

野村光一，1971，「ラファエル・ケーベル」『お雇い外国人 10』鹿島研究所出版会：184-209．

長谷川貴彦，2014，『イギリス福祉国家の歴史的源流』東京大学出版会．

橋川文三，1962，「第 3 章 国家の壁」，鶴見俊輔他『日本の百年 7 明治の栄光』筑摩書房：231-264．

橋川喜美代，2010，「アメリカ無償幼稚園運動とペスタロッチ・フレーベル・ハウス」

『鳴門教育大学研究紀要』25：38-50.

橋本健二・浅川達人編，2020，『格差社会と都市空間―東京圏の社会地図 1990-2010』鹿島出版会.

旗手勲，1963，『日本における大農場の生成と展開―華族・政商の土地所有（近代土地制度史研究叢書 第 5 巻）』御茶の水書房.

馬場孤蝶，1942，『明治の東京』中央公論社.

原奎一郎編，1951a，『原敬日記 第 3 巻』乾元社.

原奎一郎編，1951b，『原敬日記 第 4 巻』乾元社.

林復斎編，1853，「序文」『通航一覧』第 8 巻.

林陸朗他，1978，『渋谷区の歴史』名著出版.

坂野潤治，1982，『大正政変―1900 年体制の崩壊』ミネルヴァ書房.

久本幸男，1980，「幼年職工就学論争」，久本幸男・鈴木英一・今野喜清編，1980，『日本教育論争史録 第一巻』第一法規出版：294-301.

久本幸男・鈴木英一・今野喜清編，1980，『日本教育論争史録 第一巻』第一法規出版.

土方苑子，1998，「明治前期東京における公立小学校の独立採算的運用」『東京大学大学院教育学研究科教育学研究室 研究室紀要』38：1-14.

土方苑子，2002a，『東京の近代小学校―「国民」教育制度の成立過程』東京大学出版会.

土方苑子，2002b，「雑誌記事にみる小学校の低就学率期」『東京大学大学院教育学研究科教育学研究室 研究室紀要』41：1-22.

土方苑子・小林正泰，2004，「明治前・中期の東京市街地における小学校の就学動態」『東京大学大学院教育学研究科教育学研究室 研究室紀要』30：97-105.

平田宗史，1979，『明治地方視学制度史の研究』風間書房.

廣田誠，2006，「両大戦間期の東京市における公設市場政策」『社会経済史学』71（5）：523-543.

深井雅海，2008，『江戸城』中央公論新社.

深海豊二，1919，『無産階級の生活百態』製英舎出版部.

藤井讓治編，1991，『日本の近世第 3 巻 支配のしくみ』中央公論社.

藤岡真一郎，1911，「細民子弟の教育と特別作業」『都市教育』86：15.

不二出版復刻，2011，『東京地籍図 新宿区編 復刻版』不二出版.（内山善三郎編，1932，「第 1 巻 東京市四谷区地籍図 / 東京市牛込区地籍図」「第 2 巻 東京市四谷区地籍台帳」「第 3 巻 東京市牛込区地籍台帳」内山模型製図社の復刻版）

藤野豊，1982，「協調政策の推進―協調会による労働者の統合」『近代日本の統合と抵抗 3』日本評論社.

藤森照信，1982，『明治の東京計画』岩波書店.

藤森照信，1988，『東京都市計画資料集成』本の友社.

二葉保育園編，1985，『二葉保育園八十五年史』二葉保育園.

別役厚子，1991，「東京市万年尋常小学校における坂本龍之輔の学校経営と教育観」『東京大学教育学部紀要』30：31-41.

星野勉三，1911，「経済学上より観たる済生会」『三田学会雑誌』5（4）：471-482.

星亮一，2005，『後藤新平伝』平凡社.

法政大学大原社会問題研究所編，梅田俊英・高橋彦博・横関至，2004，『協調会の研究』柏書房.

前田蓮山編，1939，『床次竹二郎伝』床次竹二郎伝記刊行会.

牧野文夫・渡邊伸弘，2020，「明治初期における東京府日本橋区・京橋区の土地資産分配」『経済志林』87（3・4）：69-110.

増田抱村，1927，「人口論上の階級別産児問題」『社会事業』11（8）：27-35.

松川由紀子，1987a，「19世紀末カリフォルニアの無償幼稚園運動とわが国への影響―森島峰とカリフォルニア幼稚園練習学校を中心に」『山口女子大学研究報告第1部　人文・社会科学』13：27-37.

松川由紀子，1987b，「森島峰とカリフォルニア幼稚園練習学校」『日本保育学会大会研究論文集』12-13：12.

松平太郎，1919，『江戸時代制度の研究』武家制度研究会.

松原岩五郎，1893，『最暗黒之東京』民友社.（＝2015，『最暗黒の東京』講談社）

松野勝太郎，1924，『児童愛護と子供の権利』愛媛県社会事業協会.

松本四郎，1983，『日本近世都市論』東京大学出版会.

松本園子，2007，「野口幽香と二葉幼稚園（1）」『淑徳短期大学研究紀要』46：117-129.

松山恵，2004，「郭内・郭外の設定経緯とその意義」『日本建築学会計画系論文集』580：229-234.

松山恵，2014，『江戸・東京の都市史』東京大学出版会.

松山恵・伊藤裕久，1999a，「近世後期における江戸周縁部の居住空間―近世町方場末と近代〈スラム〉の都市空間における連続性と変質過程―四谷鮫河橋を事例に（1）」『日本建築学会関東支部研究報告集』69：557-560.

松山恵・伊藤裕久，1999b，「明治期における四谷鮫河橋の都市空間構造―近世町方場末と近代〈スラム〉の都市空間における連続性と変質過程―四谷鮫河橋を事例に（2）」『日本建築学会関東支部研究報告集』69：561-564.

丸田研一，1987，『わが祖父　井上成美』徳間書店.

御厨貴，1984，『首都計画の政治―形成期明治国家の実像』山川出版社.

水野錬太郎他，1937，『水野博士古稀記念論策と随筆』水野錬太郎先生古稀祝賀会事務所.

三井報恩会，1936，『財団法人三井報恩会　資料第30号　社会調査に就て』三井報恩会.

三浦かつみ，1928，「東京市に於ける社会事業の連絡経営及び乳幼児保護について」『東京市社会事業批判』東京市政調査会：236-260.

三浦涼・佐藤洋一，2001，「東京中心部における皇室御料地の形成過程」『日本建築学会計画系論文集』540：229-236.

三原芳一，1981，「日清戦後教育政策の構造―就学督励をめぐって」『花園大学研究紀要』12：259-286.

宮地正人，1973，『日露戦後政治史の研究』東京大学出版会.

宮本太郎，1992，「福祉国家レジームと労働戦略」『季刊社会保障研究』27（4）：372-383.

明治神宮造営局編，1923，『明治神宮造営誌』明治神宮造営局.

目黒区史研究会，1985，『目黒区史』目黒区.

毛利健三，1990，『イギリス福祉国家の研究』東京大学出版会.

森博美，2020，『明治前期の戸籍法制と社会移動の統計的把握』法政大学日本統計研究所オケージョナル・ペーパー No. 111.

森田英樹，1993，「明治初年，東京市街地における地価算定政策の展開」『三田学会雑誌』86（2）：81-115.

森田英樹，1996，「東京府下における「市街地」の成立―1870年代の土地政策と地方制度」『三田学会雑誌』88（4）：60-80.

森戸辰男，1918，「救済事業調査会の設置と我が社会政策」『国家学会雑誌』32（8）：133-140.

文部大臣官房文書課，1899，『教育法規類抄』文部省.

文部省編，1972，『学制百年史』帝国地方行政学会.

文部省大臣官房総務課，1969，『歴代文部大臣式辞集』文部省.

矢島輝編，1985，『千駄ヶ谷の歴史』鳩森八幡神社.

安岡憲彦，1999，『近代東京の下層社会』明石書店.

山川菊栄，1956，『女二代の記』日本評論新社.

山口正之，2015，『忍びと忍術』雄山閣.

山口輝臣，2005，『明治神宮の出現』吉川弘文館.

山田知子，2019a，「『東京府慈善協会』救済委員の「細民標準」への貢献」『放送大学研究年報』36：7-24.

山田知子，2019b，「大正期における東京の方面委員」『放送大学研究年報』37：9-20.

山田雄司，2013，「史料紹介 伊賀者由緒書」『三重大史学』13：21-24.

山田雄司，2016，『忍者の歴史』角川書店.

山本英賀，2015，『旗本・御家人の就職事情』吉川弘文館.

山本三生編，1929，『日本地理大系 第三巻 大東京篇』改造社.

山本四郎，1970，『大正政変の基礎的研究』御茶の水書房.

横山源之助，1899，『日本之下層社会』教文館.（＝1949，『日本の下層社会』岩波書店.）

横山源之助，1911，「共同長屋探見記」『文芸倶楽部』明治篇17（16）：202-209.

横山源之助，1912，「貧街十五年間の移動」『太陽』18（2）：118-125.

横山百合子，2005，『明治維新と近世身分制の解体』山川出版社.

吉川利一，1956，『津田梅子伝』津田塾同窓会.

吉田伸之，1991，『近世巨大都市の社会構造』東京大学出版会.

吉田伸之，2012，『伝統都市・江戸』東京大学出版会.

吉田律人，2011，「渋谷周辺の軍事的空間の形成」，上山和雄編『歴史のなかの渋谷』雄山閣：243-277.

吉田亮，2005，「アメリカン・ボード日本ミッション宣教師の〈越境〉伝道―19世紀末期日布間の宣教師ネットワークとハワイ日本人移民」『日本研究：国際日本文化研究センター紀要』30：33-49.

四谷区役所，1934，『四谷区史』非売品.

米村佳樹，2023，「19世紀末のサンフランシスコにおける無償幼稚園運動の展開」『四国大学学際融合研究所年報』3：23-37.

Adams, K., 2006, "Formation of Professional Identity at the New Silver Street Kindergarten, 1883", *InterActions: UCLA Journal of Education and Information Studies*, 2（2）.

Adams, K., 2010, *Kindergarten and community: The Silver Street Kindergarten of San Francisco, 1878-1906, Abstract of Dissertation*. University of California, Riverside ProQuest Dissertations Publishing.

Bloomfield, A. B., 1995/1996, "A History of the California Historical Society's New Mission Street Neighborhood", *California History, Vol. 74, No. 4（Winter1995/1996）*, University of California Press in association with the California Historical Society: 372-393.

Greene, E. B., 1927, *A New-Englander in Japan, Daniel Crosby Greene*, Boston and New York: Houghton Mifflin Cpmpany.

Kate Douglas Wiggin Collection, "Describing Archives", Maine Women Writers Collection, University of New England, Portland, Maine.

Nawrotzki, K. D., 2009, "Greatly Changed for the Better: Free Kindergartens as Transatlantic Reformance", *History of Education Quarterly*, 49（2）: 182-195.

Newell, H. E., 1912, "The American Board Mission in Co-Operation with the Kumiai Church of Japan", *The Christian movement in Japan for 1912, A Christian Year Book*, Published for the Standing Committee of Co-operating Christian Missions ［by the］ Methodist Publishing House: 247-251.

Walker, R., 2023, *"Congregationalism the UCC: UC and Social Justice Work"* ＝ウォーカー，R.（齊藤尚男訳），2023,「アメリカ合同教会の会衆主義」『人文研ブックレット』（同志社大学人文科学研究所）77：5-33.

武田尚子（たけだ　なおこ）

早稲田大学人間科学学術院教授
博士（社会学）
専門分野：地域社会学、都市社会学
東京都立大学大学院社会科学研究科博士課程修了
2007-2008 年：イギリス・サウサンプトン大学 客員研究員
　　　　　　　　　　　エセックス大学 客員研究員
2018-2019 年：イギリス・ヨーク大学 客員研究員

主要著書：単著
［近現代日本の都市社会研究］
　『近代東京の地政学』吉川弘文館
　『もんじゃの社会史』青弓社
　『荷車と立ちん坊』吉川弘文館
　『ミルクと日本人』中央公論新社
［近現代地域社会研究］
　『箱根の開発と渋沢栄一』吉川弘文館
　『瀬戸内海離島社会の変容』御茶の水書房
　『海の道の三〇〇年』河出書房新社
　『マニラへ渡った瀬戸内漁民』御茶の水書房
　『世界遺産都市ドゥブロヴニクを読み解く―戦火と守護聖人』勁草書房
［近現代イギリス社会史］
　『20 世紀イギリスの都市労働者と生活』ミネルヴァ書房
　『市場都市イギリス・ヨークの近現代―市場再編と貧困地域』東信堂
　『戦争と福祉：第一次大戦期のイギリス軍需工場と女性労働』晃洋書房
　『質的調査データの 2 次分析』ハーベスト社
　『チョコレートの世界史』中央公論新社

鮫河橋の社会史　近代東京と都市下層
さめがはし　しゃかいし

2025 年 3 月 15 日　第 1 版第 1 刷発行

著者⋯⋯⋯武田尚子
発行所⋯⋯株式会社　日本評論社
　　　　　〒 170-8474　東京都豊島区南大塚 3-12-4
　　　　　電話 03-3987-8621（販売）　振替 00100-3-16
　　　　　https://www.nippyo.co.jp/
印刷所⋯⋯精興社
製本所⋯⋯松岳社
装幀⋯⋯⋯デザインスタジオ・シープ

©TAKEDA, Naoko　2025　ISBN978-4-535-58795-3

JCOPY　〈（社）出版者著作権管理機構委託出版物〉
本書の無断複写は著作権法上での例外を除き禁じられています。複写される場合は、そのつど事前に、
（社）出版者著作権管理機構（電話 03-5244-5088、FAX 03-5244-5089、e-mail: info@jcopy.or.jp）の許諾を
得てください。また、本書を代行業者等の第三者に依頼してスキャニング等の行為によりデジタル化
することは、個人の家庭内の利用であっても、一切認められておりません。